Bernd Heinrich

Ein Forscher und seine Eule

Überarbeitet von
Alice Calaprice

Aus dem Amerikanischen
von Susanne Röckel

Fischer Taschenbuch Verlag

Veröffentlicht im Fischer Taschenbuch Verlag GmbH,
Frankfurt am Main, Oktober 1995

Lizenzausgabe mit freundlicher Genehmigung
des Paul List Verlages, München
Die Originalausgabe erschien
unter dem Titel ›One Man's Owl‹
zuerst 1987 im Verlag Princeton University Press
in Princeton, New Jersey, und Chichester, West Sussex.
In gekürzter und überarbeiteter Fassung
erschien des Buch 1993 im selben Verlag an gleichem Ort.
© 1993 Princeton University Press
© der deutschen Ausgabe 1993 Paul List Verlag
in der Südwest Verlag GmbH & Co. KG, München
Gesamtherstellung: Clausen & Bosse, Leck
Printed in Germany
ISBN 3-596-12576-5

Gedruckt auf chlor- und säurefreiem Papier

Gewidmet

Stuart, der tapferer war, als er wußte;
Erica, um ein Lächeln nie verlegen;
Bunny, dem Ernährer;
Theo und Thor, die keinem ein Auge aushackten;
und Margaret, die es mit uns allen (eine Weile) aushielt.

Inhalt

Einführung 9
Wilde Eulen 15
Ein Uhu im Haus 26
Der Uhu in Kaflunk 36
Anfangsgründe der Jagd 50
Freiheit 65
Der Schlemmer 79
Attacke! 87
Kameradschaft 102
Trennung 113
Neue Freundschaft 120
Rückkehr nach Hause 130
Leben in der Blockhütte mit Bubo 141
Uhu gegen Krähen, Häher gegen Uhu 167
Verteidigung von Stammsitz und Fleischtöpfen 178
Heikles Zuzsammenleben 199
Das Ende des Sommers 212
Postskript 215
Nachwort zur überarbeiteten Ausgabe 217
Danksagung 223

Einführung

Meine erste Begegnung mit Bubo, einem Virginia-Uhu, war reiner Zufall, und naiverweise nahm ich an, daß wir einander schon bald wieder aus den Augen verlieren würden. Dann aber, fast ohne daß ich es merkte, wurde er ein ganz besonderer Uhu für mich, und ich mag ein ganz besonderer Mensch für ihn geworden sein. Jedenfalls weigerte er sich lange Zeit, mich zu verlassen. Wir waren einander sehr nah, drei Sommer lang, während ich in Maine in einer Blockhütte im Wald lebte und verfolgen konnte, wie er, allen freilebenden Eulenvögeln gleich, zu einem einzelgängerischen Jäger heranwuchs.

Wenn ihm die Entwöhnung schwerfiel, so war dies wahrscheinlich meine Schuld. Ich hatte meine Schwierigkeiten mit der Beschaffung großer lebender Beutetiere wie Kaninchen und Eichhörnchen, deren Erlegung in sein jägerisches Ausbildungsprogramm gehört hätte. Um die Wahrheit zu sagen, tat es mir auch leid um seine Opfer, und folglich lebte Bubo hauptsächlich von den überfahrenen Tieren, die ich auf den Straßen für ihn einsammelte. Wenn ich mir aber den Luxus des Mitgefühls gönnte, so wollte ich andererseits – das nahm ich mir vor – soviel wie möglich über sein Verhalten während der Jugend und Reifezeit in Erfahrung bringen.

Sein Verhalten faszinierte mich, und um es möglichst frisch und unverfälscht im Gedächtnis zu behalten, schrieb ich in einem detaillierten Tagebuch alles auf, was ich sah. Die meisten Beobachtungen erscheinen hier mehr oder weniger so, wie sie ursprünglich niedergeschrieben wurden; da und dort habe ich Informationen hinzugefügt, die den Hintergrund erhellen.

Ich interessierte mich auch für Bubos Verhalten potentiellen Beutetieren gegenüber und zeichnete es auf. Das Schwergewicht lag dabei auf der Frage, wie er seine Beute erkennt und fängt – eine höchst bedeutsame Frage für den Prozeß seiner Selbständigkeit. Ich hoffe, den Leser durch die Beschreibung seines räuberischen Eifers nicht zu erschrecken. Bei meinen Aufzeichnungen ließ ich mich von der Erfahrung leiten, daß es keinen Sinn hat und nichts ändert, wenn man den Blick abwendet, daß man aber durch genaue Beobachtung viel lernen kann. Zudem hoffte ich, Aufschluß darüber zu erlangen, warum viele Vogelarten Eulenvögel so wütend angreifen und verfolgen.

Dieses Buch erhebt nicht den Anspruch, eine wissenschaftliche Abhandlung zu sein. Es ist eher ein persönlicher Bericht über ein wildes Tier, das unter eingeschränkt natürlichen Bedingungen groß wird. Wissenschaftlich gesehen wäre es weit wertvoller gewesen, einen ungezähmten Uhu in freier Wildbahn zu beobachten und seine Verhaltenseigentümlichkeiten aufzuzeichnen – nur ist es nahezu unmöglich, diesen scheuen Vogel, der in dichten Wäldern lebt, aufzuspüren und Tag für Tag zu beobachten, von der Nestlingszeit bis zum Erwachsenenalter. Noch schwerer ist es, das ›wilde‹ Verhalten eines Tieres zu studieren, das den Beobachter in der Nähe weiß. Bubo war nie ›wild‹ im vollen Wortsinn, aber er hatte immer die Freiheit, zu kommen und zu gehen, wie es ihm paßte, und oft ignorierte er meine Gegenwart vollkommen. Manchmal war er ein Clown, manchmal ein Terrorist, aber zuallererst war er immer ein sehr interessantes Tier. Ich hoffe, daß es mir in diesem Buch gelungen ist, ihn zu zeigen, wie ich ihn sah – nicht nur als jemanden, der ihn mit der Zeit liebgewann, sondern auch als Naturforscher.

Der Virginia-Uhu ist eine der weitverbreitetsten Arten der Gattung Uhu, die zur Familie der Eulen gehört. Kaum ein anderer Vogel besetzt ein so weites Spektrum von Habitaten in den Vereinigten Staaten und Kanada und in den bewaldeten Gegenden von Zentral- und Südamerika – von der Baumgrenze des arktischen Kanadas bis zur Magellanstraße im Süden Chiles. Virginia-Uhus leben nicht nur in Wäldern; man findet viele Spezies zum Beispiel auch in Wüstengegenden, wo sie an steinigen Abhängen und in Felshöhlen Schutz suchen.

Je nach Habitat teilt sich die Spezies in verschiedene Subspezies auf. In Nordamerika gibt es allein zehn. Sie unterscheiden sich durch Färbung und Größe. Die nördlichen Arten sind die größten. Die arktische Subspezies *B. v. subarcticus* ist sehr hell gefärbt, ebenso *B. v. pallescens*, die der südwestlichen Wüsten. Dagegen zeigt die der pazifischen Küstenwälder – *B. v. satyratus* – eine sehr dunkle Färbung. Andere Subspezies finden sich in Südamerika (außer im Amazonasbecken) bis in den äußersten Süden zur Tierra del Fuego. Unveränderliche Merkmale der Virginia-Uhus sind ihre Größe – sie sind etwa so groß wie Rotschwanzbussarde –, die deutlich sichtbaren Kopfbüschel oder Federohren und der weiße Kehlfleck. Keine andere nordamerikanische Eule weist diese drei Merkmale zusammen auf. Die durchschnittlichen Maße eines Virginia-Uhus sind: Länge 41 bis 58 cm, Flügelspannweite 89 bis 140 cm, Gewicht 1,4 bis 2,3 kg.

Eulen und andere Raubvögel haben geschlechtlich ›umgekehrte‹ morphologische Merkmale – die Weibchen sind gewöhnlich größer als die Männchen. Es gibt verschiedene Vermutungen über die Gründe für diese Eigentümlichkeit. Eine Theorie geht von der geschlechtsspezifischen Rollenverteilung während der Brutphase aus. Ein Elternteil hütet das Nest, während der andere für Nahrung sorgt. Das Weibchen, das die Eier bebrütet und die Jungen hudert, braucht für den Schutz der Jungen einen größeren Körperumfang. Das Männchen könnte aus zwei Gründen kleiner sein: Einmal, weil es dadurch auf der Jagd wendiger ist; und nachdem die Küken das Nest verlassen haben, wird das größere Weibchen in der Lage sein, größere Beute zu schlagen – das wiederum wird notwendig, weil der Vorrat an kleineren Beutetieren durch die Jagd des Männchens erschöpft ist. In welchem Umfang ein Eulenpaar von der Größe der Virginia-Uhus die lokale Fauna dezimiert, ist nicht genau bekannt.

Der ›typische‹ Virginia-Uhu, die Subspezies *Bubo v. virginianus*, findet sich im östlichen Nordamerika von Ontario und New Brunswick in Kanada bis weit in den Süden hinunter nach Florida und zur Golfküste hin, im Westen bis Wisconsin und in das östliche Texas hinein. Dieser Vogel ist besonders gut an dichtbewaldetes Gelände angepaßt, und er kommt relativ häufig vor in Wäldern, in denen es Kleinwild gibt.

Im Osten Amerikas nistet der Uhu gewöhnlich in den alten Horsten von Rotschwanzbussarden, Krähen oder Raben, in hohen Weymouthskiefern, aber auch in hohlen Bäumen. In Florida benutzt er oft die Horste der Seeadler, während er in Texas oder weiter im Westen meist in Felshöhlen oder unter Felsvorsprüngen nistet. In den Prärieregionen und in Colorado nistet er auch auf dem Boden, in größeren Felsritzen oder -spalten.

Der Virginia-Uhu legt seine Eier von allen Raubvögeln am frühesten ab. In Neuengland im Februar, manchmal sogar schon im Januar. Das Gelege wird etwa achtundzwanzig Tage lang bebrütet, meist nur vom Weibchen. Von einem einzigen Ei bis zu fünf Eiern ist jede Gelegegröße möglich; im Nordosten der Vereinigten Staaten finden sich meist nur zwei Eier im Nest. In Neuengland sind Januar und Februar die kältesten Monate des Jahres, und das brütende Weibchen ist gewöhnlich von Schnee umgeben. Es gibt Berichte von gefrorenen Eiern oder von im Frühjahr aus dem Nest geschwemmten Eiern; in diesen Fällen kommt es zu einer zweiten, im Fall von Verlust auch des zweiten Geleges sogar zu einer dritten Eiablage.

Die gehuderten Nestlinge tragen ein spärliches weißes Daunenkleid, das nach etwa einer Woche von dichteren grauen Daunen ersetzt wird. Die neuen Dunen schieben die alten aus ihrer Hauttasche hinaus, letztere bleiben noch längere Zeit an der

Spitze des neuen Flaums haften und fallen später ab. Die Küken bleiben sechs bis acht Wochen im Nest, aber richtig fliegen können sie erst, wenn sie schon fast drei Monate alt sind.

Der adulte Virginia-Uhu ist ein eindrucksvoller fleischfressender Jäger und hat als solcher nur wenige Gegenspieler. Als Beute favorisiert er Hasen und Kaninchen, aber er ist Opportunist und nährt sich je nach Habitat ebensogern von Mäusen, Waldratten und Kleinvögeln. Etwa die Hälfte der Jungen überleben ihr erstes Jahr nicht, wahrscheinlich verhungern sie. In Gefangenschaft können sie ein Alter von bis zu neunundzwanzig Jahren erreichen. Wie bei den meisten Vogelarten hängt der Bestand auch bei den Virginia-Uhus in hohem Maß von der Nahrungsmenge ab, die in einem Habitat zur Verfügung steht.

In dieser gekürzten und überarbeiteten Fassung des Buches wurde auf Referenzen und Appendizes verzichtet. Die wissenschaftlichen Aspekte des Verhaltens eines Uhus und das Haßverhalten der Kleinvögel stehen hier weniger im Vordergrund als der Charakter dieses bestimmten Uhus und seine Beziehung mit dem Autor.

Wilde Eulen

Mitte März fängt es in Vermont an zu tauen. Der Schnee, den die Winterstürme gebracht haben, ist kompakt und fest geworden, und man kann auf der verharschten Oberfläche gehen, ohne bis zur Taille einzusinken. An warmen Tagen steigt der Saft in den Ahornbäumen, und in den Adern der Menschen kreist das Blut schneller.

Der Frühling steht vor der Tür, und die Vögel scheinen es zu wissen. Haarspecht und Daunenspecht trommeln auf trockenen Zweigen und lockerer Ahornrinde, und Purpurfinken singen fröhlich in den Fichten. Auf dem Kamm, wo die Hemlockstannen wachsen, hört man dieses Jahr überall die durchdringenden Stimmen der Fichtenzeisige und den kurzen, klagenden Ruf der Meisen. Weiter unten, im Moor, sind eben die ersten Rotschulterstärlinge wieder eingetroffen; sie sitzen auf den trockenen Rohrkolben und lassen ihre Jodler erschallen. Schwärme von Roststärlingen fliegen in langgestreckten Formationen nordwärts.

Ich stehe am Waldrand über dem Shelburne-Moor, eine leichte Brise, ein raunender Wind fängt sich in den Bäumen hinter mir. Es wird dunkel. Unheimliche knarrende und kratzende Geräusche sind zu hören. Im Innern des Nadelwalds wird es schwarz, pechschwarz. Die Singvögel schweigen. Nur der Wind ist noch zu hören und von weit oben der Schrei der Kanadagänse, die am sternfunkelnden Himmel entlangziehen. Plötzlich vernehme ich ein hohles, dröhnendes ›Huu-huu-huu-huu‹. Der tiefe, weithin hörbare Ruf kann einem tatsächlich die Haare zu Berge stehen lassen, wie es in Geschichten und Zeugnissen vieler Völker und Kulturen berichtet wird. Aber ich weiß, um was es sich handelt, und höre den Ruf mit größter Befriedigung.

Anfang April kam ich in diese Wälder zurück. Jetzt war das feuchte, braune Laub auf dem Boden von den blaßblauen Blüten der Leberblümchen überzogen. Krähen bauten ihre Horste in den Tannen und Kiefern, und von den Ufern des Tümpels, dessen eisige Oberfläche zu schmelzen begann, hörte ich die ersten Zirpfrösche. Einen Augenblick lang sah ich in der Dämmerung eine dunkle Silhouette, die lautlos über die Kiefern glitt – schnell wie ein Spuk war sie verschwunden. Aber ich wußte sofort, daß ich eine große Eule gesehen hatte, vielleicht den Uhu vom Monat zuvor. Die Wälder bargen ein neues Geheimnis: Irgendwo in dieser Wildnis hatte vielleicht ein Paar dieser eindrucksvollen Raubvögel ein Nest gebaut, das um diese Zeit schon flaumweiche Küken enthalten mußte.

Unter den Eulenvögeln ist der Virginia-Uhu oder Amerikanische Uhu *(Bubo virginianus)* einer der größten und mächtigsten Jäger. Er gehört zu den im Englischen so genannten *eagle owls* und wird an Gewicht einzig von einem Taggreifvogel, dem Adler, übertroffen. (Noch größer ist nur die europäische Unterart des eurasischen Uhus, *Bubo bubo*.)

Ernest Thompson Seton, ein kanadischer Naturforscher des letzten Jahrhunderts, der Uhus sowohl in Gefangenschaft wie auf freier Wildbahn beobachtete, schrieb im Jahr 1890: ›Alles, was ich von ihnen sah – ihre ungezähmte Grausamkeit, ihre prachtvolle Gestalt, die Wahl ihrer Beute, die ausschließlich aus Fleisch besteht –, zeigt, daß diese geflügelten Tiger zu den wildesten und gefährlichsten Raubvögeln gehören.‹ Ich sah von dieser ungezähmten Grausamkeit nichts, als ich den Gleitflug der dunklen Silhouette im Wald beobachtete. Ein Räuber, ja; aber ›wilder‹ oder ›grausamer‹ als eine Schwalbe, die lebende Mükken im Flug erhascht, oder ein Waschbär, der einen zappelnden Frosch verschluckt?

Der ›geflügelte Tiger‹ verschwand hinter den Bäumen, aber nicht aus meinem Gedächtnis. Am 17. April kam ich wieder in der Hoffnung, ihn noch einmal zu Gesicht zu bekommen. Inzwischen bebrüteten die Krähen ihre Eier, und die Rotkehl-Hüttensänger, aus den Winterquartieren zurück, suchten in der Nähe von Feldern und Farmen nach Nisthöhlen. Ich ging über ein Feld voll verfilzten toten Grases, das den von Wühlmausgängen durchlöcherten Boden bedeckte, betrat den dunklen Nadelwald und erreichte eine schattige Lichtung. Waschbärenklauen hatten in der gefurchten Borke der dichten Hemlockstannen ihre Spuren hinterlassen. Die unteren Äste dieser Bäume waren abgestorben, das Sonnenlicht drang kaum bis zu ihnen vor. Hier, an diesem düsteren Platz, würden Eulen bestimmt gern hocken, um den schattigen Boden nach Beute abzusuchen. Und tatsächlich fand ich einige von Eulen stammende Gewölle – Speiballen, bestehend aus harten, schwerverdaulichen Materialien mit geringem Nährwert: Felle, Federn, Knochen, Chitinteile von Insekten und so weiter, die nicht nur von Eulen, sondern auch von Taggreifern und anderen Vögeln herausgewürgt werden. Sie zeigten mir, daß ich recht gehabt hatte mit meiner Annahme.

Ein Virginia-Uhu kann eine verschlungene Maus in fünf Minuten verflüssigen. Zehn Minuten danach hat der Muskelmagen die Flüssigkeit extrahiert und weiterbefördert in den Dünndarm, während die unaufgelösten Substanzen, die das Gewölle bilden, zurückgehalten werden. Der Prozeß von der Nahrungsaufnahme bis zur Ausscheidung des Gewölles geht in sieben Einzelschritten vor sich und ist in acht bis zehn Stunden vollendet. Durchschnittlich wird nur ein Gewölle pro Tag produziert.

Man kann sich mit Gewöllen und den darin befindlichen Teilen von Knochen, Fell, Zähnen und Federn beschäftigen wie mit einem Puzzle. Jedes Gewölle ist ein Rätsel; während man es löst, entsteht das Bild des Raubvogels auf seinem nächtlichen Beutezug. Vor ein paar Jahrzehnten war eine kleine Armee biologischer Detektive mit der Analyse von Gewöllen beschäftigt – sie sammelten Indizien, die bei der Einteilung von Vögeln in ›Schädlinge‹ und ›Nützlinge‹ helfen sollten. Damals liefen die Hühner auf den Höfen noch frei herum, und zu den Schädlingen zählten Vögel, die Hühner, Rebhühner oder Kaninchen schlugen. Die ›nützlichen‹ Vögel fraßen Nager und Insekten. Eulen haben weniger Säure in ihren Mägen als etwa Bussarde, daher können sie Knochen schlechter verdauen und hinterlassen folglich mehr Gewölle – untrügliche Beweise ihrer ›bösen‹ Natur.

Doch die Kunst der Gewöllanalyse hat sich weiterentwickelt. Zum Beispiel wurde vor zwanzig Jahren durch die Untersuchung von Knochenmaterial in einem Eulengewölle eine bislang unbekannte Nagetierspezies entdeckt; und durch das Studium fossiler Eulengewölle erhofft man sich Aufschluß über ausgestorbene Tierarten.

Ich zog die dichtgewebten Päckchen aus Fell und Federn, die ich gefunden hatte, auseinander und fand die zerschmetterten Schädelknochen von Kaninchen, Eichhörnchen, Feldmäusen und Bisamratten und die Klauen, Schnäbel und Federn von Krähen. Dann hörte ich lautes Krächzen. Das Krächzen wurde rauher, immer mehr Stimmen fielen in den Chor ein. Ich pirschte mich langsam an das Spektakel heran und sah eine Ansammlung von Krähen, die in den Bäumen saßen und aufgeregt mit den Flügeln schlugen. Der Heidenlärm, den sie machten, übertönte das Geräusch meiner Schritte auf den feuchten Kiefern- und Tannennadeln. Sie waren so beschäftigt, daß sie mich entweder nicht sahen oder meine Anwesenheit im Augenblick als unwichtig erachteten. Durch die dichten Zweige der Bäume erhaschte ich einen Blick auf das Objekt ihrer ungeteilten Aufmerksamkeit: einen ausgewachsenen Virginia-Uhu. Unsere Blicke begegneten sich über die große Entfernung hinweg, aber im gleichen Moment drehte sich der Vogel, öffnete seine Schwingen und segelte über den Wald hinweg, und ein schnell wachsender Haufe aufgeregter Krähen heftete sich wie eine zottige Rauchwolke an seine Fersen. Auch ich war aufgeregt. Besser als Gewölle war der Vogel selbst. Noch besser wäre es, wenn ich seinen Horst aufspüren könnte.

In der unmittelbaren Umgebung gab es Dutzende von Horsten; welcher davon gehörte dem Uhu? Am interessantesten schien mir einer hoch oben in einer alten Weymouthskiefer. Der Stamm des riesigen Baumes hatte einen Durchmesser von etwa einem Meter, die ersten stabilen Äste befanden sich in einer Höhe von mindestens zwölf Metern. Hochklettern, um den Horst in Augenschein zu nehmen, war unmöglich. Doch daraus, daß ich an keiner anderen Stelle das Licht durchfallen sah, schloß ich, daß er bewohnt war. Gebaut hatten ihn Krähen, aber die weiß beklecksten Zweige in der Nähe des Horstes wiesen auf die Gegenwart junger Greifvögel hin. (Krähenseltern beseitigen stets die Faeces ihrer Jungen, die die Aufmerksamkeit von Nesträubern erregen könnten.) Bussarde schloß ich aus, da sie so früh im Jahr noch keine Jungen haben, also war es sehr wahrscheinlich, daß dieser Horst von Eulen benutzt wurde, und zwar von einer Gattung, die nicht wie die anderen hier vorkommenden Waldeulenarten (Sägekauz, Streifenkauz und Kreischeule) in hohlen Bäumen nisteten – dem Virginia-Uhu. Auch er verschmäht die hohlen Bäume nicht, aber er findet nur selten eine Höhlung, die seiner Größe entspricht. Wie seine Verwandten hat er nie gelernt, ein eigenes Nest zu bauen; deshalb bezieht er alte Horste von Krähen, Raben oder Habichten.

Die nächste Umgebung gab mir weitere Hinweise auf die Anwesenheit von Eulen. Ich fand Taubenfedern, Krähen- oder Goldspechtflügel, den Schienbeinknochen eines Kaninchens mitsamt daran hängendem Lauf und weitere Gewölle, die Splitter und Knochenteile verschiedener Art enthielten. In jedem Fall mußte dies der Wohnsitz eines mächtigen Vogels sein. Dann, wie zur Bestätigung all meiner Überlegungen, sah ich einen Virginia-Uhu, der aus dem Baum aufflog, sich im Geäst der benachbarten Kiefer niederließ und zornig auf mich herabstarrte.

Das Verlangen, in das Nest hineinzuschauen, war stärker denn je, aber auch wenn ich es mir zugetraut hätte, den Baum zu erklimmen, hatte ich gute Gründe, es nicht zu versuchen. Virginia-Uhus sind grimmige Verteidiger ihrer Horste. Arthur Cleveland Bent schreibt 1961 in seinen Life *Histories of North American Birds of Prey*:

›Das Verhalten von Virginia-Uhus in der Nähe ihrer Nester weist erhebliche individuelle Unterschiede auf, aber im allgemeinen ist es feindselig, besonders, wenn sich Junge im Nest befinden. [...] Bei einer Gelegenheit wurde ich hart attackiert, als ich einen Horst zu erreichen suchte, in dem Eier bebrütet wurden. Ich hatte kaum zwei Meter der hohen Fichte erklettert, als der große braune Vogel an mir vorbeiglitt und sich auf einem benachbarten Baum niederließ. Dort saß er, starrte zu mir herüber und wiegte sich von einer Seite zur anderen. Es war das Weibchen. Die Flügel halb aufgespannt, die Federn aufgeplustert, die Ohren aufgestellt, sah es aus wie ein großer Teufel, und dann fing es an, voll wilder Wut mit dem Schnabel zu klappern. Als ich weiterzuklettern versuchte, kam auch noch das Männchen. [...] Ein Moment Unaufmerksamkeit, und ich hörte das Rauschen von Flügeln im Sturzflug – der furchtbare Hieb auf die Schulter riß mich fast vom Baum herunter, und ich spürte die scharfen Klauen, die meine Kleider zerfetzten. [...] Als ich mich dem Nest näherte, bekam ich einen heftigen Hieb hinters Ohr, der mich benommen machte. [...] Die scharfen Klauen hatten mich am Schädel getroffen; ich trug zwei häßliche Wunden davon, die sofort anfingen zu bluten. Das ging entschieden zu weit. Ich hatte keineswegs vor, mich von den Uhus skalpieren oder vom Ast stoßen zu lassen, also kletterte ich wieder hinunter und überließ ihnen das Feld.‹

Andere Berichte bestätigen Bents Erfahrung. Donald J. Nicholson wurde noch rauher behandelt, als er bis auf zwei Meter an den Horst eines Virginia-Uhus mit Gelege herankam. Im Jahr 1926 schrieb er: ›Wie ein Pfeil schoß der Vogel von hinten an mich heran und bohrte seine scharfen Klauen in meine Flanke, was einen starken, dumpfen Schmerz verursachte und mich aus dem Gleichgewicht brachte, und kaum ließ das Weibchen von mir ab, da näherte sich das Männchen und griff mich von vorn an; seine Klauen rissen das Fleisch an meinem Arm auf, Blut strömte, und bei der dritten Attacke wurde mein Hemdsärmel vollkommen zerfetzt, und ich trug vier tiefe, klaffende Wunden davon, je zehn Zentimeter lang; dazu drang eine ihrer Klauen bis zur Sehne vor und verletzte sie, was um ein Haar zur Lähmung meines Armes geführt hätte.‹ Und Charles R. Keyes berichtet über den Angriff eines Virginia-Uhus: ›Der Hieb kam absolut unerwartet und mit solcher Wucht, daß sich die ganze linke Seite meines Kopfes taub anfühlte [...]. Der Schnitt, der sich von der linken Wange zum linken Ohr zog, sah böse aus...‹

Soweit wollte ich es nicht kommen lassen. Deshalb benutzte ich einen benachbarten Baum als Ausguck.

Mein Adrenalinspiegel war beträchtlich angestiegen, und doch fühlte ich mich ziemlich zittrig, als ich endlich oben anlangte, denn nicht alle Äste waren so stabil, wie sie von unten ausgesehen hatten. Inzwischen wurde überall in der Nachbarschaft wieder die Krähen-Alarmglocke geschlagen. Das Uhuweibchen – ich nahm an, daß es sich um das Weibchen handelte, weil es in unmittelbarer Nähe des Horstes blieb – zeigte keine Reaktion. Es flog nicht auf, sondern starrte mich weiterhin feindselig an, klapperte mit dem Schnabel und schrie ›Huuhuu-huu‹; manchmal stieß es auch ein lautes, heiseres ›Wackwack‹ aus. Als es zu einem anderen Baum weiterflog, folgten ihm mindestens zwanzig Krähen – ich hoffte, sie würden es von mir ablenken –, die ständig Scheinangriffe veranstalteten. Aber sobald sich der Uhu niederließ, gingen die Krähen auf respektvolle Distanz. Sie hielten sich mindestens zwei Meter von ihm entfernt.

Von meinem Ausguck konnte ich sehen, daß sich das alte Krähennest, das die Uhus bezogen hatten, im Zustand der Auflösung befand. Es war schon ein Jahr alt gewesen, von Winterstürmen arg mitgenommen, als sie sich dort eingerichtet hatten, und sie hatten nicht viel dazu getan, den Zustand ihrer Behausung zu verbessern. Der Rand war völlig ramponiert, und in der ungeschützten Mulde standen drei flaumige Nestlinge auf schwankendem Grund; zwei von ihnen etwa dreißig Zentimeter groß, das dritte kleiner. Obwohl sie noch ihr Dunenkleid trugen, besaßen sie doch schon recht stattliche Schnäbel und Klauen. Ich konnte nicht glauben, daß diese Küken von den Krähen irgend etwas zu befürchten hatten.

Frisches Futter sah ich nicht im Nest, nur die Überbleibsel vergangener Mahlzeiten, Krähenflügel und nackte Knochen. Die Jagd der Eltern dieser Nestlinge war wohl nicht allzu erfolgreich gewesen. Arthur Bent berichtete hingegen, daß ein von ihm beobachtetes Nest mit Jungen des Virginia-Uhus bis zum Rand gefüllt gewesen sei mit einer Maus, einer jungen Bisamratte, zwei Aalen, vier Welsen, einer Waldschnepfe, vier Haselhühnern, einem Kaninchen und elf Ratten, insgesamt achtzehn Pfund Futter.

Wenn Nahrung nur in begrenztem Umfang zur Verfügung steht, wie es in der Natur normalerweise der Fall ist, verfahren einige Eulengattungen so, daß der größte, das heißt älteste Nestling zuerst gefüttert wird. Ist der zuletzt geschlüpfte Nestling fähig, sich gegen seine stärkeren Geschwister durchzusetzen und selbst Futter zu ergattern, wird er überleben; andernfalls wird er als Kümmerer vernachlässigt und stirbt oder wird von den Geschwistern als Atzung betrachtet und gefressen, während die Mutter sich außerhalb des Horstes auf der Jagd befindet. Die Eier eines Geleges werden nicht gleichzeitig abgelegt, sondern in Abständen von bis zu zwei Tagen, und da das Weibchen sofort mit der Bebrütung beginnt, schlüpfen die Jungen an verschiedenen Tagen. Im Kampf um die Beute im Nest ist das zuerst geschlüpfte Junge seinen Geschwistern bald überlegen. Dadurch ist sichergestellt, daß bei knappem Futterangebot wenigstens ein Teil der Nachkommenschaft überlebt. Bei den meisten anderen Vogelarten, deren Nahrungsgrundlage über lange Zeiträume weitgehend stabil bleibt, beginnt die Bebrütung erst nach Ablage des letzten Eis. So wird verhindert, daß ein Junges die anderen dominiert.

Es gibt weitere Methoden der Familienplanung, die sich den Wechselfällen des Nahrungsangebots anpassen. Beispielsweise brüten Virginia-Uhus überhaupt nicht, wenn zu Beginn der Brutperiode Nahrung knapp ist; Schnee-Eulen legen bei mangelhafter Futterversorgung weniger Eier als bei reichlichem Angebot; in Barrow, Alaska, hat man beobachtet, daß sie nur zwei Eier legen, die sie nicht bebrüten, wenn es nur wenige Lemminge gibt, während sie in Jahren des Überflusses an Lemmingen Gelege von bis zu vierundzwanzig Eiern produzieren.

Während ich von meinem Baum aus weiterhin den Horst beobachtete, klapperte das Weibchen mit dem Schnabel, gluckste heiser und schrie gelegentlich, während es mich mit seinen riesigen gelben Augen fixierte. Aber es griff nicht an, und das Männchen ließ sich überhaupt nicht sehen. Offenbar hatte es den Baum verlassen und dem Weibchen den Späherposten überlassen, als ich aufgetaucht war. Ich wußte jedoch, daß es sich in der Nähe befand, weil die Krähen sich weiterhin sehr erregt zeigten.

Die kommenden Ereignisse zeigten, in welchem Maß Zufälle für das individuelle Leben bestimmend sein können, in diesem Fall für das Leben eines der drei Uhujungen.

Zwei Tage später zogen Sturmwolken aus dem Norden an einem finsteren Himmel auf. Der Wind legte sich, und in der darauffolgenden Stille fielen die ersten klebrigen Flocken nassen Schnees. Bald waren alle Bäume von ihm bedeckt, und er fiel weiter. Allmählich wurden die Äste schwer unter ihrer weißen Last und sanken tiefer und tiefer. Das Geräusch brechender, stürzender Zweige zerriß die Stille. Auf dem Weg zum Horst der Uhus fürchtete ich das Schlimmste. Der Baum sah arg zerzaust aus, unter ihm häufte sich der Schnee, und überall lagen abgebrochene Äste. Wunderbarerweise hatten sich zwei Junguhus retten können, sie hockten auf dem abgebrochenen Geäst; das dritte Junge steckte im Schnee. Ich fühlte mich sogleich zur Rettung dieser armseligen, unglücklichen, triefnassen Handvoll Flaum, die der Schneesturm heruntergeweht hatte, getrieben. In meiner Kindheit hatte ich oft junge, freilebende Tiere aufgezogen; der unnachahmliche Geschmack der Nähe zur Natur war mir davon geblieben. Außerdem – so argumentierte ich mir selbst gegenüber – könnte ich die Entwicklung des Jagdverhaltens eines Uhus einmal aus nächster Nähe studieren und Antwort auf die Frage erhalten, ob und inwiefern die Jagdtechniken der Eulen das Haßverhalten von Krähen und Singvögeln ihnen gegenüber beeinflussen.

Es gab allerdings ein Problem. Einen jungen Uhu – mit jungen Amseln, Krähen oder Rotkehlchen verhält es sich nicht anders – einfach mit nach Hause zu nehmen ist gesetzlich verboten, und es sind viele bürokratische Hürden zu überwinden, bevor sich der Staat mit so einer Adoption einverstanden erklärt. Man darf einen solchen Schritt nicht gedankenlos tun, denn Aufzucht und Pflege eines nicht an den Menschen gewöhnten Tiers erfordern sehr viel Zeit und Hingabe; man ist als Pflegeperson ja nicht nur mit der Futterbeschaffung befaßt, sondern auch mit den ›psychologischen‹ Ansprüchen des Pfleglings. Mit einem menschlichen Wesen verhält es sich insofern anders, als wir uns miteinander durch Sprache oder symbolische Gesten verständigen können, die unser Verhältnis zueinander definieren. Tiere, besonders wilde Tiere, haben nicht immer die Fähigkeit, uns zu zeigen, was sie wollen und brauchen; wir müssen sie sorgfältig beobachten, um aus ihrem Verhalten Schlüsse zu ziehen, und wir müssen in der Lage sein, ihre Bedürfnisse zu befriedigen. Ein Tier zu halten bedeutet, Verantwortung zu übernehmen. Verantwortung bedeutet Pflicht und Engagement auf Dauer; nicht jeder ist für eine solche Aufgabe geeignet.

Ich entschied mich, die Verantwortung zu übernehmen, erledigte alle entsprechenden Formalitäten und erlangte die gesetzliche Einwilligung zur Adoption.

Ich gab meinem Pflegling einen männlichen Namen, ob zu Recht oder Unrecht, weiß ich nicht, da es mir nicht möglich war, sein Geschlecht zu bestimmen.

Ein Uhu im Haus

Von der Wärme unseres Holzofens wieder zum Leben erweckt, richtet sich das Uhujunge in seinem Karton auf, starrt mich an, öffnet den Schnabel und zischt. Ich halte ihm ein Stück Fleisch hin – keine Reaktion. Aber wenn ich es in seinen halboffenen Schnabel stecke, hält es ein paar Sekunden still und schluckt es dann gierig hinunter. Die folgenden Fleischstücke werden mit zunehmendem Heißhunger verschlungen. Dies ist kein sehr sanftmütiger Vogel!

Wohlgenährt und voller Tatendrang steht er in voller Größe da und klappert herausfordernd mit dem Schnabel, indem er mit dem Unterschnabel gegen den Oberschnabel klickt. Sein flaumiges Dunenkleid ist getrocknet; er sieht doppelt so groß aus wie vorher. Mit ausgestreckten Flügeln und gesträubten Rückenfedern wirkt er noch imponierender. Kriegerisch sieht er mich an und wiegt sich von einer Seite zur anderen, ohne mit dem Klappern aufzuhören. Um Eindruck zu machen, ist ihm jedes Mittel recht. Und er läßt mich keinen Moment aus den Augen. Zweifellos ist er dazu bestimmt, ein Raubvogel zu werden, stolz und kühn und unbezähmbar.

Die Augen treten groß hervor in seinem flachen Gesicht, die Wimpern sind deutlich sichtbar. Wo man in einem menschlichen Gesicht die Nase erwarten würde, hat er einen gebogenen Schnabel mit einem Nasenloch auf jeder Seite. Der größte Teil seines Schnabels ist in steifen, haarähnlichen Federn verborgen, den Tastborsten, die wie die Schnurrhaare von Katzen der taktilen Orientierung bei Dunkelheit dienen. Seine stille Würde, gepaart mit gelegentlichen Zornesausbrüchen, will nicht in das Bild passen, das man sich gewöhnlich von einem Vogel macht.

Bubo, wie ich ihn taufte – nach seinem wissenschaftlichen Namen *Bubo virginianus* –, ist kein Kleinkind mehr. Vom Scheitel bis zur Sohle mißt er einunddreißig Zentimeter. Aber seine Federn sind noch kurz. Der Schwanz zum Beispiel ist bloß ein Stummel, die Befiederung hier mißt kaum einen Zentimeter; der Schaft der Flügelfedern ist etwa zwei Zentimeter lang. Im Gegensatz dazu sind seine Klauen schon gut entwickelt: Jede ist zwei Zentimeter lang und scharf. Wie aus löchrigen Wollsocken strecken sie sich aus den mit cremefarbenem Flaum befiederten Zehenenden heraus. Die über die Beine herabhängenden, langen, aufgeplusterten Federn am Bauch gleichen Pumphosen. Wenn Kleider Leute machen, dann machen Federn den Uhu. Ich finde, er sieht nicht aus wie ein gepflegter Gentleman, eher wie die Karikatur eines alten Weisen.

Sein Gewand ist höchst funktional: In trockenem Zustand hält es den Körper warm und spart somit Energie. Junge Eulen- und Uhuküken bilden das weiße Dunenkleid der Geburt sofort nach dem Schlüpfen. Drei Wochen später wächst die zweite gelbbraune Befiederung nach, am Rand bleibt der weiße Flaum noch eine Weile erhalten.

Eine Eulen- oder Uhufamilie in Neuengland, die mitten im tiefsten Winter mit der Aufzucht der Jungen beginnt, hat es bei knappem Nahrungsangebot mit einer Fülle widersprüchlicher Probleme zu tun – und gewöhnlich ist das Nahrungsangebot knapp. Eine Möglichkeit, um eine akute Energiekrise zu verhindern, besteht darin, daß beide Eltern füttern; viel Futter bedeutet viel Energie, und ein Teil der Energie wird von den Jungvögeln dazu verwendet, durch Zittern den Körper warm zu halten, während sich die Alten der Jagd widmen. Die zweite Möglichkeit besteht darin, daß die meiste Energie zum Wachsen verwendet wird, das Zittern also unterbleibt, weshalb es nötig ist, daß ein Elternteil im Nest bleibt, um die Jungen warm zu halten. Virginia-Uhus wählen die letztgenannte Methode. Das Weibchen bleibt am Nest, es hudert die Küken und schützt sie vor Räubern. Das Männchen ist der Ernährer der Familie, bis die Jungen gelernt haben, selbst Beute zu schlagen.

Bubo ist erst drei oder vier Wochen alt, aber er wird wahrscheinlich nicht mehr viel an Gewicht zulegen. Gutgenährte Uhuküken werden bis zum zwanzigsten Tag nach dem Schlüpfen jeden Tag um zirka neun Prozent schwerer, was bedeutet, daß ihr Hunger jeden Tag größer wird. Mit drei Wochen haben die Jungen fast ihr endgültiges Gewicht erreicht, sechs bis sieben Wochen, bevor sie flügge sind. Aber erst nach dem ersten großen Wachstumsschub sind sie in der Lage, sich selbst warm zu halten. Dann erst hört die Mutter allmählich auf, sie zu hudern, und beteiligt sich an der Jagd des Männchens, um den steigenden Nahrungsbedarf zu decken. Lange, bevor sie fliegen können, können die Jungen eigene Körperwärme erzeugen dank des dicken Dunenkleids, in das sie eingemummelt sind. Die Flugfedern wachsen später.

Bubo ist zu alt, um noch gehudert zu werden, aber als seine Ersatzeltern habe ich genügend andere Pflichten zu erfüllen. Und ich kann keinesfalls auf seine Mithilfe rechnen. In Augenhöhe mit mir macht er in seinem Karton einen Buckel, breitet die Flügel aus, sträubt die Federn und wiegt sich hin und her, sobald ich die kleinste Bewegung mache. Zudem faucht er und klappert mit dem Schnabel. Es klingt, wie wenn man in rascher Folge trockene Stöcke aneinanderschlägt. Seine glänzenden Augen sind weit offen, er folgt mir mit seinen Blicken überallhin.

Ich zerschneide eine tote Maus und lege ein kleines Stück Fleisch in seinen gebogenen Schnabel, den er vor Schreck immer noch halb geöffnet hält. Ein Ruck geht durch seinen Körper, er zögert einen Moment und schluckt. Dann schließt er den Schnabel. Sobald ich meine Hand behutsam zurückziehe, ist er wieder in Alarmbereitschaft, nimmt eine drohende Haltung ein mit flammendem Blick und klapperndem Schnabel. Wieder lege ich ein kleines Stück Fleisch in seinen Schnabel und rede leise und sanft auf ihn ein. Der wilde Blick in seinen Augen verschwindet, der Schnabel schließt sich – bis ich mich wieder rühre. Es folgt dasselbe Spiel immer wieder von vorn – mehrere Male.

Nach drei Tagen unaufhörlichen Zusammenseins mit mir wird Bubo etwas ruhiger. Ich rede eine Weile besänftigend auf ihn ein, seine Federn glätten sich, er schließt den Schnabel und legt die Flügel wieder an. Ich rede weiter, und er schließt langsam die Augen. Aber ich brauche nur die Seite eines Buches umzublättern oder einen Bleistift in die Hand zu nehmen, schon wacht er auf und gebärdet sich wild und drohend wie zuvor. Ich spreche wieder zu ihm, und erneut schließt er die Augen. Ich weiß nicht, was er versteht, wenn ich zu ihm sage: ›Ruhig, Junge, ruhig!‹, aber der sanfte Ton meiner Stimme scheint ihn wirklich zu beruhigen; sobald ich aufhöre zu reden, ist er wieder in Alarmbereitschaft.

Ich will, daß er mich nicht beachtet und tut, was er tun will, ohne Rücksicht auf meine Gegenwart. Daß er sich nach vier Tagen zum erstenmal zu voller Größe ausstreckt und genüßlich einen Flügel ausbreitet, erfüllt mich mit Freude. Ich weiß, daß er sich diese Geste nicht erlauben würde, wenn er mich noch immer als Feind betrachten würde.

Aber das sind Momente. Im großen und ganzen kann er immer noch nicht von meiner Gegenwart absehen. Das Rascheln von Papier erschreckt ihn; wenn ich eine Seite umblättere, stößt er mit seinem Kopf nach unten und faucht und klappert abwechselnd; dazu läßt er seine Kehle hörbar vibrieren – es handelt sich um das sogenannte Kehlsackflattern. Nur ausnahmsweise konzentriert er seine Aufmerksamkeit nicht auf mich, sondern auf die Buchseite in meiner Hand – diese scheint allerdings nicht weniger angsterregend zu sein!

Nach fünf Tagen mit mir scheint Bubo mich endlich zu akzeptieren. Ich darf sogar, wenn ich keine heftigen Bewegungen mache, mit meiner Hand seinen Kopf umfassen und ihn an der Rückseite kraulen. Er reagiert, indem er den Kopf schüttelt, wie um ein lästiges Insekt loszuwerden. Ich kraule weiter, und er läßt es sich gefallen, daß meine Finger immer wieder über seinen weichen, flaumigen Kopf fahren. Merkwürdigerweise fängt er an, seine Flügel zu putzen, sobald ich seinen Bauch berühre. Eine nach der anderen zieht er die Federn durch seinen großen gebogenen Schnabel. Dann fällt ihm ein, daß es noch anderes zu putzen gibt; er verlagert das Gewicht auf einen Fuß, schließt die Augen und kratzt die Federn um seine Augen mit einer der großen Klauen des anderen Fußes. Nach beendeter Körperpflege plustert er sich auf und schüttelt sich heftig, und es regnet weiße Flocken – Hornteile, die während des Wachstums der Federn abgeworfen werden. Schließlich dehnt er noch einmal den ganzen Körper von den befiederten Läufen bis zum Kopf, streckt Hals und Flügel und atmet mit einem leisen Seufzen aus.

Später – mit noch völlig geschlossenen Augen – hebt er den Kopf, als hätte ihn plötzlich etwas erschreckt, und das sonderbare Kehlflattern fängt wieder an. Hat er von Krähen geträumt oder von dem Schneesturm, der ihn aus dem Horst wehte? Seine Augen bleiben geschlossen; was immer ihn bedroht, er sieht es nicht. Wenn er wach wäre, würde er den bedrohlichen Gegenstand sofort fixieren. Aber er ist mit Sicherheit nicht wach. Tatsächlich, Bubo träumt!

Vermenschliche ich diesen Vogel in unzulässiger Weise, indem ich das sage? Das wäre ein Anthropomorphismus. Viele Biologen empören sich darüber. Aber die Sache ist nicht so klar, wie sie noch vor einigen Jahren schien. Anthropomorphismus kann vieles bedeuten. Wenn Wissenschaftler ein bestimmtes Problem möglichst anschaulich darstellen wollen, kommen sie nicht umhin, Anthropomorphismen zu benutzen. Die meisten werden zustimmen, wenn gesagt wird, daß eine Biene Nahrung

›für den Winter‹ speichert, auch wenn eine Biene keinerlei bewußte Kenntnis des Jahreszeitenwechsels besitzt. Dennoch dürfen wir obiges ungestraft weiter behaupten, denn wir beziehen uns auf die evolutionäre Notwendigkeit der Vorratshaltung (das heißt, Bienen, die Vorratshaltung betreiben, haben überlebt und sich fortgepflanzt, die anderen Spezies, die dies nicht taten, starben aus). Andererseits sagen wir auch, daß ein Hund einen Knochen vergräbt, um ihn zu ›verstecken‹; weiß der Hund wirklich, was er da tut? Trotz des Protests der Haustierhalter sind viele Biologen bis heute der Ansicht, daß alle nicht menschlichen Tiere reine Instinktwesen seien: Ihnen menschliche Charakterzüge zuzuschreiben, von ihnen zu sagen, sie träumten oder sie hätten Gefühle, sei ein unzulässiger Anthropomorphismus. Neue Forschungsergebnisse der Biologie zeigen jedoch, daß wir mit einigen der ›höheren‹ Tiere ziemlich viel gemein haben – vielleicht sogar mit einem Uhu.

Bubo, der sich während seines ›Traums‹ aufgerichtet hatte, hat sich inzwischen wieder hingelegt. Mit immer noch geschlossenen Augen stößt er einen charakteristischen Uhu-Ruf aus, ›Huu-huu-huu-huu-huuuu‹; ein weicher, leiser, näselnder Ton, der tief aus seiner Kehle kommt und den man nur hört, wenn man dicht neben ihm steht. Ich staune. Die meisten Vögel singen ihren artspezifischen Gesang erst nach dem Erreichen der Geschlechtsreife, und viele müssen ihn erst von ihren Eltern lernen. Dieser Uhu hat soeben eine vollkommene Darbietung seines artspezifischen Gesangs gegeben, und zwar als Nestling!

Wie die meisten Katzen, die zu Dutzenden in der Umgebung der Farmen Neuenglands leben, tötet Bunny, der Kater meiner Frau Margaret, Singvögel im Übermaß, ernährt sich aber hauptsächlich von Trockenfutter und Thunfisch. Bunny hat heute eine Einsiedlerdrossel gefangen, und ich lege den toten Vogel in Bubos Karton. Er hat schon Vögel gefressen; die Überbleibsel, die ich unter der Weymouthskiefer, seinem Geburtsbaum, fand, beweisen es. Aber diese Drossel läßt ihn völlig kalt. Würden seine Eltern die Beute für ihn zerteilen? Vielleicht kann er Futter noch nicht erkennen, wenn es nicht in der richtigen Form präsentiert wird? Das werde ich herausfinden.

Bevor ich meinen Schüler nach einer Woche auf die Probe stelle, will ich ihn von seinem Nest auf die Armlehne des Sofas transferieren. Keine leichte Aufgabe. Herumgetragen zu werden mißfällt Bubo ganz offensichtlich. Aber ich finde eine Lösung. Ich bringe meine behandschuhte Hand ganz nah an seine Brust, und er steigt ohne jede Grazie auf, nach dem Motto: Was du nicht umgehen kannst, mußt du angehen! Aber wie kriege ich nun meine Hand zurück? Nach einem ziemlichen Gezerre und Geziehe – Bubo sieht dabei aus wie ein Flößer, der auf einem Baumstamm hilflos flußabwärts treibt – hockt er schließlich neben mir auf der Armlehne. Die Umgebung habe ich vorsichtshalber mit Zeitungen abgedeckt. Jetzt beginnt das Experiment. Bemerkt er die Einsiedlerdrossel zu seinen Füßen? Offenbar nicht. Bemerkt er, daß es sich um Futter handelt, wenn die Einsiedlerdrossel zerschnitten ist und ihm in kleinen Stücken angeboten wird? Die Antwort ist ein klares Ja.

Bubo zeigt seine Zufriedenheit nach der Fütterung, indem er seinen Unterschnabel am Oberschnabel wetzt und die Zunge nach innen und außen zieht. Auf diese Weise erzeugt er ein leise knallendes Geräusch, das ganz anders klingt als das herausfordernde Schnabelklappern. Dazu plustert er sich auf und schüttelt sich; es freut mich, ihn so zufrieden zu sehen.

Nach einer guten Mahlzeit schmatzt Bubo zwei oder drei Minuten lang zufrieden mit dem Schnabel. Dann, mit vollem Bauch, wendet er seine Aufmerksamkeit der Umgebung zu. Er inspiziert die Wände, den Boden und die Decke, indem er systematisch und langsam den Kopf dreht – nach rechts, nach links, wieder nach rechts und wieder nach links, und dann lugt er aus dem Fenster. Aber nicht lange. Es gibt weitere interessante Dinge zu sehen. Er konzentriert sich auf den Holzofen, der ihn fasziniert, und unverständlicherweise wird er plötzlich äußerst lebhaft. Sein Kopf schnellt auf und ab, zur Seite und nach hinten, jeweils gute fünfzehn Zentimeter in jede Richtung. Die schnellen Kopfbewegungen dienen der Herstellung von Tiefenschärfe im vergrößerten Sichtfeld. Mit blitzartiger Geschwindigkeit erweitern und kontrahieren sich seine großen Pupillen je nach den Lichtverhältnissen. Nachdem Bubo also mit größtem Eifer etwa zehn Minuten lang den Raum inspiziert hat – dabei ignoriert er meine Gegenwart völlig –, trifft er eine Entscheidung und hüpft mit einem Sprung einen halben Meter weit vom Sofa auf den Stuhl. Er erreicht ihn gerade mit den Klauen, die sich sofort im Kissen verkrallen, der übrige Körper mit den schwächlich flappenden Flügeln schwebt gefährlich über dem Abgrund. Ich gebe ihm Hilfestellung und verliere ein paar Tropfen Blut dabei, denn seine Krallen kennen keinen Unterschied zwischen meiner Haut und anderem Stoff. Vom Stuhl aus hopst Bubo ungeschickt auf den Boden.

Beim Gehen hält er sich auf seinen übergroßen Füßen, indem er die Flügel eng anlegt, sich mit gesenktem Kopf nach vorn neigt und lange, bedächtige Schritte macht. Eine Primaballerina ist er zweifellos nicht.

Wenn ein Uhuküken heranwächst, fällt jede Menge Dreck an, und als Babysitter hat man ziemlich viele weiße Flecken vom Boden zu entfernen. Margaret sieht manchmal etwas entsetzt aus; also bringe ich Bubo nach jedem seiner Sprünge auf den Boden wieder auf den mit Zeitungspapier bedeckten Stuhl zurück.

Ein paar Tage später, am 4. Mai, beweist Bubo zum erstenmal seinen Jagdinstinkt. Er beobachtet einen herumhuschenden Käfer, vorerst ohne ihn zu attackieren. Dann springt er mit drei Sprüngen über den Boden und stößt auf alles nieder, was er mit einem seiner großen Fänge greifen kann, sei es ein Blatt, ein Strohhalm oder sonst ein Gegenstand. Er hebt das gefangene

Objekt hoch und befördert es mit größter Gewissenhaftigkeit in seinen Schnabel. Er zeigt erstaunliche Beharrlichkeit bei diesem Spiel und läßt sich durch mein Lachen oder Reden nicht ablenken.

Wie mag sein natürliches Verhalten durch das Zusammenleben mit mir verändert werden? Was ist stärker, die angeborenen oder die erlernten Verhaltensweisen? Eine alte Streitfrage. Aber sie trifft den Punkt nicht. Der behauptete Antagonismus existiert so nicht. Eins ist nicht möglich ohne das andere: Das Leben ist wie ein Feuer, das Brennmaterial verschlingt und es in einen neuen Stoff verwandelt. Die genetische Fähigkeit ist wie ein Funke oder eine Flamme; aber die Größe des Feuers hängt nicht von der des anfänglichen Funkens ab, sie wird vielmehr von der Umgebung bestimmt – den Bedingungen des Bodens, der Temperatur, der Luftfeuchtigkeit, den Windverhältnissen und so fort. Bubos Jagdinstinkt gehört zu seinem genetischen Programm. Wenn er die Gelegenheit hat, Beute zu schlagen, wird er lernen zu jagen, wie er lernen wird zu fliegen. Bis jetzt fehlt es lediglich an Gelegenheit.

Er beginnt nun ernsthaft, seine Flügel zu kräftigen (bis jetzt hat er sie lediglich ab und zu ausgestreckt). Auf der Sofalehne hockend, schlägt er sie im Viertelstundenabstand je etwa zehnmal sehr schnell. Fast hebt er schon ab. Nur seine Klauen sind noch sicher in der Polsterung verankert. Zweifellos wird er mehr üben müssen als die Fuß-und-Flügel-Koordination, um ein guter Jäger zu werden; er muß Wissen über die Beutetiere erwerben. Dazu aber braucht er natürliche Lebensbedingungen. Vielleicht sind die Wälder in der Umgebung meines Sommercamps in Maine das richtige für ihn.

Ein ungezähmter Raubvogel wird sich Beutetieren gegenüber wahrscheinlich nicht auf die ihm natürliche Weise verhalten, wenn er einen Menschen in seiner Nähe weiß, der ihn beobachtet. Ich hoffe, Bubo wird allmählich so zahm werden, daß er mir vertraut, so daß ich sein natürliches Verhalten studieren kann.

Nach der Zähmung wird er sicher nicht mehr in allen Situationen wie ein ›richtiges‹ wildes Tier reagieren, aber diese Einschränkung nehme ich in Kauf. Wenn ich ihn nicht bis zu einem gewissen Grad zähmen würde, bliebe mir sein natürliches Verhalten vermutlich gänzlich unbekannt.

Der Uhu in Kaflunk

Bubos Karton ist verschlossen, die Schachtel befindet sich auf dem Rücksitz meines Jeeps in relativ stabiler Lage. Darum herum und daneben sind Decken, Schlafsäcke, Werkzeuge, Lebensmittel, Bücher, Tassen, Teller und alle möglichen anderen Gerätschaften gepackt, die man braucht, wenn man vier Monate im Wald leben und dazu noch Feldforschung betreiben will. Bubo und ich sind unterwegs nach Maine, zum Camp Kaflunk, wo wir den Sommer verbringen werden. Eine Zeitlang werden wir dort ganz allein sein, denn Margaret wird wahrscheinlich erst in ein, zwei Wochen nachkommen.

 Camp Kaflunk liegt gut geschützt auf einer kleinen Lichtung vor den Felsvorsprüngen von Adams Hill. Die Lichtung ist umgeben von Weymouthskiefern, Rottannen und grauen und weißen Birken. Der Mischwald hier besteht aus Rotahorn, Zuckerahorn und Buchen, weiter unten geht er in Moorgelände über, das mit dichtem Sumpfmoos bedeckt ist. Die Moore sind von weißen Zedern und Balsamtannen begrenzt. Was Henry David Thoreau 1846 über die Wälder von Maine schrieb, stimmt nach wie vor: ›Es ist ein Land voller Nadelbäume, moosbewachsener Weißbirken und Ahorn; der Boden ist von kleinen, blaßroten Beeren betupft und von feuchten, moosbedeckten Felsbrocken gestreift […] der Wald hallt wider vom Gesang der Meisen, Häher und Spechte, dazwischen tiefes Schweigen […] und nachts hört man den Ruf von Eulen, das Geheul der Wölfe; im Sommer gibt es Myriaden von Stechmücken, die dem weißen Mann hartnäckiger zusetzen als die Wölfe.‹ Der einzige Unterschied zwischen damals und heute: Das Geheul, das man hört, stammt nicht von Wölfen, sondern von Wolf-Kojote-Bastarden.

Kaflunk ist eine Jagdhütte; gebaut wurde sie von Bucky und Edna Buchanan vor über vierzig Jahren, aber die rohen Balken und ungehobelten Kiefernbretter sind solide und massiv wie eh und je. Das Blockhaus mißt im Innern dreieinhalb Meter in der Breite und sechs Meter in der Länge, was für eine Jagdhütte ziemlich geräumig ist. Eine Holzleiter führt zu einem kleinen Speicher hinauf. Nächst einem Stapel Brennholz habe ich mein Bett aufgeschlagen. Rohe Bretter für Bücher ziehen sich an der Wand entlang. Am anderen Ende der Hütte befindet sich ein gußeisernes Waschbecken. In der Mitte steht mein Schreibtisch; außerdem gibt es einen kleinen gußeisernen Ofen und einen weiteren niedrigen Tisch aus Holz.

Aus dem Westfenster kann ich gerade noch den Zipfel eines entfernten Sees durch die Bäume erkennen; jenseits des Sees steigen der Mount Tumbledown und eine Reihe weiterer steiler, felsiger Hügel empor. Eine weitere menschliche Behausung ist weit und breit nicht zu sehen. Der enge Pfad, der sich zur Hütte hinaufwindet, folgt einer alten Steinmauer, die den Rand eines aufgelassenen Obstgartens markiert. Heute wachsen hier statt der Apfelbäume Esche und Ahorn. Nicht weit von dem Obstgarten finden sich Überreste eines Feldes, einst von Asa und Elmira Adams bebaut, die hier eine Farm hatten und nach denen die Anhöhe benannt ist.

Die Adamses und ihre Nachkommen, die Yorks, wurden hier geboren und verbrachten ihr ganzes Leben an diesem Ort. Sie waren Schaf- und Rinderzüchter, aber hauptsächlich lebten sie von Äpfeln. Sie bauten Ben-Davis-Äpfel an, eine heute nicht mehr handelsübliche Sorte. Im Herbst wurden diese Äpfel, bedeckt mit Heu, in einer der zwei Scheunen eingelagert. Heute sieht man von den Scheunen nichts mehr bis auf die von Heckenrosen und Himbeersträuchern überwachsenen Grundmauern etwas unterhalb der Hütte auf einer Lichtung. Immerhin haben einige der Apfelbäume überlebt; die hohlen, knorrigen Riesenstämme werden von Bären erklommen, die die grünen Äpfel pflücken und auf der Stelle verzehren. Im Spätherbst kommen Rehe, Kragenhühner und Stachelschweine und fressen das Fallobst, bevor der Frost seinen Geschmack verdirbt.

Neben den Grundmauern der beiden Scheunen erinnern nur noch ein Kellerloch voller Steine und zwei alte steingefaßte Brunnen an die alte bäuerliche Wirtschaft. Einen der Brunnen haben wir repariert. Dort holen wir unser Wasser.

Edna, eine geborene York, hat hier als Kind ihre Großeltern besucht. Sie erinnert sich: ›Ich habe immer gedacht, es wäre der schönste Ort der ganzen Welt. Das Haus war mit Schindeln gedeckt, aber nicht getüncht. Meine Großeltern waren sehr arme Leute. Es gab zwei Feuerstellen, eine mit einem großen holländischen Ofen. Am Weg standen Wagenräder, und Großmutter hatte überall Blumen gepflanzt. Schmuckkörbchen, Kornblumen und Astern wuchsen am Wegrand, und es gab zwei Scheunen. Das Klo war da in der Nähe, ungefähr dreißig Meter vom Haus entfernt. Damals waren überall Felder, und man konnte in alle Richtungen sehen.‹

Edna ist heute eine freundliche alte Dame, die von jedermann geliebt wird wie die eigene Großmutter. Edna war es, die mir mit strahlenden Augen von dem großen alten Holzapfelbaum erzählte, am Rand des Feldes beim Brunnen, und von der phantastischen Sicht, die man von dort bis hinunter zum See hat. Bucky, Ednas Mann, sagte: ›Es ist der beste Platz in der Gegend. Es gibt keinen besseren, nirgends.‹ Ich teilte seine Meinung. Und als das Grundstück wieder zum Verkauf stand (es war schon einmal an eine Dame aus Boston verkauft worden), für hundert Dollar pro Morgen, mit Camp Kaflunk als kostenloser Beigabe, konnte ich nicht widerstehen, obwohl – oder weil – es heute nur noch zu Fuß erreichbar ist.

Ich habe das Feld neben dem alten Farmhaus gerodet; hier

wollen wir aus den Stämmen von Tannen und Fichten (es wachsen genug in den Wäldern ringsum) ein Blockhaus bauen. Für mich die Erfüllung eines Traums.

Jenseits dieses Feldes geht der Pfad weiter durch eine Gruppe Weymouthskiefern hindurch bis zum höchsten Punkt der Anhöhe, wo man zwischen moosbedeckten Felsen, Tannen und Birken das Camp entdeckt. Bucky und Edna erzählten, daß sie das Holz eines verfallenden Kuhstalls zum Bau der Hütte verwendet haben. Das Problem der Namensgebung wurde durch Freunde gelöst, die nach der Einweihungsparty ein Schild über die Tür nagelten. Darauf prangte der Name ›Kaflunk‹, dessen Ursprung niemand kennt, und er ist bis heute lesbar, obwohl die Farbe langsam abblättert.

Bis zum Jahr 1850 führte eine von Pferden, Karren und Kutschen rege benutzte Landstraße unterhalb der Hütte vorbei, aber dann lockte die Industrie die Leute in die Städte, und die Bauern verließen die steinige Erde, um westwärts zu ziehen. Die Steinmäuerchen, die ihre Felder und Weiden begrenzten, verfielen; der Wald kehrte zurück, und statt der Schafe sah man wieder Elche, Rotwild und Bären. In den letzten zwanzig Jahren sind Wolf-Kojote-Kreuzungen aufgetaucht (hier nennt man sie einfach Kojoten); sie nehmen die ökologische Nische ein, die von den Wölfen hinterlassen wurde, denn kurz nach der Besiedlung des Landes wurden diese Wölfe ausgerottet. Auch Kolkraben sind zugewandert, im Schlepptau der Kojoten, von deren Beute sie sich ernähren. Viele wilde Tiere nehmen an unserem Dasein teil; die Spuren, die man hier findet, erinnern uns ständig daran.

Ich entdeckte diese Wälder vor fast dreißig Jahren. Damals war ich ein passionierter junger Jäger. Bei Sonnenaufgang, wenn alles noch starr war vom Nachtfrost, verfolgte ich die Spuren von Rehen und Hirschen unterhalb des knorrigen Apfelbaums an der Steinmauer entlang und weiter, tagelang, im Schnee, bis zum Gipfel der schwarzen Felsvorsprünge und zurück in das

Moorgelände. Ich erinnere mich an die Kratzspuren von Bären an den Buchenstämmen, an den Geruch von Herbstlaub und Schnee in der Luft und an das tiefe Schweigen des Winters. Je mehr ich auf diesen Ausflügen in die Natur erlebte, desto heftiger wurde mein Wunsch, im nächsten Jahr zurückzukehren. Seitdem hat sich kaum etwas verändert. Ich sehe die Wälder noch immer, wie Thoreau sie sah: ›Aus diesem Stoff schuf Gott die Welt.‹

Als Bubo und ich am frühen Nachmittag des 8. Mai am Fuß der Anhöhe bei Kaflunk ankommen, muß ich fast ein dutzendmal den steilen Pfad hin- und zurücklaufen, um alle Vorräte ins Haus zu bringen. Beim erstenmal nehme ich Bubo mit; er sitzt auf meinem Arm und dreht den Kopf eifrig hin und her. Wir kommen leider nicht weit. Nach den ersten paar Metern springt er auf den Boden und läuft weg. Immer wieder jage ich ihm hinterher und fange ihn ein. Ich lerne dabei, daß er seltener herunterhüpft, je höher ich ihn in die Luft halte. So nähern wir uns langsam der Hütte. Im Innern sieht er sich um und starrt dann lange und fasziniert auf den Brennholzstapel. Der Brennholzstapel, das ist es. Er steigt hinauf, entspannt sich und schläft ein, während ich mich um den Rest der Vorräte kümmere.

Hier auf der Kuppe ist der Schnee erst vor kurzem geschmolzen – und wir sind schon in der ersten Maiwoche! Der Frühling beginnt später als in Vermont. Waldblumen, die von Insekten bestäubt werden, blühen noch nicht, während in Vermont der gelbe Hundszahn, der amerikanische Doppelsporn, Blutkraut, Knollengrensel und Wachslilie ihre Knospen längst geöffnet haben. Nur die windbestäubten Pflanzenarten blühen auch hier schon: Pappel, Ahorn, Ulme, Zaubernuß. Hummelköniginnen fliegen, und bei einem großen Zuckerahornbaum am Weg höre ich lautes Gesumm. Die Königinnen der Hummelspezies *Bombus terricola* saugen an den Blütenknospen; die Pflanze scheidet ein zuckriges Sekret aus, von dem sich die Hummeln ernähren.

Die Laubsänger kehren zurück. Überall im Wald hört man sie: Pieperwaldsänger, Rubinfleckwaldsänger, Kletterwaldsänger, Grünwaldsänger, Meisenwaldsänger, Kanadawaldsänger, Myrtenwaldsänger, Hemlock- und Goldwaldsänger, die ihr Territorium markieren und gegen Nachbarn abgrenzen. Einige scheinen noch nicht zu wissen, wo sie sich niederlassen sollen. Ein Schwarm Kronwaldsänger fällt in den Birken ein, dreht dann nach Norden ab.

Gestern abend, an seinem ersten Tag hier oben, zog sich Bubo auf die Spitze des Brennholzstapels zurück und schlief ein, bevor es dunkel wurde; die ganze Nacht rührte er sich nicht vom Fleck. Heute, am frühen Morgen, als ich Feuer machte und das Frühstück vorbereitete, folgte er jeder meiner Bewegungen mit den Augen. Er sitzt noch immer auf dem Holzstoß. Sein Kopf dreht sich langsam, während er mich beobachtet. Er ist nicht aufgeregt, nur aufmerksam, vielleicht neugierig. Als ich nach einem Tag im Wald zum Abendessen zurückkehre, sitzt er noch immer dort, an genau derselben Stelle auf dem Holzstapel. Er sieht schläfrig aus.

Eine halbe Stunde später, um halb sieben, ist die Schläfrigkeit plötzlich verflogen. Er schwenkt den Kopf in alle Richtungen, hüpft in mehreren Etappen auf den Boden. Außerdem stößt er einen leisen, wispernden Ruf aus: ›Huuuhuu-huu-huuu-huuuu.‹ Sein Kopf dreht sich mit schnellen, ruckartigen Bewegungen, erst in eine Richtung, dann in eine andere. Diese Kopfdrehungen werden so schnell ausgeführt, daß man ihnen kaum folgen kann.

Nachdem er den Boden erkundet hat, hüpft er aufs Bett. Dort liegen Decken, Kopfkissen, zwei Jacken und meine Laufschuhe. Zuerst greift er die Schuhe an, dann, nacheinander, die rote Jacke, die Decke, schließlich die dunkelblaue Jacke.

Mit dieser Beschäftigung verbringt er zwanzig Minuten, und nach dem Schnabelschmatzen und den lebhaften, raschen Bewegungen zu urteilen, hat er viel Spaß dabei. Mehrmals rufe ich ihn und schwenke die Arme. Schenkt er meinen Anstrengungen Beachtung? Nicht die Spur! Gelegentlich läßt er sich dazu herbei, von den Sachen abzulassen und aufzublicken; aber sofort fährt er in seinem Treiben fort, dessen Rahmen er inzwischen etwas erweitert hat; zum Beispiel findet er es jetzt interessant, hinter einer Motte herzujagen. In der Zwischenzeit schwenke ich die Arme und schreie mich heiser.

Bubo ist ein geborener Jäger, und er verliert keine Zeit, seine Geschicklichkeit zu erproben. Er folgt dem Rat von Horaz: ›Frisch angefangen ist schon halb getan.‹ Und was er einmal angefangen hat, davon lenkt man ihn nicht so leicht ab. Wählerisch ist er auch nicht: Fast alles ist geeignet zur spielerischen Ertüchtigung.

Ich nehme einen schwarz-weißen Kugelschreiber und lasse ihn über den Boden rollen. Dieser Gegenstand ähnelt in keiner Weise irgendwelchen eßbaren Dingen, also sollte er ihn nicht mit Futter verwechseln; ohnehin hat er bis jetzt nur gegessen, was ich ihm gegeben habe. Wird er den Kugelschreiber jagen aus Lust am Spiel? Er bleibt liegen, und Bubo starrt ihn sekundenlang an. Dann geht er mit ausgestrecktem Hals auf ihn los und schlägt zu. Mit dem rechten Lauf hält er das Ding hoch und versucht hineinzubeißen. Vorsichtig nagt er daran herum, aber der Stift ist zu glatt und rutscht ihm aus dem Schnabel. Er rollt über den schrägen Hüttenboden und verschwindet unter einem Regalbrett. Aus den Augen, aus dem Sinn? Nicht bei Bubo! Nach einer Pause und einem schnellen Blick rundherum hastet er zum Regal und versucht, mit dem Schnabel unter das unterste Brett zu kommen. Tut mir leid. Der Zwischenraum ist zu eng für so einen großen Uhukopf. Auf dieser Entwicklungsstufe ist die Jagd also ein Spiel für ihn – was er jagt, bringt er offenbar nicht mit Futter in Verbindung.

Um halb neun am gleichen Abend führt Bubo eine letzte Attacke auf Jacken und Schuhe aus. Er ist gnädig und reißt sie nicht in Stücke, dann springt er auf den Holzstoß hinauf, zieht den Kopf ein, schmatzt zufrieden mit dem Schnabel und schließt schläfrig die Augen.

10. Mai
Bubo war die ganze Nacht ruhig und hat sich nicht vom Fleck gerührt. Später am Tag liegt er oben auf dem Brennholzstapel wie ein fauler Hund, Läufe und Klauen ausgestreckt vor dem Körper. Sein Kopf liegt auf den flaumigen Läufen, seine Augen sind halb offen; er beobachtet mich. Komischer Vogel.

Etwa um sechs Uhr abends steht Bubo genau wie gestern aufrecht auf dem Holzstoß und schaut sich aufmerksam um. Er schlägt seine Flügel ungefähr ein dutzendmal, flüstert: ›Huuhuu‹ und gähnt und streckt sich schließlich mit emporgerecktem Schnabel. Eine Viertelstunde später hüpft er auf einen Kiefernast herunter, den ich als Stufe für ihn zurechtgelegt habe. Noch einmal eine probeweise Flügelbetätigung, und dann, nach weiteren fünf Minuten, springt er auf den Boden. Wie gestern ist er munter und unternehmungslustig; schnabelschmatzend watschelt er umher und hinterläßt auf dem Boden ungewöhnlich viele weiße Kotmarkierungen. Er stürzt sich auf ein Astloch im Boden, attackiert einen der weißen Flecken, die er selbst produziert hat. Dann hüpft er wieder aufs Bett – das mir auch als Kleiderablage dient – und inspiziert Jacken und Schuhe neuerlich auf äußerst eindrucksvolle Weise. Langsam bilden sich in unserem Zusammenleben gewisse Gewohnheiten heraus.

Die spielerischen Übungen von Jagd und Attacke vor dem Flüggewerden zeigen, daß Bubos genetisches Programm wirksam ist. Seine Erregung, sein Trieb, alles Neue zu erkunden, haben wahrscheinlich mit dem Jagdinstinkt zu tun, aber solche Anpassungsleistungen zeigen auch die Offenheit des genetischen Programms für alle Möglichkeiten zu lernen. Zu diesem Zeitpunkt weiß ich jedoch noch zuwenig, um meine Spekulationen auf ein sicheres Fundament zu stellen. Bubo wird mir hoffentlich weitere Hinweise geben, wenn sich in den kommenden Wochen seine Jagdtechniken verfeinern.

11. Mai

Wie gewöhnlich schlief er die Nacht hindurch tief. Zweifellos waren seine Vorfahren tagaktiv. Ich passe mich seinem Rhythmus an und erwache Punkt sechs – da hüpft er vom Holzstapel herunter und spielt mit ausgestreckten Flügeln Jagd. Er braucht dazu nicht mehr als ein paar Astlöcher im Boden. Nach diesem anstrengenden Training zieht er sich auf seinen Ruheplatz zurück, wo er vermutlich den Rest des Tages bleibt. Ich gehe in den Wald.

Am späten Morgen komme ich zurück, weil es draußen eiskalt ist und Bindfäden regnet. Ich freue mich, wieder in Bubos Gesellschaft zu sein. Er sitzt auf meinem Arm, während ich herumgehe und Kaffee mache; als ich mich hinsetze, um den Kaffee zu trinken und zu lesen, knabbert er mit großem Spaß an meinen Hemdknöpfen. Aber nicht nur daran. Immer wenn meine Hand seinem Schnabel nahe kommt, beknabbert er auch meine Finger – sanft und behutsam, und dieses Spiel spielen wir etwa eine halbe Stunde lang.

Kann er meine Finger von Futter unterscheiden? Um das herauszufinden, setze ich ihm die Mäuse vor, die ich nachts in den Mausefallen fange, und die toten Vögel und Eichhörnchen, die ich auf meinem täglichen Waldlauf (ich trainiere für einen großen Wettkampf im Herbst) auf der geteerten Straße unterhalb des Grundstücks finde. Bald ist er so vollgestopft, daß er das Fleisch direkt vor seinem Schnabel ignoriert, und ich biete ihm meinen nackten Finger an, den er wieder zärtlich beknabbert. Tatsächlich unterscheidet er zwischen dem Finger und dem, was der Finger hält.

Eine Stunde später hat er schon wieder ein bißchen Appetit,

und ich mache ein anderes Experiment zum gleichen Thema. Diesmal halte ich ihm ein Stück Birkenrinde hin. Und wirklich, er packt die Rinde mit dem Schnabel und verschlingt sie. Sie kommt nicht weit; er würgt sie sofort wieder heraus. Wenn er irgendwo anders Rinde findet, spielt er entweder damit, oder er tut gar nichts, jedenfalls kommt er nicht auf die Idee, sie zu verschlucken. Nur wenn ich ihm etwas hinhalte, nimmt er an, daß es etwas Eßbares ist. Bubo, du vertraust mir zu sehr! Aber dein Vertrauen rührt und ehrt mich.

Es fällt dichter Regen, der in Schneeregen übergeht. Ich bleibe den ganzen Vormittag zu Hause und lese. Ein Holzscheit nach dem anderen ziehe ich unter Bubo weg und befeuere den Ofen damit. Er fühlt sich in seiner Ruhe gestört. Kaum hat er sich auf einer seiner Hühnerstangen gemütlich eingerichtet, kommt schon wieder eine Hand und zieht sie ihm weg. Ungeachtet dessen liegt er am Ende ausgestreckt auf einem dicken Kiefernast. Sein Kopf hängt über, er sieht nicht sehr glücklich aus. Ich beschließe, daß er ein anständiges Bett braucht, und bastle ein Nest aus einer flachen Pappschachtel, die ich mit trockenem Laub und Kiefernnadeln fülle. Ich stelle die Schachtel auf den Brennholzstapel, und er hopst hinein. Er verlagert das Gewicht nach links und ergreift mit den stahlblauen Klauen seines rechten Laufs ein trockenes, runzliges Blatt. Die vier Klauen umklammern das Blatt, halten es wie im Schraubstock. Er hebt den Lauf und betrachtet das knisternde Ding voller Neugier, und dann fängt er an, daran zu knabbern. Mit einem Kopfschütteln läßt er es schließlich fallen, legt sich hin und macht die Augen zu.

Um vier Uhr nachmittags liegt Bubo noch immer in seinem neuen Bett, und wieder läßt er mich minutenlang nicht aus den Augen. Dann steht er auf, streckt beide Flügel hoch über den Kopf und würgt ein riesiges Gewölle aus (das die unverdauten Überreste, Knochen, Fell und Federn, seiner letzten Mahlzeiten enthält). Sonderbarerweise hält er das Gewölle in seinem

Schnabel – und verschluckt es dann wieder! (Dieses Verhalten konnte ich später nie mehr beobachten.) Mit größter Befriedigung schlägt er dann rasch die Flügel, schüttelt sich und fängt an, sich zu putzen.

Als es draußen aufklart, wage ich mich ins Freie. Um Viertel nach sieben abends kehre ich zurück. Bubo ist schon im schönsten Spiel begriffen. Er stößt auf ein Beuteastloch nach dem anderen nieder und versucht erfolglos, es zu fassen und anzubeißen. Dann entdeckt er ein neues Spielzeug – ein Kiefernhölzchen, das klappernd wegrollt, wenn es fallen gelassen wird. Er läßt es also fallen, hebt es auf, läßt es wieder fallen und hebt es wieder auf... volle fünfzehn Minuten lang. In der Aufregung läßt er wieder überall kleine weiße Häufchen fallen. Sie werden in dem Maß kleiner, als innen nichts mehr nachkommt. Schließlich wirft er das Hölzchen auf den Boden, als ob er das Interesse daran verloren hätte, und spaziert von hinnen. Aber dann wirbelt er herum und stürzt sich mit neuer Begeisterung darauf. Als er des Hölzchenspiels endgültig müde ist, nehme ich ihn auf den Arm, kratze ihn am Kopf und studiere seinen Ausdruck. Wenn er voller Zufriedenheit ausruht, richten sich die Federn über seinem Schnabel auf, so daß der Eindruck entsteht, sein ganzes Gesicht sei aufgeplustert. Die oberen Lider senken sich, die unteren kommen ihnen entgegen; halb geschlossen, haben seine Augen eine ovale Form. Gelegentlich bleibt ein Auge offen, während das andere sich schließt. Aber wenn er wach und ganz aufmerksam ist, sind beide Augen weit geöffnet, und die Federn des Kopfes sind angelegt, so daß die Augen noch größer und runder erscheinen. Wenn ihn etwas beunruhigt, zieht er die Kopffedern dicht an; wenn er nicht wirklich Anteil nimmt, bleiben sie aufgeplustert.

12. Mai

Bevor er springt, wendet Bubo den Kopf hin und her und läßt ihn auf und ab hüpfen wie ein Jo-Jo. Das hat alles mit seinen großen Augen zu tun. Sie sind größer als menschliche Augen, so groß, daß die Ränder der Augäpfel sich außerhalb des Schädels befinden, geschützt von einem langen, knöchernen Tubus. Weil es für die Muskeln, die die Augen bewegen, im Schädel wenig Raum gibt, muß der ganze Kopf bewegt werden, um das Gesichtsfeld zu vergrößern und die Entfernung zu potentieller Beute abzuschätzen.

Früher dachte man, daß Eulen und Uhus ihre Augen überhaupt nicht bewegen könnten, daß sie wie Scheinwerfer nur vorwärtsstarrten. Aber es ist inzwischen wissenschaftlich belegt, daß zumindest Virginia-Uhus ihre Augen geringfügig in horizontaler und vertikaler Richtung bewegen können. Allerdings sind diese Augenbewegungen so klein, daß sie wahrscheinlich nur der Feinabstimmung dienen. Bubos dauerndes Kopfwenden kompensiert also die mangelhafte Beweglichkeit der Augen.

13. Mai

Ich nehme Bubo mit zu einem Spaziergang. Er sitzt auf meinem Arm und wirkt ziemlich unruhig. In Null Komma nichts ist er auf dem Boden und rennt in den Wald. Ich rufe ihn zurück – keine Reaktion. Ich muß ihm durch das Unterholz nachlaufen.

Vielleicht ist es nicht das klügste, ihn draußen einfach gewähren zu lassen. Er ist noch längst kein richtiger Raubvogel, und man kann nicht voraussagen, wohin es ihn ziehen wird. Andererseits ist er jetzt in der Hütte so aktiv, daß er bei der Größe, zu der er herangewachsen ist, nicht weniger Schaden anrichtet als der sprichwörtliche Elefant im Porzellanladen. Es könnten sich weitere Komplikationen ergeben. Das tägliche Brot erwachsener Virginia-Uhus ist Kaninchenfleisch; folglich verachtet die Spezies auch gewöhnliche Hauskatzen nicht. Margaret und ihr

Kater Bunny werden bald hier sein. Margaret nannte ihn Bunny, weil er sie an ein Kaninchen erinnerte. Wird auch Bubo die Ähnlichkeit bemerken?

Ich habe noch nicht gewagt, die möglichen Interaktionen zwischen Uhu und Kater mit Margaret zu besprechen, da sie bereits leise Vorbehalte gegen das Leben im Wald mit mir und einem Uhu geäußert hat. Aber bis jetzt sind das rein theoretische Fragen, denn Bubo hat noch nicht einmal gelernt, eine lebendige Maus zu fangen. Unwahrscheinlich, daß Bunny von ihm Gefahr droht; im Gegenteil: Der Kater ist selbst ein hervorragender Jäger und könnte eine Bedrohung für Bubo darstellen.

Nach sorgfältiger Erwägung all dieser Fragen beschließe ich, daß Bubo vorerst in einen Käfig muß. Also baue ich an der südlichen Außenmauer der Hütte eine Voliere. Durch ein Fenster kann Bubo herein und hinaus. Das Vogelhaus enthält dicke Äste, und an einem Ende, unter dem Dach, habe ich ein großes Nest aus kleinen Zweigen, Gras und trockenem Farnkraut gebaut. Was könnte sich ein junger Uhu noch wünschen? Mir fällt nicht mehr ein, um es ihm so gemütlich wie möglich zu machen. Aber ich vergesse das Murphysche Gesetz, nach dem man, gerade wenn man glaubt, alles wäre perfekt, in Wahrheit keine Ahnung davon hat, was eigentlich vor sich geht.

14. Mai

Ich setze Bubo in sein neues Heim, er hüpft von Ast zu Ast und klettert dann sofort in das Nest. Dort entspannt er sich und schläft ein. Er schläft den ganzen Tag. So weit, so gut. Nachts sieht die Sache allerdings anders aus. In der Dämmerung wird er unruhig, wie gewöhnlich, aber von Spielen will er nichts mehr wissen. Statt dessen starrt er unaufhörlich in den Wald. Den Rest der Nacht verbringt er auf einem Ast, und wann immer ich von meinem Bett zu ihm hinausschaue, sehe ich ihn, anders als sonst, hellwach auf dem Ast sitzen.

Bubo im Käfig eingesperrt ist kein erfreulicher Anblick. Wie er da hockt und in das Dickicht aus Fichten, Tannen und Birken hinausspäht (vermutlich hört er auch eine Menge), das lauter ungeahnte Wunderdinge enthält, erinnert er mich an einen gefesselten Gefangenen in Sichtweite der Freiheit. Gut möglich, daß ich meine eigenen Gefühle auf ihn projiziere, aber ich denke nicht, daß diese Art Anthropomorphismus mich an ernsthafter wissenschaftlicher Forschungsarbeit hindert. Ein Uhu gehört in den Wald. Er hat sich mit all seinen Reaktionen als Teil seiner natürlichen Umgebung entwickelt; instinktiv will er sich nirgendwo anders als dort aufhalten.

Wenn ich aus dem Fenster der Hütte schaue, über die Lichtung, den Wald und die Höhen, habe ich ein gutes Gefühl, weil ich weiß: Ich kann dort überall hingehen, wenn ich will. Wenn ich die Kolkraben sehe und ihren Ruf höre, kann ich darüber nachdenken, wo sie ihr Nest haben mögen, und wenn ich will, kann ich mich aufmachen und danach suchen. Was ich sehe und höre, hilft mir bei der Orientierung, verbindet mich mit meiner Umwelt. Mein Wohlbefinden hängt unmittelbar mit meiner Umwelt zusammen – sollte ich mich als Mensch in diesem Punkt so sehr von einem Uhu unterscheiden?

Anfangsgründe der Jagd

Bis jetzt habe ich in den Wäldern dieser Gegend hauptsächlich Hummeln studiert. Die Pflanzen verschiedener Form, Farbe und Duftprägung bieten Hummeln Nektar oder Pollen, Nektar plus Pollen oder weder noch. Eine Hummel, die ein Gebiet noch nicht kennt, weiß nicht, was sie erwartet. Aber jede Hummel verfügt über ein Überlebensprogramm, wodurch sie unabhängig vom Kenntnisstand der Kolonie lernt, die vielversprechendsten Pflanzen anzufliegen und sie so zu bearbeiten, daß sie von ihr Nahrung erhält. Diese Spezialisierung eines jeden Individuums erlaubt es einer Kolonie, bei den verschiedensten Pflanzen zu ihrer jeweiligen Blütezeit auf kollektive Nahrungssuche zu gehen. Hummeln können daher zu jeder Zeit des Sommers, angepaßt an die Blütezeit der lokalen Flora, aktiv sein.

Der Preis für den potentiellen Überfluß ist ein Minimum an Anfangskenntnissen. Hummeln machen Fehler. Es kommt vor, daß sie Blüten völlig umsonst anfliegen; sie nähern sich sogar gewissen leuchtenden Objekten, die nicht einmal Blüten sind; oder sie stellen sich bei der Landung und der Gewinnung der Nahrung ungeschickt an und gehen deshalb leer aus. Durch Erfahrung lernen sie jedoch, sich auf die vielversprechendsten und am leichtesten erreichbaren Ziele zu beschränken, und ihre Geschicklichkeit wächst mit dem Lebensalter.

Ich fragte mich, ob es beim Virginia-Uhu einen ähnlichen Lernprozeß gebe. Hat er nicht wie die Hummeln das Problem, daß er aus einer großen Auswahl beuteähnlicher Objekte in seinem Habitat die tatsächlich für ihn in Frage kommenden Beutetiere präzise identifizieren muß? Hinzu kommt, daß sich das Erscheinungsbild dieser Tiere je nach Ort und Jahreszeit verändert.

15. MAI

Kaum hält man Schritt mit diesem Frühjahr, das ringsum stürmische Entwicklungen mit sich bringt. Das tägliche Heimkommen zu Bubo ist zur festen Gewohnheit geworden, wodurch die Zeit noch schneller zu vergehen scheint. Jetzt habe ich einen weiteren Grund, mich mit dem Nachhausekommen zu beeilen: Margaret und Bunny sind da.

Die gefürchtete erste Begegnung zwischen Bunny und Bubo war ein beeindruckendes Schauspiel. Die Kontrahenten nahmen Kampfstellung ein und beäugten einander voller Mißtrauen. Bubo senkte den Kopf und plusterte sich zu einem riesigen Ballon auf, er öffnete beide Flügel und stellte die Federn am Rücken auf. Dann blinzelte er und wiegte sich langsam hin und her. Das Geklapper, das er mit dem Schnabel veranstaltete, hörte sich an, wie wenn zwei Bretter aneinandergeschlagen würden. Bunny miaute, tat gelassen und entwischte sodann durch die Tür.

Morgens darf Bubo zu uns in die Hütte. Er frißt eine Hasel- und eine Spitzmaus – freundlicherweise zur Verfügung gestellt von Bunny, der eine erfolgreiche Jagdnacht hinter sich hat. Zur Abrundung des Mahls bekommt Bubo noch einen Hühnchenschlegel. Da er während des Tages nicht sehr aktiv ist, lassen wir ihn nach dem Sonntagsbrunch hinaufhüpfen auf seinen Lieblingsplatz auf dem Holzstoß. Bunny schläft auf der Matratze im Speicher.

Wenn Bubo dort oben auf seinem Platz hockt, kann man seine Augen gut beobachten. Häufig streckt er sich, dreht den Kopf, nagt an seinen Zehen und putzt Rücken- und Flügelfedern –

alles mit geschlossenen Augen. Aber wenn er nicht mit Körperpflege beschäftigt ist, sieht er den an, der *ihn* ansieht, ganz ruhig und mit äußerster Intensität. Margaret schenkt er kaum einen Blick, mich aber beobachtet er dauernd.

Das Blinzeln vollzieht sich bei ihm wie bei uns (und anders als bei den meisten anderen Vögeln), indem das Oberlid sich nach unten bewegt. Aber wenn er die Augen schließt, um ein Nickerchen zu machen, bewegen sich die Unterlider aufwärts, während sich die Oberlider senken und nach und nach wieder nach oben gedrückt werden; am Ende sind die Pupillen ganz von den Unterlidern bedeckt. Ober- wie Unterlider sind zart befiedert. Außerdem besitzt Bubo ein Paar milchweißer Innenlider, die sogenannten Nickhäute. Sie können über die hellgelben Augäpfel gezogen werden, und zwar diagonal von der inneren oberen Ecke nach unten. Der lebhafte Ausdruck seiner Augen ist jedoch weniger der Position der Lider zu verdanken als der Aufrichtung der kleinen Federn um die Augen herum.

Die Öffnung des Eulenauges wird, anders als bei den Pupillen des Menschen, nicht nur durch das einfallende Licht gesteuert. Blitzartig weiten sich Bubos Pupillen und ziehen sich wieder zusammen, auch wenn er den Kopf nicht dreht und sich die Lichtverhältnisse nicht ändern. Manchmal öffnen und schließen sich seine Pupillen unabhängig voneinander, auch wenn die Stellung von Kopf und Augen gleich bleibt. Es muß neben dem Licht einen anderen Faktor geben, der die Pupillenöffnung bedingt.

Bevor Bubo zu einem anderen Platz hüpft, nimmt er ihn aufmerksam in Augenschein; in rascher Folge öffnen und schließen sich seine Pupillen. Wenn man bei einer Kamera die Blende schließt, vergrößert man damit die Tiefenschärfe, und ich vermute, daß Bubo – zusätzlich zu den Auf- und Abbewegungen des Kopfes – dieselbe Methode benutzt, um Entfernungen abzuschätzen. Hohe Auflösung und große Tiefenschärfe machen das gute Auge: unabdingbare Voraussetzung für den beutejagenden

Raubvogel. Das Gehör ist allerdings kaum weniger wichtig. Es ist belegt, daß zum Beispiel Schleiereulen fähig sind, bei völliger Dunkelheit Mäuse zu schlagen, wobei sie sich einzig an Geräuschen orientieren; der Bartkauz fängt Mäuse unter einer Schneedecke, nachdem er sie mittels des Gehörs aufgespürt hat.

16. Mai

Bubo frißt alle Mäuse, die Bunny nachts heimbringt und unter unserem Bett deponiert, und ich ergänze den Speisezettel durch überfahrene Tiere, hauptsächlich Vögel, die ich auf der Straße auflese. Heute bringe ich einen Leckerbissen mit, ein rotes Eichhörnchen. Wird er es ganz verschlingen, Kopf zuerst, wie er es mit den Mäusen macht? Nein. Er verhält sich ganz so, als wüßte er nicht, was er mit diesem Tier anfangen soll. Ich halte es ihm vor den Schnabel, er knabbert ein bißchen – das ist alles. Ich muß mir etwas anderes einfallen lassen, um ihm die Beute schmackhaft zu machen.

Um in Freiheit leben zu können, muß Bubo in der Lage sein, Beute zu verfolgen und zu schlagen. Noch kann er kein Tier töten, aber wie ist das mit dem Verfolgen? Um das herauszufinden, binde ich das tote Eichhörnchen an eine lange Schnur und ziehe es langsam über den Boden, etwa anderthalb Meter vor ihm. Er zeigt Interesse. Ein Blick – er hebt den Kopf –, ein schärferer Blick. Dann hüpft sein Kopf auf und ab – welcher Blickwinkel ist der beste? Und dann, ganz langsam – ein kleiner Schritt nach vorn. Nur ein Schritt. Vielleicht wagt er sich nicht weiter vorwärts. Jetzt ziehe ich das Eichhörnchen ganz vorsichtig in die andere Richtung, zu ihm hin. Erschrocken hebt er die Flügel, klappert drohend mit dem Schnabel, neigt den Kopf und starrt mit riesigen Augen auf dieses Ding, das da auf ihn zukommt. Dann saust er davon, ergreift mit hastigen Schritten und buckligem Rücken die Flucht. Einmal schaut er über die

Schulter zurück, klappert weiter mit dem Schnabel, stolpert fast über die eigenen Füße, findet das Gleichgewicht wieder und bringt sich in Sicherheit.

17. MAI

Sind Katzen nicht eigentlich dazu da, das Haus von Mäusen zu säubern? Bunny aber bringt uns die Mäuse ins Haus, und manchmal sehen sie noch recht lebendig aus. Er bringt übrigens alle Arten von Kleintieren, am liebsten die winzige rauchfarbene Spitzmaus, *Sorex fumeus*. Gewöhnlich finden wir zwei oder drei tote Exemplare dieser Spezies morgens unter unserem Bett (die lebendigen können wahrscheinlich durch die Ritzen am Boden entkommen).

Ich binde eine dieser Mäuse an eine Schnur und ziehe sie auf den Dielen entlang. Bubo, der auf meinem Handgelenk hockt, zeigt erhöhte Aufmerksamkeit. Er macht einen Satz und landet direkt auf der Beute. Dann hebt er einen Fuß zum Schnabel, um sich seinen Fang einzuverleiben, aber es ist der falsche Fuß, die Maus liegt unter dem anderen. Ach, dieser Uhu hat noch viel zu lernen. Aber es fehlt ihm nicht an gutem Willen.

Wir beginnen das Spiel von vorn: Ich ziehe die Maus von ihm weg, lasse sie also vor ihm fliehen. Er sieht ihr mißtrauisch nach, rennt ihr hinterher und greift sie abermals an; er knabbert an ihr und läßt sie dann fallen. Sein Beutegreifverhalten mag angeboren sein, aber im Detail läßt es doch noch sehr zu wünschen übrig. Allerdings ist immer noch nicht klar, ob er die beweglichen Dinge, die er ›fängt‹, für eßbare Beute hält oder ob er einfach spielt.

Tagelang hat Bubo immer wieder zu den Balken der Hütte hinaufgesehen, als ob er sich einen Standort mit besserer Sicht wünschte. Noch kann er nicht hinauffliegen, aber wenn ich ihn hochhalte, springt er ohne Zögern von meinem Arm auf den Balken. Unmittelbar darauf höre ich das Kehlsackflattern, vielleicht ein Zeichen von Nervosität. Dennoch liebt er den Platz, dessen Eroberung ein waghalsiges Abenteuer für ihn bedeuten muß; er erinnert mich an ein Kind, das mit klopfendem Herzen und größter Freude die Achterbahn besteigt.

18. Mai

Bubo hat noch nicht genug Kraft, um beim Fliegen Höhe zu gewinnen, aber im flachen Gleitflug, bei Distanzen von drei bis sechs Metern, macht er sich ganz gut. Normalerweise zieht er es jedoch vor, zu Fuß zu gehen, wenn er überhaupt den Wunsch verspürt, Distanzen zu überwinden.

Obwohl er mit 1,4 Kilo sein volles Körpergewicht schon fast erreicht hat, sind seine zwölf Schwanzfedern noch relativ kurz. Der untere Teil eines Kiels, die sogenannte Spule, mißt erst 9,3 Zentimeter, weniger als die Hälfte der endgültigen Länge.

Wenn wir das Fenster zur Voliere öffnen, kommt Bubo zu uns in die Hütte. Er hüpft auf den Brennholzstoß und legt sich auf einem alten Hemd aufs Ohr. Mit geschlossenen, manchmal auch offenen Augen knabbert er an dem Hemd oder an seinen Zehen; er verlagert dabei das Gewicht auf die Fersen, die Zehen sind in die Luft gereckt. Gelegentlich stellt er sich aufrecht hin und zieht das Hemd kräftig hin und her. Oder er steht auf einem Bein und nagt an den zusammengezogenen Klauen des andern. Eben kommt eine Fliege vorbei. Er hält in seinen Übungen inne, öffnet die Augen weit und beobachtet das Insekt, das ihn in rasender Geschwindigkeit umkreist. Sein Kopf bewegt sich dank der erstaunlichen Elastizität seiner Halswirbelsäule fast ebenso schnell, aber irgendwann kommt selbst ein Uhu-Auge mit einer frenetisch kreisenden Fliege nicht mehr mit, und er wendet seine Aufmerksamkeit einem besser zu beobachtenden Objekt zu, einem Vogel, der draußen im Gebüsch herumhüpft.

19. Mai

Nachdem wir morgens aufgestanden sind, zeigt sich Bubo am Fenster, und ich öffne ihm. Sein Starren und der krumme Rükken, den er immer vor dem Fliegen macht, zeigen mir, daß er vorhat, auf meine Schulter zu fliegen. Ich habe mein Hemd noch nicht an. Jede einzelne seiner acht, etwa drei Zentimeter langen Klauen ist messerscharf – gerade rechtzeitig bringe ich mich vor ihnen in Sicherheit. Er fliegt durch den Raum und landet statt auf meiner Schulter auf dem Schreibtisch; die Papiere, die darauf liegen, wirbeln umher wie Blätter im Wind. Jetzt greift er sich den Stuhlrücken, bleibt darauf sitzen und schlägt wild mit den Flügeln, wodurch die Papiere noch weiter in Unordnung geraten.

Ich zünde ein Feuer an, und nachdem sich der Ofen etwas erwärmt hat, hüpft der nichtsahnende Bubo hinauf. Er tanzt auf und ab, schlägt mit den Flügeln und klappert laut mit dem Schnabel. (Danach wählt er den Ofen kein einziges Mal mehr als Standort.)

Abends ist er wieder aktiv, aktiver denn je sogar, denn er hat eine wunderbare neue Form der Fortbewegung entdeckt – das Fliegen. Papiere, Geschirr, nichts ist mehr vor ihm sicher. Er ist der gefürchtete Uhu im Porzellanladen geworden, obwohl Kaflunk mit einem Porzellanladen wenig gemein hat.

Er mag es, wenn ich mit meinen Fingern durch sein Kopfgefieder fahre. Es beruhigt ihn, und er kriegt nicht genug davon. Aber mir wird es nach einer halben Stunde langweilig. Nach der Prozedur fängt er wieder mit seinem hektischen Unsinn an, es sei denn, ich lenke seine Aufmerksamkeit auf irgend etwas Neues.

Von Bunnys Jagdausbeute stammt ein Kaninchenlauf, der nach einigen Tagen trocken und hart geworden ist. Vielleicht eignet er sich als Spielzeug. Ich binde ihn an eine Schnur und ziehe ihn über den Boden – Bubo ist ganz Aufmerksamkeit. Er läuft hinterher und stürzt sich auf ihn in der klassischen Haltung aller beuteschlagenden Eulen, mit ausgestreckten Fängen und zurückgelegtem Kopf. Nur ein kleiner Fehler unterläuft ihm – er landet etwa acht Zentimeter neben dem Ziel. Egal. Ein Blick, und der Kaninchenlauf ist in seinem Schnabel, und dann kröpft er ihn mitsamt der Schnur, die wie ein langer dünner Rattenschwanz aus ihm heraushängt. Sein erster Fang! Er hat also begriffen, daß die Verfolgungsjagd Nahrung bringen kann. Ich lasse ihm den Kaninchenlauf und schneide die Schnur ab. Das Jagdfieber hat ihn gepackt, jetzt schaut er sich um und versucht, einige Astlöcher zur Strecke zu bringen – die Astlöcher hatte er in den letzten Tagen etwas vernachlässigt.

Zum Spielen fällt mir nichts mehr ein, und es wird auch schon dunkel. Zeit, die Petroleumlampe anzuzünden und Bubo wieder in sein Vogelhaus zu bringen. Dort angekommen, fängt er an, mit heftig nickendem Kopf auf dem Boden hin und her zu laufen. Dann klettert er, vorsichtig einen Fuß vor den anderen setzend, an der Seite hoch und überquert das Hühnerdrahtdach, mit den Flügeln schlagend, um die Balance zu halten. Einmal, noch einmal und noch einmal. Als nächstes fliegt er mit voller Wucht gegen die Umzäunung; von dem Zusammenstoß behält er im unteren, weichen Keratinteil seines Schnabels eine deutliche Kerbe zurück. Ununterbrochen sieht er sich um und schwenkt den Kopf. Ich würde ihn gern freilassen, aber es ist noch zu früh. Bis jetzt hat er weder gelernt, auf meinen Ruf zu hören, noch ist er fähig, für sich selbst zu sorgen.

20. Mai

Bubos Rückengefieder hat sich gut entwickelt, aber an ihren Enden sind die Federn immer noch mit winzigen, grau-weißen Dunenquasten besetzt. Diese – die Reste seines Jugendkleids – werden jetzt immer weniger, darunter kommt dunkelcremefarbiges Gefieder zum Vorschein. Nur an Brust und Kopf sieht man das weiße Nestlingsgewand von vor drei Wochen noch. Offenbar gibt es keine Notwendigkeit, diese Federn schnell abzuwerfen;

die Hauptsache ist jetzt die Entwicklung der Flügel. Die Handschwingen haben fast volle Länge erreicht, die schokoladenbraunen Deckfedern wachsen neu nach.

Bubos Füße sind bis über die Zehenränder in eine Schicht cremefarbigen Flaums eingehüllt. An den Unterseiten der Zehen befinden sich knollenartige Verdickungen, dichtbesetzt mit kleinen, harten Zapfen; sie wirken wie eine Profilsohle und verstärken die Wucht seines Griffs. Seine Klauen ziehen sich in geschlossenem Zustand nach innen; das Beutetier, das versucht, sich aus der Falle zu befreien, wird sich um so sicherer selbst aufspießen.

Ich wollte wissen, wie der Schließmechanismus seiner Zehen funktioniert, und ich erhielt Aufschluß, als ich einen überfahrenen Streifenkauz sezierte: In jedem Bein gibt es eine Sehne, die zum Fuß führt, sich dort aufteilt und die vier Zehen miteinander verbindet. Bedingt durch die Wucht des Niederstoßens auf ein Beutetier entsteht der Impuls, die Beine zur Brust hochzuziehen, wodurch die Sehnen, die sich an der Zehenbasis verzweigen, ebenfalls aktiviert werden und die Zehen sich zu einer ›Faust‹ schließen. Um die Wirkung dieser krallenbesetzten Mausefalle noch zu erhöhen, gibt es eine zweite Sehne, noch dicker als die erste, die die Klauenbewegung reguliert. Wenn die Beine nach oben gezogen werden, wird diese Sehne mitgezogen – die Klauen ziehen sich nach innen. Dies geschieht automatisch; durch Kontraktion eines mächtigen Beinmuskels kann diese zweite Sehne noch weiter angespannt werden. Die Klauen schließen sich nach innen, und sie bleiben so lange geschlossen, wie die Beine gebeugt bleiben. Um also einen Uhu, eine Eule oder einen anderen Greifvogel von Ihrem Arm herunterzubekommen, tun Sie gut daran, den Vogel dazu zu bewegen, die Beine auszustrecken.

Daß Eulen ihre Läufe und Klauen als tödliche Waffen einzusetzen wissen, ist oft dokumentiert worden. Ein Artikel in einer ornithologischen Zeitschrift vom Anfang des Jahrhunderts beschreibt das Zusammentreffen zwischen einem Uhu und einem Skunk:

›Eines Morgens im Spätherbst fuhr ich im Einspänner durch den Wald, als mich ein Geräusch auf eine Bewegung in dem trockenen Laub nicht weit von mir aufmerksam machte. Näher kommend erkannte ich gleich, was die Unruhe ausgelöst hatte: Ein großer Eulenvogel saß oder hockte vielmehr vor mir. Mit seinem Rücken stützte er sich gegen einen Baumstamm, seine beiden Läufe stießen vorwärts und hielten einen ausgewachsenen Skunk fest im Griff. Ein Fuß umklammerte den Hals des gefangenen Tiers, der andere bohrte sich etwa in Mitte der Wirbelsäule in seinen Rücken. Der Skunk schien dem Ende nah, doch besaß er noch soviel Kraft, um hie und da einen Sprung zu versuchen, in dem aussichtslosen Bemühen, sich des Angreifers zu erwehren. Letzterer bot ein wahres Bild des Schreckens: Seine Augen sprühten Funken, und er klapperte mit dem Schnabel, was ein Geräusch erzeugte wie das Klatschen von Händen. Ich stand dicht am Ort des Geschehens, und doch schenkte mir keiner der Kämpfer Aufmerksamkeit, weder der große Vogel noch sein Opfer. Wie lange die Eule ihren tödlichen Griff beibehielt, vermag ich nicht zu sagen, doch ohne Zweifel ließ sie keinen Augenblick nach. Ein stählernes Fangeisen hätte dieses Tier nicht unerbittlicher festhalten können als die Krallen jenes Vogels. Der Skunk wurde nun immer matter in seinen letzten Versuchen, sich zu befreien, und nach ungefähr fünfzehn Minuten war es mit ihm zu Ende.‹

Bubos Läufe sehen wirklich furchterregend aus; und man hat allen Grund, sich vor ihnen zu fürchten! Aber noch weiß er wahrscheinlich nicht, wie stark er ist. Es wird noch einige Zeit dauern, bis er diese Läufe als tödliche Waffe einsetzen kann. Bis jetzt benutzt er die Krallen nur, wenn er die kleinen Federn um seine Augen und am Hinterkopf putzt, oder um Dinge aufzuheben, die er als verzehrbar betrachtet.

22. Mai

Gestern abend haben wir nachgegeben und Bubo erlaubt, die Nacht in der Hütte zu verbringen. Und wir haben es nicht zu bereuen gehabt – sein Betragen war vorbildlich: Ganz still saß er die ganze Nacht auf dem dicken Balken neben der Tür. Heute morgen ist er um Viertel nach fünf wach, streckt sich, sieht sich um und beginnt den Tag mit ein bißchen Flügeltraining.

Täglich werden seine Flügelübungen anspruchsvoller. Heute zähle ich sechs Übungsrunden während insgesamt einer halben Stunde; jede Runde dauert einige Sekunden. Seine Methode erinnert mich an das Intervalltraining, das unser Betreuer an der Universität von Maine mit uns machte, um uns für die großen Querfeldeinrennen vorzubereiten. Die Flügelschlagfrequenz während der Sprintphasen beträgt jetzt drei Schläge pro Sekunde. Nicht schlecht für einen Vogel wie Bubo mit einer Flügelspannweite von einem Meter zwanzig. Aber schlecht in einer vollgestopften kleinen Hütte.

Margaret möchte, daß ich Bubo in die Voliere zurückbringe, bevor wir anfangen zu frühstücken. Ich versuche es. Ich trage ihn zum Fenster und strecke meinen Arm aus, auf dem er sitzt (mit den Händen packen läßt er sich nicht), aber er spaziert den Arm hinauf und fliegt in die Hütte zurück. Nach einigen weiteren Versuchen habe ich genug und bestehe nicht weiter auf der Sache. Gut, Bubo, diesmal sollst du deinen Willen haben!

Er nimmt seinen Sieg gelassen hin und sieht sehnsüchtig zu den Dachsparren hinauf; ich hebe ihn hoch, und er hüpft auf den Balken. Nach einer weiteren Runde Flügeltraining steht er auf dem linken Fang und zieht den rechten tief in das Brustgefieder. Er schließt die Augen. Um späteren Kalamitäten vorzubeugen, breite ich auf dem Boden unter ihm Zeitungen aus. Margaret ist skeptisch, aber unser Frühstück verläuft friedvoll. Bubo hockt den ganzen Tag am selben Ort. Braver Junge.

Ich wage es immer noch nicht, ihn draußen freizulassen, weil ich Angst habe, daß er in den Wäldern verschwindet und dort verhungert. Vielleicht habe ich unrecht; vielleicht würde er lediglich die nähere Umgebung der Hütte erkunden und nicht weiter wegfliegen. Aber ich weiß noch nicht genug von ihm, um es darauf ankommen zu lassen.

23. Mai

Bubos Flügelfedern haben etwas Einzigartiges. Sie sind mit einer weichen, flaumigen Membranhaut überzogen, und die kleinen Federäste, die den Schäften der Flugfedern entspringen, sind gelockt; durch diese spezielle Wachstumsform der Feder entsteht die für Eulen typische weiche Rundung der Flügelränder, was wahrscheinlich der Reduzierung von Fluggeräuschen dient; dies wiederum ist eine Anpassungsleistung der Eulen an die Bedingungen ihrer Jagd: Je leiser der Flug, desto schwerer für die Beutetiere, den herannahenden Feind zu orten, und desto weniger Störgeräusche für diesen während des Anflugs.

Bubo fliegt geräuschlos, wenigstens für meine Ohren. Der Specht, den wir kürzlich nachts hörten, hat im Gegensatz zu ihm sehr harte Flügelfedern, die auf Balzflügen einen spezifischen Pfeifton erzeugen. Natürlich wird ein solcher schwacher Pfeifton von vielen Vogelarten beim Flug erzeugt, zum Beispiel kann man dadurch Enten über weite Entfernungen hinweg fliegen hören. Aber Bubo muß geräuschlos fliegen, um eine Chance zu haben, höchst aufmerksame Beutetiere zu überraschen. Immer wieder muß ich feststellen, daß er von den kleinsten Details des Federaufbaus bis zu den Zehenspitzen mustergültig funktionell gebaut ist.

Ich bewundere seine dichtbefiederten Läufe und Unterbeine, wenn er auf meiner Hand sitzt. Singvögel, die ihre Nahrung nicht mit den Fängen greifen, sondern nur mit dem Schnabel fangen, haben keine befiederten Läufe. Warum trägt Bubo diese dicken Socken? Hängt es mit dem Temperaturausgleich zusammen? In den nördlichen Breitengraden bleibt er während der

Jagd oft tagelang beharrlich auf seinem Ansitz. Er tötet die Beute durch die Wucht seines Griffs, also müssen die Fänge warm gehalten werden, um jederzeit schnell und mit voller Kraft agieren zu können. Kälte würde sie schwächen und eine präzise Koordination der Zehen unmöglich machen; man denke nur daran, was mit unseren Händen passiert, wenn man in einem strengen Winter ein paar Minuten lang die Handschuhe auszieht. Die dicken, befiederten ›Hosen‹, in die Bubo immer wieder einen Fang steckt, müssen auch dazu dienen, seine Füße warm zu halten.

Sonderbarerweise benutzen Eulen ihre mächtigen Schnäbel, die sie zum Zerreißen von Beute und zum Brechen von Knochen so effektiv einsetzen, im Eifer eines Kampfes kaum. S. A. Grimes beschreibt dies in einem Zeitschriftenartikel, der 1936 in einer Fachzeitschrift erschienen ist. Er hat das Zusammentreffen eines Virginia-Uhus mit einer großen, einen Meter fünfzehn langen schwarzen Schlange beobachtet: ›[Der Uhu] lag mit ausgebreiteten Flügeln auf der Seite und versuchte mit aller Kraft, seine Krallen in eine schwarze Schlange zu schlagen, die sich unterhalb des Brustbeins zweimal um seinen Leib wand. Fünfzehn bis zwanzig Zentimeter Schlangenleib – Kopf und Oberkörper und ein etwa gleich langes Stück Schwanz – waren frei, aber der Vogel trachtete einzig danach, seine Krallen in jenen Teil des Schlangenleibs zu bohren, der ihn zerquetschte. Es ist leicht einzusehen, daß er den Teil der Schlange, der sich um seinen Bauch wand, mit den Beinen nicht erreichen konnte; viel schwerer verständlich ist jedoch, warum er keinen einzigen Schnabelhieb gegen sie ausführte.‹

Bubo wächst mir ans Herz; mich am Ende dieses Sommers von ihm zu trennen wird mir schwerfallen. Aber wenn wir ihn mitnehmen nach Vermont, werde ich ihn in einem Käfig halten müssen. Und wenn ich einen Käfigvogel aus ihm machen wollte, dürfte ich ihn jetzt die Freiheit der Wälder gar nicht erst schmecken lassen.

Während wir Bubos weiteres Schicksal besprechen, hüpft er aufs Bett, wo der Kater sein Nickerchen macht. Groß steht Bubo da und starrt auf den Kater hinab. Der Kater starrt zurück. Ein Starrwettbewerb wird ausgetragen. Wer gibt als erster auf? Nach zehn Sekunden zeigt der Kater Zeichen von Nervosität, sein Schwanz zuckt. Bubo starrt ungerührt weiter. Nach weiteren zwanzig Sekunden springt der Kater plötzlich auf und flüchtet durch seine Ausstiegsluke, einem Loch in einem zerbrochenen Fenster.

In der vergangenen Nacht brachte Bunny ein junges Kaninchen heim, und wie üblich fraß er von seiner Beute lediglich den Kopf. Die Reste setze ich jetzt Bubo vor, der gleich ganz aufgeregt zu klappern beginnt. Mit geschlossenen Augen nagt er an dem Kadaver. Er schließt immer die Augen, wenn er sich mit dem Schnabel Nahrung oder potentieller Beute nähert – ist das eine Anpassungsleistung, um Augenverletzungen durch Läufe oder Krallen noch lebender Beutetiere zu verhindern? Nachdem er sein Kaninchen mit dem Schnabel gut durchgeklopft und mit den Zehen schön massiert hat, zieht er es in die Dunkelheit unters Bett. Dort reißt er das Fleisch Happen für Happen auseinander und frißt. Er frißt alles außer dem Rücken und den Hinterläufen, die er noch weiter zieht und schiebt bis in die hinterste dunkelste Ecke, wo er sich nie zuvor hingetraut hat. Dann kommt er mit schnellen Schritten wieder unter dem Bett hervor.

Abends. Bubo hat den ganzen Tag oben auf dem Balken geschlafen. Jetzt steht er auf, streckt sich, gähnt, und dann überwindet er mit einem Sprung die zwei Meter zwanzig bis zum Boden. Er landet mit einem lauten, dumpfen Geräusch und macht sich ohne Zögern auf den Weg unter das Bett, wo er morgens die Kaninchenläufe versteckt hat.

Er scheint zu wissen, daß es auf dem begrenzten Platz unter dem Bett gefährlich werden kann. Als Bunny vorbeispaziert, hört Bubo mit dem Fressen auf und nimmt Verteidigungsstellung ein – breitet die Flügel aus, wiegt sich hin und her und klappert laut. Später, als er einen sicheren Standort oberhalb des Katers gefunden hat, würdigt er ihn kaum mehr eines Blikkes. Die Entfernung zum Feind zu verringern scheint ihm weniger wichtig zu sein, als sich eine strategisch günstige Position zu sichern – so verhält er sich, obwohl seine Jagderfahrung noch äußerst mangelhaft ist! Kann er sich die Folgen der Wahl seines Ansitzes bildlich vorstellen?

Freiheit

Die Hütte ist immer eng gewesen, aber jetzt wird sie noch enger, weil Bubo seine Aktivitäten immer mehr ausweitet. Wir wollen ihn nicht mehr in der Voliere eingesperrt halten. Er kann mittlerweile gut fliegen und sollte in der Lage sein, sich gegen Feinde, die ihn vom Boden aus angreifen könnten – Kater oder Waschbären – zur Wehr zu setzen. Also werden wir ihn demnächst in die Freiheit entlassen, und ob er bei uns bleibt oder nicht, wird er selbst entscheiden.

24. MAI

Die Tür ist offen. Bubo spaziert zur Treppe und nickt aufgeregt, während er das neue Gebiet, das vor ihm liegt, ins Auge faßt. Dann hüpft er ins Gras. Nicht einmal das junge Kaninchen, das ich ihm zeige, interessiert ihn. Statt dessen fliegt er direkt auf das Dach der Hütte hinauf und bleibt den ganzen Tag dort oben. Gelegentlich schreitet oder fliegt er auf dem First hin und her. Unwahrscheinlich, daß dieser Vogel auf schnelle Flucht aus ist. Wenn er flieht, dann bestimmt nicht weit weg.

Da er auf dem Hüttendach weithin sichtbar ist, bin ich darauf gefaßt, daß die Vögel in der Umgebung sofort kundtun werden, daß sie mit seiner Anwesenheit nicht einverstanden sind. Aber ich irre mich. Schieferfarbene Winterammern, Einsiedlerdrosseln und Weißkehlammern brüten im Heidelbeergebüsch neben der Hütte, und ein Paar Rotkehlchen hat ein Nest mit Eiern in einer Fichte, etwa sechzig Meter entfernt. Aber weder diese noch andere Vögel, die in der Nähe brüten oder ihre Jungen füttern, schenken Bubo Beachtung. Abends kommt ein Blauhäher vorbei und schimpft, aber nur kurz. In der Zwischenzeit hat es angefangen zu regnen. Die schweren Tropfen trommeln die ganze Nacht aufs Dach; Bubo ist in Minutenschnelle völlig durchnäßt und zieht die Flügel eng an den Körper.

25. Mai

Am Morgen sitzt Bubo immer noch auf dem First; er sieht ziemlich zerzaust aus. Sein sonst flaumweiches Brustgefieder und die Federn am Kopf sind verfilzt und bilden wellige Strähnen, und nach einem kräftigen Kopfschütteln stehen diese sonderbaren Gebilde nach allen Seiten ab. Wir nennen ihn Reggae-Uhu. Ich versuche, ihn herunterzulocken, indem ich das Kaninchen ein paarmal vor ihm hin und her schwenke, aber Reggae-Uhu schaut nur. Erst am Abend schwingt er sich endlich vom Dach und landet nach einem durchaus anmutigen Flug drei Meter von mir entfernt auf dem Boden. Er kommt näher, und ich lege den ersten Happen Fleisch vor ihm auf den Boden; dann ziehe ich mich zurück und hoffe, daß er mir nachkommt. Kommt er? Nein! Er beobachtet mich und meine Hand, von der das Fleisch baumelt, bleibt aber wie angewurzelt an seinem Platz und probiert von den Blättern und Hölzchen, die dort herumliegen. Vielleicht denkt er: Wo ein Happen Fleisch war, wird es auch weitere geben, obwohl er doch sehen muß, daß das Fleisch jetzt woanders ist! Am Ende gebe ich nach und bringe ihm den Rest des Kaninchens. Er frißt mit gutem Appetit.

Nach der Mahlzeit fliegt er sofort wieder auf das Hüttendach hinauf, und dann fliegt er auf die große weiße Birke vor unserem Fenster. Noch zeigt er kein Interesse an der Erkundung der näheren Umgebung, genießt statt dessen mit geschlossenen Augen den Sonnenuntergang.

Heute kommt wieder ein Blauhäher vorbei, stößt aber nur einige Warnrufe aus und verschwindet. Später sitzt ein Blauhäher drei Meter über Bubo in der Birke. Dieser Häher gibt keinen Ton von sich, aber Bubo klappert ärgerlich in seine Richtung. Dann läßt sich ein Schwarm von fünfzehn bis zwanzig verspätet angekommenen Waldsängern in der Birke nieder, aber keiner von ihnen scheint sich in irgendeiner Weise an Bubos Anwesenheit zu stören. Ich staune.

28. MAI

Letzte Nacht, den ganzen gestrigen Tag und die Nacht davor regnete es Bindfäden. Während des Unwetters saß Bubo stur in seiner Birke, unter gelegentlichem Kopfschütteln, um den Reggae-Look nicht einzubüßen.

Jetzt ist es sieben Uhr, wir erwachen, und das Getrommel auf dem Dach ist endlich vorbei. Vögel machen sich bemerkbar. Noch einmal läßt sich ein Schwarm Waldsänger in der Birke nieder, Vireos und Schnäpper suchen in Bubos Nähe nach Nahrung. Die Zweige tragen noch kein Laub. Die Vögel müssen ihn sehen. Aber wie zuvor scheinen sie ihn zu ignorieren. Und ich dachte, alle Singvögel würden Eulen gegenüber Haßverhalten zeigen! Offenbar habe ich noch manches zu lernen.

1. JUNI

Bubos Tagesablauf während der letzten achtundvierzig Stunden ist ebenso einfach wie regelmäßig: Er schläft auf dem Dach, hüpft morgens herunter, um das Futter in Empfang zu nehmen, fliegt zurück aufs Dach und dann auf einen großen Ast seiner Birke Kaflunk gegenüber. Er hat auch ein Spielzeug: die von Moos überzogenen Überreste eines verlassenen Ameisenhaufens. Nachdem ich ihn gefüttert habe und bevor er zurückfliegt auf das Dach, spielt er dort.

Er attackiert den Mooshügel mit einer Energie, die ich nie zuvor an ihm beobachtet habe, stolpert im Eifer des Gefechts und fällt einige Male sogar auf den Rücken. Wieder und wieder schlägt er mit seinen Klauen zu, bohrt sich tief in das Moos hinein und reißt mit Krallen und Schnabel Stücke heraus. Gelegentlich hört er auf und schaut sich um, dann wiederholt er die Attacken. Würde er mit einem Beutetier ähnlich verfahren?

Junge Raubtiere fangen normalerweise mit kleinen Beutetieren an; je älter und geschickter sie werden, desto größer wird die Beute, die sie schlagen. Die meisten Greifvögel einschließlich der großen Eulenvögel wählen Insekten als erste lebende Jagdbeute. Kleine Insekten haben im allgemeinen wenig Möglichkeiten der Gegenwehr, und die Vögel gewinnen Erfahrung und Selbstvertrauen. Mooshügel sind vielleicht besser als Insekten geeignet, um den taktischen Gebrauch von Beinen, Flügeln, Klauen und Schnäbeln beim Angriff einzuüben. Sie wehren sich überhaupt nicht, und alle Angriffe sind von Erfolg gekrönt. Bubo liebt Erfolg, und nichts führt sicherer zum Mißerfolg als frühere Mißerfolge.

2. Juni

Seit einigen Tagen kommen Blauhäher nahe an die Hütte heran, um sich Fleischstücke zu holen, die ich für sie ausgelegt habe. Bubo wird von ihnen ignoriert. Auch von den Rotkehlchen, die ein Nest mit vier Eiern in der Nähe haben, wird er nicht zur Kenntnis genommen. Statt seiner schelten sie die Blauhäher – notorische Nesträuber. Eulen verschmähen Vogeleier, sie fressen nur Fleisch, von Fall zu Fall allerdings auch die zarten Jungvögel. Wissen die Rotkehlchen, daß Bubo ihre Eier in Ruhe lassen wird? Jedenfalls verhalten sie sich so. (Einige Wochen später, als Bubo und ich uns einem Nest mit nahezu flüggen Rotkehlchenjungen näherten, krakeelten die adulten Vögel volle siebzig Minuten lang, bis wir uns wieder entfernten.)

Später haben die Häher wirklich das Nest der Rotkehlchen geplündert; diese hatten den Feind richtig eingeschätzt. War ihnen dies aufgrund von Erfahrungen oder aufgrund von angeborenen Verhaltensmustern möglich? Letzteres scheint mir als Erklärung ausreichend, da Rotkehlchen auf ganz unterschiedliche Feinde mit Haßverhalten reagieren. Ich habe zum Beispiel Rotschulterstärlinge beobachtet, die Nesträuber wie Raben, Krähen und Breitflügelbussarde auf äußerst erregte Weise haßten; sie legen dasselbe Verhalten aber auch Menschen gegenüber an den Tag, die sich in der Nähe ihrer Nester aufhalten.

6. JUNI

Bubo hat nun die Bäume in der Umgebung entdeckt und in seine Welt integriert, aber er entfernt sich nie sehr weit von der Hütte. Meine Befürchtungen, daß er im Wald verlorengehen könnte, haben sich als grundlos herausgestellt. Wenn ich ihn nicht sehe, rufe ich ihn mit Namen, worauf er zur Lichtung geflogen kommt. Es ist ein wunderbarer Anblick. Er schlägt ein paarmal mit den Flügeln und fliegt von unten einen dicken Ast der Birke an, dann flattert er, steigt auf, macht mit ausgebreiteten Flügeln eine elegante Kurve, verlangsamt das Tempo und landet weich und sicher. Oft landet er auf dem Felsvorsprung, wo er mit mir spielt, um sich dann wie eine Katze auf dem Bauch auszustrecken und in der Sonne zu dösen.

Manchmal, wenn er in Spiellaune ist, ergreift er mein Ohr mit seinen Krallen, und ich kann seinen Fang nicht wegziehen, weil ich damit Löcher im Ohr riskieren würde. Seine Spiele sind rauh, und auch ich bin rauh, wenn ich ihn mit meiner Hand auf dem Boden hin- und herrolle; aber nach einer Weile wird er aller Spiele müde und ruht sich in meinen Armen aus. Ich schaue auf die Uhr – wir haben eineinhalb Stunden gespielt! Und ich habe nicht gemerkt, wie die Zeit verging.

Nachmittags kommt ein Kollege, der außer Ornithologie auch

Insektenforschung betreibt. Der erste Mensch, der uns dieses Jahr hier oben besucht. Bubo sitzt auf der Tür der Voliere und sieht neugierig auf ihn herunter. Nach einer Weile kommt er zu mir, aber dem Fremden gegenüber bleibt er mißtrauisch. Er zeigt sich nervös und will anfangs nicht einmal die Maus essen, die ich ihm anbiete. Er läßt Ken nicht aus den Augen. Am Ende siegt doch der Hunger. Hastig schluckt er die Maus hinunter und zieht sich mit ungewohnter Eile in den Wald zurück.

7. JUNI

Heute morgen kann ich Bubo nirgendwo in der Nähe der Hütte entdecken. Das ist ungewöhnlich. Sollte seine Abwesenheit etwas mit Kens Besuch gestern zu tun haben? Als ich es eben aufgeben will, weiterhin laut nach ihm zu rufen, kommt er, aber er ist ungnädig. Als ich wie immer meine Hand unter seine Zehen schiebe, um ihn auf meine behandschuhte Rechte zu heben, schnappt er laut und vehement mit dem Schnabel in meine Richtung. Sonderbar. Es kann sich nicht um Drohverhalten handeln, weil dieses Klappern mit hocherhobenem Kopf und von mir *abgewandten* Augen erfolgt. Wenn er Feinde einzuschüchtern sucht, klingen die Laute, die er mit dem Schnabel hervorbringt, hohler, er hält den Kopf gesenkt, die Flügel ausgebreitet, und starrt direkt in die Augen seines Gegenübers.

Heute morgen ist Bubo ein anderer als der, der er gestern noch war, als er mit mir spielte und sich in meinem Schoß liegend von mir streicheln ließ. Ist es möglich, daß er sich tatsächlich über den gestrigen Besucher ärgert? Erinnert er sich noch daran und ist beleidigt? Ken ist ungefähr so groß wie ich und hat eine ähnliche Figur, nur ist sein Haar rot, meines ist braun. Bubo kann offensichtlich Leute auseinanderhalten, aber nicht nur aufgrund ihres äußeren Erscheinungsbildes. Mir gegenüber verhält er sich völlig unabhängig davon, wie ich angezogen bin. Nur um ganz sicherzugehen, ziehe ich jetzt eine Kissenhülle über den Kopf, so daß er mein Gesicht nicht sehen kann. Dies bewirkt keinerlei Änderung seines Verhaltens. Ich stehe vor einem Rätsel, und es ist keine Lösung in Sicht.

Bunny hat heute nacht ein weiteres junges Kaninchen erlegt, und obwohl mich seine Raubzüge nicht gerade begeistern, bleibt mir nichts anderes übrig, als sie zu tolerieren. Die Katzen, die jetzt in den dämmrigen Ställen der umliegenden Farmen ihre Jungen aufziehen, jagen, wo sie wollen, in Feld und Wald. Die Katzenbesitzer brauchen einen Jagdschein, um ein Kaninchen zu schießen, und sie verletzen amerikanische Gesetze, wenn sie einen Singvogel töten. Aber jeder kann so viele Katzen halten, wie er mag, und Katzen können stellvertretend für ihren Besitzer jeden Tag jagen und töten, geschützte und ungeschützte Spezies, in Jagd- oder Schonzeiten – niemand kümmert sich darum. Sollte man etwas dagegen unternehmen?

Raubtiere, einschließlich der Hauskatzen, jagen hauptsächlich die in der Umgebung verbreitetsten Tierarten; das heißt, gewöhnlich fällt ihnen der Überschuß einer Population zum Opfer, so daß diese bestimmte Spezies sich ihrerseits nicht zum Schaden anderer exzessiv vermehren kann. So bleibt das Gleichgewicht der Arten erhalten, und insgesamt nützt das Raubtier dem Habitat, in dem es Beute schlägt. Aber heute nehmen Hauskatzen den Tieren der freien Wildbahn, die von dem, was sie erjagen, abhängig sind, die Beute weg. Und zu ihrer Beute gehören eben auch geschützte Tierarten.

Bubo freut sich über das Kaninchen zum Frühstück, das ihm von seinem Stellvertreter und Leibjäger zur Verfügung gestellt wurde. Eine Weile frißt er, dann fliegt er fort, das Kaninchen in den Fängen haltend, schleppt es etwa dreißig Meter in den Wald hinein. Auf einem Lauf hüpfend, zieht er es weiter und versteckt es zuletzt mit dem Schnabel im dichten Unterholz.

Abends kehrt er zur Hütte zurück und fängt wieder an, den Mooshügel zu attackieren. Während er damit beschäftigt ist, gehe ich zu der Stelle im Unterholz, wo er das Kaninchen versteckt hat. Bislang ist er mir noch nie irgendwohin gefolgt, aber jetzt, als ich mich dem Versteck nähere, kommt er im Sturzflug hinter mir her. Er erinnert sich also nicht nur genau an die Stelle, sondern hat sie auch, während ich in der Nähe war, die ganze Zeit im Auge behalten! Lange starrt er mich an. Warum?

Später kommt er wieder zur Hütte, und seine Pupillen verengen sich bis auf Stecknadelkopfgröße, während er unablässig zum Himmel hinaufschaut. Ich folge seinem Blick und sehe zu meiner Überraschung eine Formation Kanadagänse, die in sehr großer Höhe nordwärts fliegen (es ist eigentlich schon zu spät für sie). Nur eine Reihe winziger Punkte, aber für mich sind diese sich bewegenden Punkte von großem Interesse, nicht aufgrund ihrer Erscheinungsform, sondern weil ich weiß, was sie bedeuten. Bubo sieht vermutlich nicht mehr als die Erscheinung. Er weiß nichts über Gänse, über Vogelflug und Orientierung, über die flaumigen Jungen, die diese Vögel aufziehen werden, über die Gesetze des Fliegens in großer Höhe oder die Gründe für die V-Formation. Und doch hören seine Augen nicht auf zu schauen, und er starrt den winzigen Punkten nach, als ob er mehr davon verstünde, als ich weiß, bis sie hinter den fernen Höhen verschwunden sind.

8. Juni

Heute bekommt Bubo seine erste überfahrene Schlange zu fressen, die ich in kleine Happen geschnitten habe, weil ich bezweifle, daß er in der Lage ist, dieses lange, schlauchartige Ding überhaupt als Nahrung zu identifizieren. Und selbst wenn er es könnte, woher sollte er wissen, wie man richtig damit umgeht?

Meine Zweifel erwiesen sich als unnötig. Er kröpft die Happen nacheinander, und dann gebe ich ihm eine tote Ringelnatter in einem Stück. Sie ist schon lange tot, aber Bubo beißt ihr in den Rücken, als könnte sie sich noch wehren, und es knackt und knirscht ein wenig, als er mit dem Schnabel die Wirbel bricht.

Da sie ganz weich und schlaff ist, hat sie zusammengerollt in einem engen Gehäuse wie Bubos Kropf Platz. Er fängt mit dem Schwanzende an und schlingt. Nach fünfmaligem Schlucken hat er vierzig Zentimeter Schlange intus, fünfzehn Zentimeter liegen noch vor ihm. Aber offenbar hat er einen Fehler gemacht. Er streckt den Hals, öffnet den Schnabel weit, würgt – und die Ringelnatter kommt wieder heraus. Noch einmal von vorn, jetzt aber richtig: Eine Schlange richtig kröpfen heißt, mit dem Kopf anzufangen und mit dem Schwanz aufzuhören. Ich hätte nicht gedacht, daß es so viel ausmachen würde. Aber Bubo scheint auf Etikette zu halten. Ich war es nicht, der ihm das beigebracht hat!

Später in diesem Sommer mache ich Bubo mit lebenden Ringelnattern bekannt, die ich auf unserer Lichtung freilasse. Bei der ersten Begegnung zog er sich zurück, als die Schlange sich aufwickelte und flach machte und sich mit großen Bewegungen über den Boden hin und her schwang. Erst als sie mit weitgeöffnetem rosafarbenen Rachen auf ihn losging, sprang Bubo, der sich schnell von seiner Überraschung erholte, auf den sich ringelnden Körper. Die Natter nahm dieses Manöver übel, biß ihn in den Fuß und ließ nicht mehr los. Da sprang Bubo erschrocken in die Luft, flog auf und riß die baumelnde Schlange mit sich. Zweckmäßigerweise lockerte sie ihren Biß direkt über dem Waldrand, ließ sich fallen und entkam. Die zweite Ringelnatter wollte sich auf die gleiche Weise verteidigen. Aber sie wurde von Bubo, der sie etwa eine Minute lang beobachtet hatte, mit beiden Fängen zugleich ergriffen. Sofort danach stieß er mit dem Schnabel zu, der Schlangenkopf wurde geknackt, und er schlang die Natter in einem Stück – Kopf voran, selbstverständlich – hinunter. Ringelnatter Nummer drei versuchte es mit einem Sprint im Gras, aber Bubo blieb ihr auf den Fersen. Plötzlich schien sich die Ausreißerin der tödlichen Gefahr bewußt zu werden. Sie erstarrte – nur das Schwanzende zuckte ein wenig und übte eine fast hypnotische Wirkung auf Bubo aus. Als auch diese Bewegung aufhörte, blickte er sich suchend um: Wo war die Schlange geblieben? Offenbar hatte sie sich in Luft aufgelöst. Also wandte er sich wieder dem Schwanzende zu. Da versuchte die Natter es noch einmal mit einem Sprint. Diesmal ließ Bubo sie nicht entkommen, und sie endete wie ihre Vorgängerin in seinem Hals.

Bis jetzt hat Bubo noch keine lebende Beute gefangen, aber heute zeigt sich, daß er es lernen will. Wir beginnen mit einem Objekt, das weniger bedrohlich ist als eine Schlange – einem Insekt. Er sitzt auf meinem Handgelenk, beißt spielerisch in den Lederhandschuh, da – plötzlich reckt er sich zu voller Größe empor. Ich höre es auch, ein leises Rascheln an der Ecke der Hütte. Nach eingehender Suche finden wir einen Mondspinner, der in den Himbeerbüschen herumflattert. Bubo beobachtet ihn dreißig Sekunden, hüpft von meiner Hand herunter, und mit einem schnellen Griff seines linken Fangs hat er das Ding in den Klauen. Er beißt hinein, es knistert und knirscht, und dann schluckt er den riesigen blaßgrünen Schmetterling in einem Happen. Er beendet die kleine Zwischenmahlzeit mit den schmatzenden Schnabelgeräuschen, die seine Zufriedenheit signalisieren.

9. JUNI

Von den riesigen Granitfelsen in der Nähe der Hütte, die einst Gletscher hinterlassen haben, sind nur einige kahl; die meisten sind mit einer dünnen Erdschicht bedeckt, auf der Moos, Flechten und ein paar verkümmerte Nadelbäume wachsen. In einem der kahlen Felsen, ungefähr zehn Meter vom Hütteneingang entfernt, befindet sich eine badewannengroße Höhlung, in der sich Regenwasser sammelt. Diese Wanne ist eine kleine Oase hier oben im Wald. Viele Vögel kommen, um zu trinken und zu baden. Im Sommer färben Algen das Wasser hellgrün, und es gibt

SCHWIMMEN

immer eine Menge Kaulquappen. Ich weiß nicht, wie die Waldfrösche es anstellen, das kleine Bassin auf der Anhöhe zu finden, aber sie finden es zielsicher. Auch Libellen legen dort ihre Eier ab, und ihre Larven tun sich an den Kaulquappen gütlich.

Bevor wir den alten Brunnen unten bei den Grundmauern des alten Farmhauses gesäubert und repariert hatten, benutzten auch wir das Wasser hier oben. Ich schöpfe regelmäßig das Wasser ab, um den Untergrund von faulendem Laub und Algen zu befreien. Wenn sich das Becken nach Regenfällen wieder gefüllt hat, ist es innerhalb weniger Tage erneut bevölkert – von Wasserläufern, Gelbrandkäfern, Fliegenlarven, Fröschen und Vögeln. Und wir überlassen es den Tieren, da wir nun mit Wasser vom Brunnen ausreichend versorgt sind.

Heute morgen scheint die Sonne hell und warm, und Bubo inspiziert den Pool. Aufmerksam späht er ins Wasser, dann hüpft er vorsichtig hinein und taucht mit dem Kopf unter. Mit kleinen Schmatz- und Sauggeräuschen taucht er wieder auf und schluckt. Ich sehe ihn zum erstenmal trinken. Er muß eigentlich nicht trinken, denn er wird ausreichend mit Feuchtigkeit versorgt durch das Fleisch, das er frißt. Im Unterschied zu uns, die wir große Mengen Wasser brauchen, um den abgesonderten Harnstoff im Urin auszuscheiden, verwandeln Vögel, Insekten und Reptilien ihre Abfallprodukte des Stickstoffstoffwechsels in Harnsäure, die in Form einer halbfesten Paste mit niedrigem Wasseranteil ausgeschieden wird.

Langsam und mit trippelnden Schritten watet Bubo immer tiefer in das Becken hinein, er plustert das Gefieder und schüttelt zögernd die Flügel. Und dann ein Kopfsprung! Und nachdem er mit dem Kopf vollkommen untergetaucht ist, schlägt er so wild mit den leicht geöffneten Flügeln, daß das Wasser schäumt und in alle Richtungen spritzt. Und noch einmal und noch einmal taucht er unter, schlägt das Wasser mit den Flügeln wie ein Schneebesen. Und dabei bringt er quietschende Geräusche hervor, wie ich sie nie zuvor gehört habe. Am Ende watet er völlig durchnäßt zum Rand, das Wasser rinnt ihm in kleinen Sturzbächen von den verfilzten Brustfedern. Er blickt aufs Becken, watet wieder ins Wasser, und die Vorstellung beginnt von vorn – insgesamt dreimal: Das erste Bad seines Lebens ist wirklich gründlich. Danach fliegt er aufs Dach der Hütte und hockt dort oben mit hängenden Flügeln auf einem Fang in der Sonne. Nach ein, zwei Stunden ausgiebiger Körperpflege ist er mit trockenem, aufgeplustertem Gefieder wieder ganz der alte.

10. JUNI

Heute morgen, während wir frühstücken, höre ich Bubo in sekundenkurzen Ausbrüchen immer wieder laut klappern. Sonderbar. Der Kater schläft noch, er kann also nicht der Anlaß sein. Ich stürze vor die Tür und sehe gerade noch einen Breitflügelbussard, der sich mitten im Sturzflugmanöver befindet; es fehlen nur wenige Zentimeter, und er hätte Bubos Kopf erreicht. Der Bussard dreht ab, bleibt aber in einem Baum in der Nähe sitzen und läßt ihn nicht aus den Augen. Ich erinnere mich, daß ein Pärchen Breitflügelbussarde in etwa einem halben Kilometer Entfernung in der Astgabel eines Ahorns ein Nest mit vier schokoladenbraun gesprenkelten Eiern bebrütet. Habe ich es mit dem angehenden Familienvater zu tun? Noch einmal setzt er zum Sturzflug an, nähert sich bedrohlich Bubos Kopf – da zeige ich mich, und er zieht ab.

Etwas später ist Bubo wieder zum Spielen aufgelegt. Er nagt an Margarets Schuhen, während sie auf den moosbedeckten Steinen sitzt und sich sonnt. Sobald sie sich bewegt, folgt er ihr und stürzt sich auf ihre Füße. Ich soll ihr den Lederhandschuh bringen, ruft sie mir zu, damit sie Bubo hochheben und Auge in Auge mit ihm sprechen kann. Ich bringe ihn ihr, aber kurz darauf sehe ich sie quer über die Lichtung hinter Bubo herrennen, der den Handschuh in seinen Klauen hält. Sie erwischt ihn, und dann höre ich einen gellenden Schrei. Margaret kommt mit dem

Handschuh zurück, aber ihre Finger sind blutüberströmt. Sie gibt nicht so leicht auf – aber Bubo auch nicht!

Nachmittags gibt es ein Festmahl für Bubo, ein rotes Eichhörnchen. Ich halte es in die Höhe, damit er es sieht; er läßt den Mooshügel, mit dem er sich beschäftigt hat, in Ruhe und kommt postwendend zu mir gerannt. Beim Rennen beugt er sich nach vorn und watschelt ein bißchen – sein Stil würde Experten nicht gerade begeistern, aber dafür ist die Zeit, die er läuft, nicht schlecht. Er greift das Eichhörnchen mit ungebremster Begeisterung, die an Gier grenzt, wobei er zwei Zehen des einen Fangs nach vorn, die anderen rückwärts wendet. (Anders als die meisten Greifvögel mit drei nach vorn und einer nach hinten gewendeten Zehe besitzt Bubo als vierte eine sogenannte Wendezehe, die nach vorn und hinten gedreht werden kann.) Mit solcherart gesichertem Griff beginnt er nun, das Eichhörnchen mit beiden Fängen in heftigen Kontraktionen zusammenzudrücken, als ob er es töten wollte. Freilebende Eulenvögel verschmähen gewöhnlich tote Tiere, die sie nicht selbst erlegt haben. Vielleicht verhält sich Bubo deshalb so, als ob das Eichhörnchen lebendig wäre.

Er kann nicht wissen, daß dieses Eichhörnchen nicht so leicht getötet werden kann. Es ist an einer Angelschnur festgebunden, an der ich jedesmal ziehe, wenn er seinen Griff etwas lockert. Das Eichhörnchen ›flieht‹. Bubo staunt, aber nicht lange, dann setzt er ihm nach und fängt es wieder ein. Wir wiederholen dieses Spiel einige Male. Er verliert seine Angst vor dem zurückweichenden Eichhörnchen, und ich fühle mich durch seine Fortschritte ermutigt. Um ihn noch einmal auf die Probe zu stellen, lenke ich dann das Eichhörnchen so, daß es sich auf ihn zubewegt. Überrascht hebt er den Kopf, macht einige Schritte rückwärts und fliegt offenbar erschrocken davon. Also zurück zu kleinerer Beute. Nicht weit von ihm lasse ich einen Laufkäfer frei; ich könnte wetten, daß er einer so handlichen, flinken Beute nicht widerstehen kann. Ich gewinne die Wette. In ein, zwei Sätzen ist er am Platz, pickt den Käfer auf – knack, knack – und schluckt ihn, unbekümmert um all die üblen Verteidigungssekrete, die das arme Opfer absondert.

Wenn Bubo mit uns spielt, spielt er rauh, und für uns geht es meist nicht mehr ohne Kratzer ab. In meisterlichem Flug taucht er aus dem Nichts auf und stürzt sich auf uns – meist auf die Füße oder auf eine Schulter, und wenn er erst einmal auf der Schulter sitzt, legt er sich mit dem Ohr an. Wenn er nur den Schnabel benutzt, können wir uns noch befreien, weil er nie richtig zubeißt. Aber wehe, er bringt seine Klauen ins Spiel! Reflexartig greift er desto fester zu, je erregter er wird, und seine Erregung steigt unweigerlich, sobald wir versuchen, ihn von der Schulter weg zu bekommen. Weil wir um den wunderbaren Angelhaken-Schließmechanismus seiner Fänge wissen, nehmen wir von jeder Gewalteinwirkung Abstand. Statt dessen bleiben wir ganz ruhig und kooperativ und versuchen, uns gütlich mit ihm zu einigen. Spätestens wenn er keine Lust mehr hat zu spielen, lockert sich sein Griff, und wir können aufatmen.

Der Schlemmer

Bis vor nicht allzu langer Zeit galten Raubvögel, die Nagetiere fraßen, als ›gute‹ Raubvögel, die in den Genuß staatlicher Schutzmaßnahmen kamen, während diejenigen, die andere Vögel erbeuteten, ›böse‹ waren und ungehindert abgeschossen werden durften. Die meisten Bundesstaaten in Amerika schützten alle Eulen bis auf den Virginia-Uhu, der nicht primär ein Mäusevertilger ist. Seine Gewölle zeigen, daß er sich von allen möglichen Kleintieren ernährt – Schlangen, Fischen, Fröschen, Insekten, verschiedenen Kleinsäugern und Vögeln. Unter den Kleinsäugern sind Feldhasen, Kaninchen, Eichhörnchen, Ratten und Mäuse, Bisamratten, Taschenratten, Wiesel, Nerze, Skunks, Waldmurmeltiere, Opossums, Stachelschweine, Hauskatzen, Spitzmäuse und Fledermäuse. An Vögeln verspeist er Taucher, Enten, Hühner, Truthühner, Kanadagänse, Rohrdommeln, Reiher, Rallen, Schnepfen, Wachteln, Waldhühner und Tauben; außerdem Weihen, Rotschwanz- und Rotschulterbussarde sowie andere Eulenvögel, Goldspechte und andere Spechtarten, Häher, Krähen, Stare, Amseln, Schneeammern, Finken und Sperlinge, Spottdrosseln und Rotkehlchen. Trotz dieser Vielfalt an Beute konnte durch eine Studie über den Virginia-Uhu in Amerika nachgewiesen werden, daß seine Hauptnahrungsquelle Kaninchen sind. Bubos Speisezettel war sehr abwechslungsreich dank Bunnys erheblichem Jagdglück und der Vielzahl der überfahrenen Tiere, die ich heimbrachte. Dennoch erwies er sich wie jeder echte Schlemmer als wählerisch.

12. Juni

Der träge fließende Bach im Tal einen Kilometer unterhalb von Kaflunk ist voll von Muscheln und Elritzen. An unserem Badeplatz scheinen sie sich zu sammeln. Ich habe das Erlengebüsch rund um das Becken etwas gelichtet, und das Ufer ist jetzt mit Adlerfarn und Gras bedeckt. Unterhalb einiger Wasserwirbel hat sich ein Becken mit felsigem Untergrund gebildet. Einst gab es noch viel mehr Felsen darin, aber jedesmal wenn wir herkamen, um zu baden, habe ich ein paar von ihnen herausgezogen und sie zu einem ungefügen Damm aufgeschichtet. An den freigewordenen Stellen haben sich Muscheln angesiedelt. Sie stecken halb im Schlick und hinterlassen Schlangenlinien, wenn sie sich am Grund entlangbewegen. Die meisten Muscheln sind so ausgerichtet, daß ihre halb geöffneten Schalen stromaufwärts zeigen; auf diese Weise filtern sie das Wasser, das von den Bibersümpfen herabfließt. In unserem Becken steht das Wasser, und es bildet sich Schlick. Lange genug eingedämmt, würde sich das Becken bald vollständig mit Schlick füllen. Aber jedes Jahr im Herbst reiße ich den Damm nieder, so daß alles, was sich während des Sommers im Becken gesammelt hat, von den großen Regenfällen im Frühjahr weggeschwemmt wird. Im Sommer sammeln sich Scharen von Elritzen, um rund um unsere Zehen die winzigen Insekten aufzuschnappen, die wir mit unseren Schritten im sandigen Untergrund aufgewirbelt haben. Falls Bubo Muscheln oder Elritzen mag, wird es hier ein Festessen für ihn geben.

Ich öffne eine der Muscheln mit einem Stein und biete sie Bubo an. Er nimmt das glibbrige Tier mit einigem Widerstreben, hält es dann eine Weile in seinem Schnabel, als ob er nicht wüßte, was er damit anfangen soll. Schließlich schluckt er es herunter. So weit, so gut. Ich biete ihm eine zweite Muschel an, aber diesmal weigert er sich. Er lernt schnell – zu schnell für mich. Vielleicht kann ich ihn austricksen. Margaret hat Bunny gerade gebürstet, sie gibt mir eine Handvoll seines orangefarbenen Fells. Muscheln, in Katzenfell verpackt – mmmh, schon besser! Mehr Ballaststoffe! Bubo verschlingt einige pelzige Muscheln mit großem Genuß. Offenbar beschäftigt ihn die Verpackung mehr als das, was drin ist.

13. Juni

Ich sitze neben dem kleinen Wasserbecken auf einem Felsen, und nachdem ich Bubo gerufen habe, fliegt er zu mir herunter. Aber als er neben mir hockt, schaut er nicht zu mir hoch, sondern ins Wasser. Sonderbar. Was mag er wohl sehen? Als ich meinerseits hinsehe, schaue ich im Wasserspiegel direkt in seine Augen. Ich bin es also, den er im Wasser sieht! Ich entferne mich. Er blickt auf, und jetzt sieht er mich am Ufer außerhalb des Beckens. Sofortige Alarmbereitschaft. Wenn alles seine Richtigkeit hat, sollte es mich nur einmal geben! Er springt auf und zieht sich eilig in den Wald zurück. Aber es dauert keine fünf Minuten, da ist er wieder bei mir. Noch einmal schaut er mich im Wasser und außerhalb des Wassers an und äußert schüchternen Respekt vor dem Spiegelbild. Ins Wasser wagt er sich nicht. Er bleibt am Rand und spielt ein wenig mit den triefnassen Blättern, die ins Becken gefallen sind.

Schließlich verliert er das Interesse am Wasser, und er fliegt auf einen Baumstumpf in der Nähe. Auf einmal stürzt er sich wie ein Besessener auf seinen Mooshügel. Er hämmert mit einem Fang auf ihn ein, dann mit dem anderen, und immer mit aller Kraft – einmal, zweimal, dreimal, fester und fester. Dann beißt er ins Moos und reißt große Stücke mitsamt der Erde heraus.

In der nächsten Minute sitzt er wieder auf seinem Baumstumpf und starrt mindestens zehn Minuten lang gelassen zu mir herüber. Heckt er etwas aus? Offenbar. Er fliegt wieder zu mir, packt mit dem linken Fang mein Hemd und versucht, auf dem rechten Fang hüpfend, zu entkommen. Leider bleibt das Hemd an meinem Rücken haften, aber er gibt nicht auf und zieht und reißt mit aller Kraft. Was verspricht er sich von meinem Hemd? Er kriegt es einfach nicht los. Gewinnt trotz wilden Flügelschlagens keinen Millimeter Boden. Er ist jetzt wirklich verwirrt und produziert laute, zwitschernde Töne, wie sonst nur, wenn man ihn mit beiden Händen umfaßt. Nein, noch gibt er nicht auf. Statt dessen ändert er die Taktik. Er läßt mit dem linken Fang los, dreht sich herum und bohrt seinen Schnabel in den Stoff, indem er sich fest auf beiden Fersen abstützt. Weitere zwitschernde Töne der Verwirrung. Jetzt versucht er es mit Flügelschlagen in Rückwärtsrichtung. Vergeblich. Es gibt ein paar Dinge im Leben, die trotz aller Anstrengungen einfach mißlingen. Vielleicht muß er so hartnäckig sein, um erfolgreich zu jagen, auch wenn die Hartnäckigkeit manchmal zu nichts führt.

Tocqueville sagte, daß uns Unternehmungen gelingen, bei denen wir unser Können zum Einsatz bringen, daß wir aber glänzen bei Unternehmungen, bei denen wir uns auch unserer Defekte zu bedienen wissen. Die Evolution hat Bubo mit optimal angepaßtem Verhalten ausgestattet. Angesichts der Zwänge und Möglichkeiten seiner Vorfahren mag das nutzlose Zerren an einem Hemd durchaus seinen Sinn gehabt haben. Bis jetzt ist es offenbar während der Evolution nie nötig gewesen, die Fähigkeit auszubilden, die Nutzlosigkeit eines solchen Unterfangens zu erkennen.

16. Juni

Als ich im Laufschritt den Pfad zur Hütte heraufkomme – in der Hand wie üblich die Plastiktüte mit den überfahrenen Tieren, die ich auf der Straße gefunden habe –, blickt Bubo zu mir herüber, und im nächsten Moment ist er schon da. Ich schüttle den halb verwesten Kadaver eines Stärlings aus der Tüte, und trotz des penetranten Gestanks zögert Bubo nicht, ihn sich zu greifen und mit ihm zu einem Baumstumpf unter der großen Tanne zu fliegen. Neunzig Minuten später sitzt er immer noch dort, hält den Kadaver in den Klauen und knabbert ab und zu daran. Wenn überhaupt, hat er nur sehr wenig von dem Fleisch gefressen; dennoch hat er die Schwanz- und Flügelfedern gerupft. Der Zwiespalt scheint ihn entscheidungsunfähig zu machen: Er ist zu gierig, um den Kadaver loszulassen, aber der Ekel hindert ihn am Fressen.

Verwest oder nicht, der Stärling hat Federn, und als Beute muß er verteidigt werden. Als ich mich nähere, wendet Bubo mir den Rücken zu und klappert drohend mit dem Schnabel. Er breitet die Flügel aus, wie um zu verhindern, daß ich den Kadaver zu Gesicht bekomme. Währenddessen lassen seine Fänge die Beute keinen Moment aus ihrem Griff. Ich trolle mich.

Abends exhumiert er den Stärling, den er unter Gebüsch vergraben hat, aber das Fleisch ist an diesem heißen Tag nicht besser geworden. Lange nach Einbruch der Dunkelheit hören wir etwas auf dem Dach; ich gehe mit der Taschenlampe hinaus und sehe ihn auf dem First – er hält den Kadaver immer noch in den Fängen.

17. JUNI

Jedesmal wenn wir im Fluß schwimmen gehen, verstärken wir unseren Damm durch ein paar Felsbrocken, die wir aus dem sandigen Grund holen. Wie Möwen vom frisch gepflügten Akker werden von dem aufgewirbelten Sand Elritzen angezogen. Ein Zug mit dem Insektenkescher durchs Wasser – schon sind zwei oder drei von ihnen gefangen. Mag Bubo frischen Fisch? Würde er sich den Fisch aus einer Plastikschüssel herausgreifen und fressen?

Mindestens zehn Minuten lang starrt er auf das Dutzend Elritzen, die in der mit Wasser gefüllten Schüssel herumflitzen. Er kommt näher, starrt weiter. Dann tunkt er lammfromm seinen Schnabel ins Wasser, wie um zu trinken, und dabei quietscht er wie eine zusammengedrückte Gummiente. Noch einmal senkt sich der Schnabel hinein, aber als er diesmal wieder auftaucht, baumelt eine Elritze von ihm herunter. Knack, knack und schluck – selbstverständlich wird der Fisch mit dem Kopf zuerst in den Magen befördert. Aber wo dieser Fisch herkam, gibt es noch mehr. Bubo hüpft in die Schüssel, plustert die Federn, als ob er ein Bad nehmen wollte, quietscht, trinkt ein paar Tröpfchen und trippelt dann immer im Kreis herum, während er fast beiläufig hier und da eine Elritze fängt. Bald treiben sechs oder sieben übel zugerichtete Fische mit dem Bauch nach oben im Wasser. Ich glaube, er ist nicht besonders hungrig heute. Doch diese Gelegenheit zum Spielen kann er sich nicht entgehen lassen. Vielleicht lernt er dabei Techniken, die sich später als nützlich erweisen.

Elritzenfangen in einer Plastikschüssel ist einfach für ihn, zu einfach möglicherweise, um für später, wenn er allein auf freier Wildbahn jagt, biologisch bedeutsam zu sein. In Asien gibt es Eulen, die sich auf den Fischfang spezialisiert haben, aber selbst in Neuengland existieren Arten, die sich gelegentlich von Fischen ernähren. Ich habe einmal im Februar, als die meisten Flüsse noch zugefroren waren, am Rand eines Highways in Vermont einen toten Streifenkauz gefunden, der reichlich Fettpolster aufwies. Sein Magen enthielt zwei Feldmäuse und zwei Hundsfische (*Umbra limi*). Diese Fische laichen im Vorfrühling in überschwemmten Flußtälern. Trotzdem bezweifle ich, daß Streifenkäuze sich auf Fisch spezialisieren würden. Wie Virginia-Uhus müssen sie eben zuzeiten nehmen, was gerade zu haben ist. Ein anderer Streifenkauz, den ich Mitte Dezember in Vermont am Straßenrand fand, hatte sogar die Überreste eines Maulwurfs in seinem Magen.

Bubo freundet sich mit der Frischwasserkost an, und ich will die Gelegenheit nutzen, ihn ein weiteres Mal auf die Muscheln hinzuweisen. Nur werde ich sie diesmal etwas besser zubereiten, nämlich so, wie sie *mir* am besten schmecken. Frische Muscheln von der Küste von Maine, ob gedämpft oder fritiert, sind immer ein Festmahl für mich. Sollten Süßwassermuscheln mit Salz nicht genauso gut schmecken wie Muscheln aus dem Meer? Zumindest sehen sie ganz ähnlich aus, also versuchen wir es.

Ich sammle einen Eimer voll und koche sie auf dem Ofen. Sie öffnen sich, und das Fleisch, ein schönes festes Päckchen, kommt zum Vorschein. So weit, so gut. Der Geruch ist allerdings nicht sehr einladend. Ich gebe Bubo eine gekochte Muschel, und er mag sie offensichtlich – er nimmt sie und verschluckt sie. Also entschließe ich mich, auch eine zu versuchen. Obwohl ich über fünfzigmal soviel wiege wie er, kann ich Nahrung nicht in solchen Riesenportionen schlucken wie er, ich muß erst kauen und zerkleinern.

Meine Muschel hat die Konsistenz einer Schuhsohle. Wie ist es möglich, daß etwas, was so weich und glibbrig aussieht wie das Fleisch einer Qualle, nach kurzem Aufenthalt in kochendem Wasser die Leistungsfähigkeit der menschlichen Kaumuskulatur in Frage stellt? Vielleicht kann man das Ding aufbacken? Also paniere ich eine Handvoll Muscheln und werfe sie in eine Pfanne mit heißem Öl. Nun der zweite Geschmackstest. Tatsächlich – das Fleisch ist knusprig, saftig und viel leichter zu kauen. Nur eine Einschränkung: Es schmeckt, wie der Sumpf riecht, aus dem der Fluß kommt. Ist Schlamm der Mageninhalt der Muschel?

Kammuscheln sind Filterer von Kleinstlebewesen, die mit dem Atmungsstrom eingestrudelt und in Schleimsträngen zur Mundöffnung verfrachtet werden. Flußabwärts im Schlick treibende Nährstoffe werden samt Schmutz und Bakterien aufgenommen und in einem Magen verdaut. Wenn diese Muscheln wie Schlamm schmecken, ist anzunehmen, daß sie Schlamm enthalten. Ich zerschneide eins der dicken, saftigen Fleischbällchen, und wirklich sickert überall eine trübe grünlich-braune Flüssigkeit heraus. Ist es das, was so eklig schmeckt? Soll ich die Probe aufs Exempel machen? Nein danke! Aber ich kann es auf indirekte Weise herausfinden, indem ich ein paar weitere

Muscheln aufschlitze und in klarem Wasser wasche – bald ist das Becken von sumpfigem Brackwasser gefüllt. Dann fritiere ich diese gereinigten Muscheln, und siehe, sie sind eßbar – allerdings ziemlich zäh. Wie wär's, Bubo? Auch eine? Er pickt eine Muschel aus meiner Hand, zermalmt sie knirschend in seinem dicken Schnabel. Kleine Fleischstücke fliegen in alle Richtungen. Er mahlt und mahlt – wie er es mit einem hart gepanzerten Insekt tun würde –, und dann schluckt er.

Ende des Experiments. Ich weiß jetzt, wie Bubo seine Süßwassermuscheln will: roh im Pelzrock, gekocht oder fritiert. Nicht mein Geschmack. Aber über Geschmack läßt sich nicht streiten.

Attacke!

Regelmäßig liefert Bunny Spitzmäuse und andere Nagetiere, Kaninchen und Vögel in der Hütte ab, aber er jagt nur bei schönem Wetter, wie ich nur bei schönem Wetter meinen Waldlauf entlang der Straße mache, um die überfahrenen Tiere einzusammeln. Unter diesen Umständen war es vorauszusehen, daß der Tag kommen würde, an dem kein totes Tier mehr zur Hand ist. Natürlich verlangt Bubo trotzdem nach Futter, und sein unaufhörliches krächzendes Geschrei kann einem wirklich furchtbar auf die Nerven gehen. Ich bin froh, daß ich bisher immer in der Lage war, Bubo mit bereits toten Tieren zu füttern, die sonst Bakterien und Maden zur Nahrung gedient hätten. Nichts gegen Insekten, aber daß Bubo ein überfahrenes Tier frißt, ist mir lieber, als daß es mehreren tausend frisch geschlüpften Fliegen als Lebensgrundlage dient. Dies ist eine rein gefühlsmäßige Vorliebe ohne jede logische Rechtfertigung. So oder so – verschiedene Formen von Leben haben für mich eine verschiedene Wertigkeit. Wenn ich zum Beispiel für Bubo ein lebendes Beutetier auszuwählen hätte, würde ich ein Eichhörnchen oder einen Blauhäher einer Meise vorziehen. Erstere finden sich in der Umgebung meiner Hütte in großer Zahl. Sie plündern die Nester von Singvögeln; mehr als einmal habe ich ein Eichhörnchen mit einem nackten Küken in seinen gelben Schneidezähnen gesehen. Häher sind durch Gesetz geschützt, aber rote Eichhörnchen nicht, und Eichhörnchenfleisch gehört zu Bubos Lieblingsspeisen. Er würde sie wahrscheinlich auch selbst fangen.

Zum erstenmal muß ich mich nun bewußt für Bubo und gegen das Leben eines anderen Tiers entscheiden. Bubo beobachtet mich, als ich die Lichtung mit meinem Gewehr verlasse; ich erwarte nicht, daß er mir folgt, weil er mir noch nie nachkam, wenn ich zur Straße oder auch nur zum Briefkasten lief. Aber er scheint besonders wachsam zu sein, als ich eine andere Richtung als sonst einschlage und die Lichtung in Richtung Wald verlasse. Nach fünf Minuten taucht er plötzlich auf – er kommt von oben durch die Tannen geflogen, landet neben mir und läuft zu Fuß hinter mir her, während ich nach Beute für ihn Ausschau halte. Ich gehe schnell und mache große Schritte, er fällt zurück, aber bevor er mich aus dem Blick verliert, erhebt er sich in die Luft und landet ein paar Meter vor mir. Es ist sehr sonderbar, daß er mir ausgerechnet jetzt, da ich für ihn auf der Jagd bin, zum erstenmal folgt. Aber es macht mir nichts aus: Er hat aufgehört mit seinem Geschrei und verhält sich vollkommen still. Auch das ist sonderbar.

Während meine Aufmerksamkeit nachläßt, weil weit und breit kein Eichhörnchen zu sehen und zu hören ist, ist Bubo plötzlich verschwunden. Dann höre ich hinter mir ein Geräusch – ein Eichhörnchen! Ich drehe mich um und sehe, daß Bubo es bereits scharf beobachtet. Es sitzt mit hocherhobenem Schwanz auf einem stammnahen Fichtenzweig, trommelt mit den Krallen der Vorderfüße auf die Rinde, seine ratschende Stimme ist weithin zu hören. Bubo hat schon viele Eichhörnchen in der Nähe der Hütte gesehen, und er hat nie versucht, eines zu fangen. Wie immer beobachtet er das quicklebendige Tier jedoch voller Interesse. Wird er diesmal auf die Beute losgehen? Ich warte gespannt. Nein, trotz aller Aufmerksamkeit scheint er kein bißchen Jagdfieber zu entwickeln. Ich bin ein bißchen enttäuscht – am Ende bin ich es wieder, der das Eichhörnchen für ihn erlegen muß.

Mein Schuß geht fehl. Das Eichhörnchen fällt taumelnd zu Boden, es ist nur verletzt. Ich fürchte, es könnte entkommen und unnötig leiden. Aber da taucht Bubo plötzlich auf; er bricht quer durchs Gesträuch, knickt und verstreut kleine Zweige in der Eile. An seiner Angriffstechnik gibt es nichts zu mäkeln – in Sekundenschnelle befindet sich das Eichhörnchen sicher in seinen Fängen. Seine Entschlossenheit erstaunt mich, ebenso sein Erfolg. Erst im nachhinein erkenne ich, daß für ihn jeder Versuch, ein gesundes, flinkes Eichhörnchen mit offenen Fluchtwegen nach allen Seiten auszumanövrieren, ein absolut unsinniges Unterfangen gewesen wäre. Verblüffend an der Sache ist, daß er nie gelernt hat, ein Eichhörnchen zu fangen – er verhielt sich, als ob er die Situation genau erfaßt und die richtige Schlußfolgerung daraus gezogen hätte.

Während der nächsten zehn Minuten knetet Bubo das Eichhörnchen in seinen starken, zupackenden, klauenbesetzten Zehen. Schnell und gewaltsam bohren sich die nadelscharfen Krallen in das Fleisch des Opfers. Bubos Fänge sind jetzt tödliche Waffen. Erst als das Eichhörnchen durch diese Vorbehandlung bewußtlos geworden ist, beißt Bubo ihm wiederholt in Kopf und Nacken. Hier und jetzt wird die Beute zur Hälfte verzehrt, der Rest wird am Fuß einer kleinen Tanne versteckt. In einem Baum in der Nähe hält Bubo Wache.

20. JUNI

Ich jogge den Pfad von der Hütte hinunter und sehe Bubo auf seiner Lieblingsbirke sitzen. Er wirft mir einen kurzen Blick zu und fährt dann fort, sich in aller Seelenruhe zu putzen. Offenbar hegt er nicht die Absicht, mir zu folgen. Etwas weiter finde ich eine tote Maus auf dem Pfad, die Bunny getötet und achtlos liegengelassen hat. Ich halte mir die Maus auf den Rücken und rufe: ›Bubo!‹ Sofort dreht er den Kopf, sieht mich an und fliegt zu mir.

Er kommt, wenn ich ihn rufe, weil er erwartet, daß ich stets eine Maus für ihn bereithalte. Das erinnert mich an den Zauberer Merlin, der tote Mäuse für seine Eule Archimedes unter dem Hut trug, weil das für ihn am bequemsten war. Für mich ist der beste Aufbewahrungsort eine kleine Tasche an meinem Gürtel. Aber ich trage Bubo auch nicht auf der Schulter spazieren. Vielleicht hätte es Merlin auch lieber anders gehabt – ich jedenfalls bin froh, daß mein Rücken nicht dauernd weißgesprenkelt ist.

27. JUNI

Heute morgen scheint Bubo hungriger als sonst. Während der letzten zwei Wochen hörten sich seine Bettellaute an wie eine Dampfpfeife. Er stößt diese Laute nur aus, wenn er in meiner Nähe ist und Futter will. Ist er nicht schon viel zu alt, um noch zu betteln? Wer weiß. Ich finde seine Rufe nicht weniger beunruhigend als die eines Säuglings. Und es gibt nur eine einzige Methode, ihn zum Schweigen zu bringen: ihn zu füttern. Heute braucht es dazu eine Maus, ein halbes Kaninchen, einen Waldsänger und ein junges überfahrenes Kragenhuhn. Kein Zweifel – Uhueltern haben ganz schön zu tun, um ihren kleinen Schreihälsen das Maul zu stopfen.

Es ist jetzt leicht für mich, ihn auszumachen. Seine kratzige Stimme erinnert mich an seine Gegenwart. Wenn er weiß, daß ich in der Nähe bin, sorgt er dafür, daß ich ihn nicht überhöre.

1. JULI

Bei Einbruch der Dämmerung sitzt Bubo vor der Hütte und schaut durchs Fenster zu uns herein. Seine Bettelrufe hören nicht auf. Sie töten einem den Nerv. Ich versuche mein Bestes, sie zu ignorieren, denn wie soll er motiviert werden, selber zu jagen, wenn ich ihm jeden Futterwunsch erfülle? Vielleicht ist er mit einem Schnuller zufrieden? Ich werfe eine Bananenschale aus dem Fenster. Sofort stürzt er sich auf sie und reißt sie unter ärgerlichem oder verwirrtem Kopfschütteln in Stücke. Er frißt nichts davon.

Ochsenfrösche, die bekanntermaßen von Virginia-Uhus gern erbeutet werden, leben zuhauf in einem kleinen Teich in der Nähe. Vielleicht erweisen sie sich als nützlich, um Bubos Jagdeifer auf die Sprünge zu helfen. Ich nehme fünf widerstrebende Freiwillige in meine Dienste. Einen lasse ich hüpfen – Bubo starrt und hüpft hinterher, der Frosch versucht zu entkommen. Aber schon der nächste Hüpfer bringt Bubo ans Ziel. Sein Schnabel zertrümmert den Schädel des Froschs, und dann wird die Beute – wenn auch ohne große Begeisterung – verzehrt. Mäuse und andere Leckereien schluckt er sekundenschnell in einem Happen hinunter; für den Frosch braucht Bubo volle fünfzehn Minuten. Sorgfältig und pflichtbewußt reißt er ihn Stück für Stück auseinander. Er sieht aus wie ein Kind, das Spinat essen muß.

Abends ist er schon wieder hungrig. Ich lasse Ochsenfrosch Nr. 2 frei. Dieser hüpft nicht fort, als er die Gefahr wittert, sondern bläht sich und richtet sich auf steifen Beinen hoch auf, um so groß und bedrohlich wie möglich zu erscheinen. Aber Bubo kann so etwas nicht einschüchtern. Er geht geradewegs auf sein Ziel los, während er den Kopf hin und her wendet, um von diesem schönen und bizarren Wesen ein möglichst genaues Bild zu erhalten – und läßt es links liegen. Ein schönes Gesicht hat schon manchen getäuscht.

2. JULI

Heute ist Bubo noch hungriger. Ich biete ihm Ochsenfrosch Nr. 3 an, der prompt davonhüpft. Bubo macht keine Anstalten, ihn zu fangen. Vielleicht kommt er auf den Geschmack, wenn er Blut sieht? Ich zerschneide den Frosch. Besser so? Lustlos nimmt er einen Bissen in den Schnabel, aber das Fleisch ist ihm nicht genehm, und er läßt es wieder fallen. Ich mache einen weiteren Versuch mit einem enthäuteten Froschschenkel. In meinen Augen sieht dieses Fleisch genauso aus wie weißes Hühnerfleisch, und Bubo liebt Hühnerfleisch. Aber wer glaubt, Froschschenkel würden wie Hühnerfleisch *schmecken*, der hat noch keinen Uhu nach seiner Meinung gefragt: verächtlich wendet Bubo den Schnabel von meinem Froschschenkel ab.

Was kann ich tun, um seinen Feinschmeckergelüsten Rechnung zu tragen? Ich nehme das Fell eines roten Eichhörnchens und stecke einen Ochsenfrosch hinein. *Grenouille en écureuil* für Bubo. Er erkennt das Eichhörnchenfell sofort und greift es sich nach einem schnellen Ausfallschritt von meiner Hand. Laute, zwitschernde Töne zeigen seine Begeisterung. Als ich mich ihm nähere, geht er, heftig klappernd, in Verteidigungsstellung. Dann zieht er das Ochsenfroschfleisch aus dem Fell heraus, reißt es in Stücke und frißt es mit einer Verzückung, als hätte er niemals Besseres gekostet. Offensichtlich findet er Geschmack nicht an dem, was er tatsächlich frißt, sondern an dem, was er im Schnabel zu haben glaubt.

Mit dem Froschfleisch hatte alles seine Richtigkeit; man könnte fast meinen, er weigerte sich aus prinzipiellen Erwägungen, es zu fressen, wie, sagen wir, Hindus, die kein Rindfleisch zu sich nehmen. Wenn wir uns eine Illusion erhalten wollen, bleiben wir Menschen mit einem Riesenaufwand an Energie gern unwissend. Ich hatte geglaubt, daß Bubo die objektiven Fakten jenseits aller Illusionen zu würdigen wüßte, aber nein! Er frißt das Froschfleisch nur, wenn man es ihm als Eichhörnchen verkauft, und das zeigt deutlich, daß sein Urteil ebensowenig auf Tatsachen gegründet ist wie das vieler Menschen.

Ich biete ihm einen weiteren Frosch an, diesmal als Zedernseidenschwanz verkleidet. Zwei lange, nackte Froschbeine ragen verräterisch aus dem Federkleid hervor. Wer würde hier nicht Verdacht schöpfen? Bubo greift sich den Vogel, aber statt ihn im ganzen zu kröpfen, wie er es sonst mit kleinen Vögeln macht, reißt er kleine Fleischstücke aus ihm heraus. Dann vergeht ihm anscheinend der Appetit, und er versteckt den Rest im dichten Gras.

Warum findet Bubo an den Ochsenfröschen keinen Geschmack? Fleisch sei Fleisch, hatte ich immer geglaubt, und es ist bekannt, daß freilebende Virginia-Uhus fast alles jagen, was kriecht, hüpft oder fliegt. Einschließlich Ochsenfröschen.

3. Juli

Es regnet. Nach einem langen Regen sitzt Bubo gewöhnlich ruhig da und zieht seine Flügel wie Mantelschöße eng an den Körper. Heute aber läßt er sich trotz strömenden Regens draußen nieder, plustert sich auf, öffnet die Flügel und schüttelt sie, während er aufgeregt herumhüpft. Entweder führt er uns einen Regentanz vor oder er nimmt eine Dusche.

5. Juli

Gestern gab es keine überfahrenen Tiere, also unternehme ich heute meine zweite Eichhörnchenjagdexpedition für Bubo. Wie beim erstenmal scheint er zu merken, zu welchem Zweck ich mich in nördlicher Richtung in den Wald aufmache, und folgt mir. Schon nach ein paar Minuten streckt ein Eichhörnchen den Kopf aus seinem Versteck in einer Fichte und schimpft. Wir sehen es beide, Bubo beobachtet es scharf. Ich schieße, es fällt und verschwindet im dichten Unterholz – im selben Moment läßt sich Bubo von seinem Ansitz fallen, verfolgt und erbeutet es.

Das Schimpfen des Eichhörnchens könnte einem Raubtier signalisieren, daß es sinnlos ist, dieses Tier zu jagen, weil es auf der Hut ist und gute Chancen hat, zu entkommen. Es erspart dem Eichhörnchen möglicherweise die Flucht. In diesem Fall aber – angesichts eines Menschen mit Gewehr – führte gerade das Schimpfen zum sicheren Tod des Eichhörnchens. Eine Überlebensstrategie muß nicht in allen Fällen von Erfolg gekrönt sein; Tiere sind, wenn überhaupt, nur selten perfekt angepaßt, weil die Evolution nie zu Ende ist. Jede Spezies schleppt evolutionäre Lasten mit, die aus vergangenen Zeitaltern stammen und nur auf starken Selektionsdruck hin abgeworfen werden.

7. Juli

Gestern habe ich zwei tote Backenhörnchen mit heimgebracht. Dieses Jahr findet man sie hier sehr häufig auf den Landstraßen. Als ich den Pfad zur Hütte hinaufkomme und Bubo mich sieht, fängt er wie gewohnt an zu schreien – nur für den Fall, daß ich ihn inzwischen vergessen haben sollte. Wenn ich ihn rufe, erhebt er sich in die Luft und landet zu meinen Füßen. Ich fühle mich wie eine Uhumutter, die zum Nest zurückkehrt, und mein Junges weiß, was es zu tun hat, um mich um meine Beute zu erleichtern. Bis jetzt hat Bubo außer den Fröschen jede Art Futter angenommen. Er akzeptiert einen hellgelben Goldfinken genauso wie eine Scharlachtangare oder eine schwarz-weiße Meise. Kann er Farben unterscheiden?

Nachttiere haben gewöhnlich nicht die Fähigkeit, Farben zu sehen. Das Farbensehen ist von drei unterschiedlich verteilten Gruppen lichtempfindlicher Zellen, den sogenannten Zapfen, abhängig; jede davon reagiert je nach dem Pigment, das sie enthält, mit maximaler Empfindlichkeit auf drei verschiedene Wellenlängen von Licht. Welche Farben das Tier sieht, hängt von der Stimulation dieser verschiedenen Zapfengruppen ab. Die ›Stäbchen‹, lichtempfindliche Zellen, die für die Schwarz-Weiß-Wahrnehmung verantwortlich sind, reagieren mit maximaler Intensität auf blaugrünes Licht, so daß Objekte dieser Färbung in dämmrigem Licht hell erscheinen. Das Auge des Virginia-Uhus enthält wie das Auge des Menschen beide Typen lichtempfindlicher Zellen, Zapfen und Stäbchen. Aber es gibt auch evolutionäre Studien, die darauf hindeuten, daß Eulenvögel Farben unterscheiden können.

Bunny bringt eine Anzahl unterschiedlich gefärbter kleiner Nachtsäuger heim. Die Springmäuse sind strohgelb wie das tote Gras auf der Lichtung, wo sie gefangen wurden. Die Wühlmäuse aus dem Wald haben einen dunklen rotbraunen Rücken wie das alte Laub auf dem Waldboden, wo sie leben. Die Hirschmäuse sind graubraun. Diese Farben dienen der Tarnung. In einem Experiment wurden wildlebende Mäuse verschiedener Spezies in einem Raum ausgesetzt, der nur einigen Arten Tarnung bot, und es zeigte sich, daß Eulen vor allem jene Arten fingen, die sich deutlich vom Untergrund abhoben. Man kann daraus schließen, daß die Farbe der Mäuse eine Anpassungsleistung ist, und wenn das stimmt, dann sind Eulen und Uhus und andere Raubvögel für diese evolutionäre Entwicklung verantwortlich.

Seitdem Bubo im Innern der Hütte einmal nachts mit dem Dachsparren zusammengestoßen ist, habe ich an die behauptete Überlegenheit des Eulenauges nicht mehr so recht glauben wollen. Außerdem machte es mich mißtrauisch, daß Bubo an verhangenen Tagen seine Pupillen zu mindestens drei Vierteln öffnet – das entspricht bei einer Kamera Blende f5 oder f6. Spricht dies für eine extreme Lichtempfindlichkeit seiner Pupillen?

Verschiedene Eulenarten brauchen verschiedene Lichtminima, um zu sehen, und von diesen Grenzwerten hängt die Tag- oder Nachtaktivität der Arten ab. Von einigen nachtaktiven Eulen glaubte man, sie seien in der Lage, tote Beutetiere noch bei Lichtintensitäten von nur 0,00000073 Footcandle aufzufinden. Aber die Lichtintensität in einem dunklen nächtlichen Wald ist noch geringer, und nicht alle Eulenaugen sind scharf genug, um unter solchen Bedingungen Beute zu schlagen. Jüngst erschienene Studien zeigen, daß etwa das Auge des nachtaktiven Waldkauzes (*Strix aluco*) nicht wesentlich lichtempfindlicher ist als das menschliche Auge. Bei vielen Eulenarten muß daher das Gehör eine wesentliche Rolle beim Beutefang spielen.

Dennoch frage ich mich, ob Eulen möglicherweise das Infrarotlicht sehen können, das von allen warmen Körpern abgegeben wird. Wenn eine Eule, wie zum Beispiel die Grubenotter, einen Infrarotdetektor besäße, hätte sie damit ein wunderbares Werkzeug, um in der Nacht Vögel und Mäuse zu schlagen.

Wenn man mit Bubo einen Augentest machen könnte! Ich habe da eine Idee. Aber zuerst muß er Hunger haben.

Nach zwei Tagen ohne Futter ist Bubo bereit, seine Augen und sein Gehör anzustrengen. In einer wolkenreichen Nacht beginne ich mit meinem Versuch. Ich werfe eine tote Hirschmaus neben ihm auf den Boden. Sie landet auf dem Rücken, ich sehe ihren weißen Bauch als verschwommenen weißlichen Fleck. Bubo läßt ein leises Ächzen hören und stürzt sich in Sekundenschnelle auf die Beute. So weit, so gut. Die nächste Hirschmaus, die ich ihm hinwerfe, landet auf dem Bauch. Was jetzt? Er muß gehört haben, wie sie auftraf, denn gleich darauf hüpft er von seinem Ast herunter und wendet sich in die Richtung, wo er sie vermutet. Er will ihr nach, kann sie aber nicht finden, obwohl er die Suche keineswegs sofort aufgibt. Das Ergebnis: Er kann nachts tote braune Hirschmäuse auf dem Waldboden direkt vor seiner Nase nicht sehen, während er mit weißen Mäusen nicht die geringsten Schwierigkeiten hat.

Um herauszufinden, ob Bubo braune Mäuse nachts sehen kann, wenn sie Wärme abstrahlen, erhitze ich eine Maus über heißem Dampf und wiederhole den Versuch. Er verhält sich genau wie vorher: Er weiß, daß ich ihm etwas zum Fressen vor die Füße werfe, und sucht nach dem Beutetier, aber er kann die braune Maus nicht sehen, auch wenn sie jede Menge Infrarotlicht abgibt. Alles in allem schließe ich aus diesen vorwissenschaftlichen Experimenten, daß Bubos Fähigkeit, nachts zu sehen oder Infrarotstrahlung wahrzunehmen, nicht beeindruckend ist. Sehr wahrscheinlich ist es so, daß er eine Maus bei Dunkelheit besser sehen kann als seine potentiellen Konkurrenten, zum Beispiel tagaktive Greifvögel, daß es hier aber nur die *relative* Differenz ist, die zählt, nicht die absolute Überlegenheit.

Geräusche spielen in der Umwelt der Eulen eine entscheidende Rolle. Für uns Menschen sind sie viel weniger wichtig. Ihr äußerst scharfes Gehör dient der Eule dazu, das Geräusch eines zwischen Blattwerk raschelnden Käfers, eines trabenden Rehs, eines hoppelnden Kaninchens, eines grabenden Maulwurfs, eines im Unterholz stöbernden Stachelschweins vom Geräusch einer fliehenden Maus zu unterscheiden. Um genau die Beute schlagen zu können, die sie braucht, muß eine Eule außerdem diese Geräusche noch von Hintergrundgeräuschen – Wind in den Blättern, kleine Früchte, die von Bäumen fallen, Zweige, die an Rinde kratzen – unterscheiden. Und um ihre Beute einzig mittels des Gehörs zu schlagen, wie es einige Eulenarten tun, müssen sie in der Lage sein, ein Geräusch nicht nur zu lokalisieren, sondern auch seine Quelle genau zu identifizieren.

11. JULI

Bubos neue Brustfedern haben schon etwa die Hälfte ihrer vollen Länge erreicht, und auf jeder Seite seines Kopfes sprießen die ersten Andeutungen zweier dunkler ›Ohren‹, die den erwachsenen Virginia-Uhu kennzeichnen, aus dem flaumigen Untergrund. Am Ende werden sie aus etwa je einem Dutzend schwarzgeränderter Federn bestehen. Seine Flügelfedern sind weich und glänzend. Sie überlappen einander wie Schindeln, und ihre seidige Oberfläche ist nahezu wasserundurchlässig. Die Umrisse der einzelnen Federn sind nicht sichtbar, ganz anders als zum Beispiel bei einer Krähe. Nur die Hand- und Armschwingen, die zum Fliegen besonders wichtig sind, können klar voneinander unterschieden werden.

Es ist ein aufregendes Gefühl, diesen großen Vogel fliegen zu sehen: wie er elegant gleitend von den Birken zur Lichtung fliegt und sanft neben mir aufsetzt, wenn ich ihn rufe. Seine Flügelschläge sind normalerweise schnell und flach. Um sich auf einem großen Ast niederzulassen, nähert er sich oft von unten, fliegt mit ausgebreiteten Flügeln, ohne zu schlagen, aufwärts und landet auf die anmutigste Weise. Andererseits kommt es auch vor, daß er während eines Landemanövers seine Flügel so schnell schlägt, daß es aussieht, als vibrierten sie. Zuzeiten ist er kühn: Er fliegt direkt auf das Landungsziel zu, ohne zu bremsen, und kracht nicht selten so schwer auf, daß man um den Ast fürchtet. Es sieht aus, als probierte er – wie bei den diversen Formen seiner Jagdattacken – verschiedene Variationen eines Spiels aus.

15. JULI

Ich lasse vor Bubo eine Kröte frei. Zwei, drei Hüpfer – und er stößt auf sie nieder und hält sie fest in den Klauen des rechten Fangs. Dann sieht er sich nach allen Richtungen hin um, wie er es immer tut, bevor er fortfährt mit der Prozedur. Die Kröte windet sich, dann ist sie still. Bubo hat sich vergewissert, daß ihm kein ungebetener Gast die Schlemmermahlzeit streitig macht, und beugt sich mit geschlossenen Augen nach vorn, um ganz vorsichtig von der Beute zu probieren. Aber dann hebt er den Kopf, als wäre er überrascht, öffnet die Augen weit und schüttelt wild den Kopf wie jemand, der mit allem Nachdruck etwas verneint.

Nach diesen heftigen Gesten reckt er sich zu voller Größe, zieht den Kopf nach hinten, um besser zu sehen, und wendet sich erneut der Kröte zu, diesmal mit noch mehr Aufmerksamkeit. Langsam lassen die Krallen das Opfer los. Bubo geht ruhigen Schritts rückwärts, späht immer wieder zu der Kröte und schüttelt ab und zu den Kopf. In der Zwischenzeit hat sich die Kröte erholt und hüpft davon. Krötenfleisch mag gut schmekken, aber die Haut des Tieres ist mit Sekret überzogen, das Feinden übel bekommt – hat Bubo das soeben gelernt? Einmal versucht, eine Kröte zum Frühstück zu verzehren, und es kann einem nicht mehr viel Schlimmes passieren – hoffentlich.

Ich habe eine Handvoll Schildkrötenfleisch, das schon eine ganze Weile im Warmen gelegen hat; es stinkt entsprechend. Mir wird fast schlecht davon, aber Bubo beweist mir, wie ausgehungert er ist, indem er das Fleisch packt, es in kleine Stücke reißt und hinunterschluckt.

Der schon erwähnte Arthur Cleveland Bent schreibt in seinem Klassiker über die nordamerikanischen Raubvögel, daß die Beute des Virginia-Uhus aus ›fast jeder lebendigen Kreatur, die läuft, kriecht, fliegt oder schwimmt‹, bestehen kann, mit Ausnahme der größeren Säugetiere (allerdings fressen sie auch ›große und kleine Skunks, Waldmurmeltiere, Stachelschweine und Hauskatzen‹). Der gemeinsame Nenner aller Beutetiere des Virginia-Uhus scheint ihre ›Lebendigkeit‹ zu sein. Der größte Teil der Nahrung, die Bubo von mir erhält, besteht allerdings aus toten Tieren. Was würde er mit einem beweglichen mechanischen Spielzeug anfangen, das sich wie ein lebendiges Beutetier verhält, aber nicht eßbar ist?

In der Stadt versuche ich eine Spielzeugmaus aufzutreiben, leider erfolglos. Statt dessen erstehe ich einen kleinen roten Plastikbären und einen grünen Ochsenfrosch aus Blech. Der Bär wird aufgezogen und bewegt sich schaukelnd in kleinen Kreisen vorwärts. Dabei zirpt er wie eine Grille. Bubo beobachtet ihn fasziniert, wirft den Kopf nach hinten und blinzelt. Es gibt nur wenige sich bewegende Objekte, die ein Virginia-Uhu nicht attackiert – ein zirpender roter Bär gehört dazu.

Mit dem Blechfrosch ist es eine andere Geschichte. Durch eine Reihe wundersamer energetischer Transformationen hoppelt er, sobald man ihn aufgezogen hat, mit frenetischem Ungestüm auf der Sperrholzunterlage herum. Bubo beugt sich vor, schaut, und dann läßt er sich von seinem Ansitz in der Birke herab, um das Ding, das einem vertrauten, allerdings wenig schmackhaften Tier verblüffend ähnlich sieht, aus der Nähe zu betrachten. Er watschelt zu ihm hin und versucht ohne viel Federlesens den unnachgiebigen Rückenpanzer mit dem Schnabel zu packen. Leider ohne Aussicht auf Erfolg. Er zieht den Kopf zurück, sieht genau hin: He, das ist doch kein richtiges Tier! Und er verläßt den Ort des Geschehens. Er hat das Rätsel gelöst, und also ist es nicht länger von Interesse für ihn.

Aber ich bin gerade erst auf den Geschmack gekommen und setze das Spiel mit einer kleinen Variation fort. Ich befestige ein Stück Kaninchenfell am Kopf des roten Bären; dann ziehe ich ihn auf und warte auf das, was kommt. Ich stelle es mir so vor: Der kleine Bär wird sich drehen und drehen und von der Sperrholzunterlage herunterfallen. Bubo wird sich vorbeugen, den zweiten Lauf aus dem Brustgefieder ziehen und sich von seinem Ast abfedern. Er wird von oben herabgleiten und auf den Bären niederstoßen; im letzten Moment wird er den Kopf wegziehen, die Fänge nach vorn werfen und die Krallen in das Fell der Beute treiben. Aber nichts dergleichen passiert. Bubo stößt nicht auf die Beute nieder. Er bleibt sitzen und scheint an alles zu denken, nur nicht an eine Attacke. Trotz seines eleganten Pelzumhangs erregt der Bär kein bißchen Interesse mehr bei ihm. Vielleicht errät Bubo irgendwie, daß ich ihn nur prüfen will, oder er weiß, wie ein Tier mit Fell auszusehen hat. Jedenfalls verhält er sich so, als ob er wüßte, daß dieses zirpende Blechding nur eine Attrappe ist. Es stehen noch weitere Experimente auf dem Programm, ich brauche den Kaninchenaufputz noch und ziehe dem Spielzeugbären das Fell über die Ohren. Da hüpft Bubo vom Baum, watschelt zu mir herüber und frißt das Fell, wie es ist.

16. JULI

Heute morgen, auf meiner Hand hockend, stößt Bubo zum erstenmal wieder die typischen Uhulaute aus, die ich nicht mehr von ihm gehört habe, seit er ein zarter Nestling war; jetzt allerdings nicht flüsternd, sondern laut und deutlich. Ich antworte, er ruft wieder: ›Huu-huu-huu‹, ich antworte wieder, und so geht es sechs- bis achtmal hin und her. Wir jagen nicht nur zusammen, wir singen auch zusammen.

Kameradschaft

Wir haben mit dem Bau eines Blockhauses unterhalb von Kaflunk angefangen, dort, wo einmal die Farm der Adamses lag. Hier ganz in der Nähe befindet sich der alte Brunnen, den wir repariert haben. Kaflunk ist zu klein und zu eng: Margaret und ich erwarten ein Kind. Zeit, um an eine geräumigere Behausung zu denken. Die Aussicht auf das Kind gibt mir neue Energie, die Arbeit fällt mir leicht. Und es ist ein großes Vergnügen, am Ende eines Tages oder eines Jahres mit Stolz auf das zurückzublicken, was man geschafft hat.

Im letzten Sommer habe ich in meiner Freizeit einhundert Tannen und Fichten im Wald ringsum gefällt. Margaret half mir, die Rinde der frisch gefällten Bäume abzuschälen. Mert Farrington kam mit seinen zwei braunen Ochsen, Chub und Toby, herauf, und binnen zwei Tagen waren alle Stämme fein säuberlich auf dem Bauplatz aufgeschichtet. In diesem Sommer wollen wir die Wände hochziehen und das Dach zimmern. Wir haben erst zwanzig Stämme eingekerbt und an ihren Platz gebracht, und doch reden wir schon von unserem ›Haus‹. Bis jetzt ist das wohl eher Wunschdenken. Bubo kommt oft, um sich ein bißchen umzusehen und auf dem laufenden zu bleiben, während wir schuften. Er benutzt die wachsenden Wände als Ansitz. Kommt er auch unseretwegen? In meiner selbstsüchtigen Art hoffe ich es, weil ich diesen Vogel einfach mag.

18. Juli

Wir sehen Bubo auf seiner Birke sitzen, als wir den Pfad von Kaflunk durch den Wald zum Blockhaus hinuntergehen. Er folgt uns nicht. Aber als wir unseren Bauplatz erreicht haben, dauert es keine fünf Minuten, da gleitet er von den Bäumen zu uns herunter. Er landet neben mir und ruft: ›Huu-huu.‹

Vor zwei Tagen stieß er diesen lauten Ruf aus, wann immer er mir außerhalb der unmittelbaren Umgebung von Kaflunk begegnete. Das ist neu. Ich betrachte es als freundlichen Gruß. Nachdem er mir guten Tag gesagt hat, hüpft er zu Margaret, ruft auch ihr seinen Gruß zu und verschwindet wieder im Wald. Das krächzende Geschrei, das er beim Betteln um Nahrung ausstößt, hört man nur in unmittelbarer Nähe von Kaflunk.

Wir sehen ihn nicht oft in diesen Tagen. Einmal am Tag kommt er zur Fütterung nach Kaflunk, und an der Baustelle stattet er uns seinen Höflichkeitsbesuch ab. Vielleicht liegt er irgendwo tief im Wald im Schatten eines dichtbelaubten Astes auf der faulen Haut, oder er übt das Jagen auf eigene Faust.

Für einen männlichen Uhu könnte es besonders wichtig sein, ein guter Jäger zu werden. Während der Balz, während der Monate der Brut und in den Wochen danach, wenn das Weibchen am Nest bleibt, um die Jungen zu schützen und warm zu halten, ist es das Männchen, das die Familie mit Nahrung zu versorgen hat. Wahrscheinlich gibt es, was die jägerischen Fähigkeiten, aber auch die objektive Aussicht auf Jagdertrag betrifft, große Unterschiede zwischen den einzelnen männlichen Individuen des Virginia-Uhus. Bevor die Weibchen vieler Spezies sich darauf einlassen, mit einem Männchen – egal, in welcher Umgebung – eine Familie zu gründen, beurteilen sie seine Eignung als Ernährer, was ihnen auch Aufschluß gibt über seine Fähigkeiten als Sicherer und Verteidiger seines Territoriums. Daß diese Beurteilung während der Balz stattfindet, hat Floyd Bralliar beobachtet und im Jahr 1922 folgendermaßen beschrieben:

›Er fing an, sich auf recht komische Weise zu verbeugen, das Gefieder zu plustern, die Flügel zu strecken und auszubreiten [...]. Sie aber beobachtete diese Possen, ohne Anteil daran zu nehmen. Nun wurde ihm die Sache immer wichtiger, er hüpfte von Ast zu Ast, betrug sich auf die schon beschriebene Weise, klapperte wie wild mit dem Schnabel dazu, als ob er zeigen wollte, daß er, wiewohl kleiner als seine Angebetete, dieses Manko durch ein Übermaß an Tapferkeit wettmachen würde.

Endlich wagte er es, sich ihr zu nähern und sie zärtlich zu berühren, aber sie sträubte das Gefieder und wies ihn scharf zurück. Nun erhob er sich in die Luft, flog auf und ab, segelte, glitt und stürzte und vollführte unter gelegentlichem verstärkenden Schnabelklappern Kunststücke, für die das Wort akrobatisch wohl angemessen wäre. Dann landete er wieder auf einem Ast und fing erneut an, sich zu verbeugen und zu tanzen.

Ein Kaninchen rannte am Ufer entlang – er entdeckte die weiße Blume sofort. Lautlos stieg er auf, glitt ohne Flügelschlag abwärts durch die Luft, schlug die Beute am Boden, flog wieder in den Baum hinauf und brachte seiner Liebsten das Opfer dar. Das überzeugte sie endlich von der Ehrlichkeit seiner Absichten. Zusammen machten sie sich daran, das Kaninchen zu verschlingen, und als er mit dem Liebestanz erneut begann, ging sie mit nicht weniger Begeisterung darauf ein.‹

War es die ›Ehrlichkeit seiner Absichten‹, der er seinen Erfolg verdankte, oder die fette Beute, mit der er dem Weibchen seine Fähigkeit als Ernährer bewies?

19. Juli

Heute morgen erscheint Bubo fünf Minuten nachdem ich ihn gerufen habe, nimmt das Eichhörnchen, das ich ihm hinhalte, und fliegt mit ihm in den Wald. Eine halbe Stunde später kehrt er zurück und beginnt mit durchdringendem, heiserem Bettelgeschrei. Er kann unmöglich hungrig sein. Will er Futter, um es irgendwo zu horten, oder was kann es sein?

Ich gebe ihm eine Springmaus. Ich weiß, daß er einer Springmaus nicht widerstehen kann, aber diesmal kröpft er sie nicht sofort, sondern verbringt eine Weile damit, Schädel und Knochen zu zerbeißen. Dann hockt er auf meinem Arm und hält die Maus untätig im Schnabel. Über uns – in einer für mich kaum zu erahnenden Höhe – fliegt ein Flugzeug vorbei. Er beobachtet es, solange es am Horizont sichtbar ist, und währenddessen baumelt die Maus in seinem Schnabel hin und her. Tief in seiner Kehle produziert er gedämpfte, krächzende Geräusche, und als das Flugzeug verschwunden ist, wendet er sich mit erneuter Aufmerksamkeit der Maus zu. Beginnend am Hinterkopf, reißt er kleine Stücke aus ihrem Rücken und frißt sie so, Stück für Stück. Danach hüpft er auf die offene Tür der Voliere hinauf und bedenkt Bunny, der unter ihm auf der Schwelle ein Schläfchen macht, mit prüfenden Blicken. Bunny erwacht und setzt sein Schläfchen anderswo fort.

Die Sonne scheint und verspricht einen schönen, warmen Tag. Bubo, abgefüllt mit seinem Lieblingsfleisch, wird langsam munter. Er hüpft zu seinem Mooshügel hinunter und bleibt ein paar Sekunden davor stehen, feierlich und würdevoll. Im nächsten Moment treibt er mit wahnsinniger Intensität und Schnelligkeit – etwa fünfmal pro Sekunde – seine Klauen in den Hügel. Es übersteigt seine Kräfte, er fällt um und verstrickt sich in ein Seil, das dort herumliegt; aber er läßt nicht locker, schlägt wieder und wieder mit den Fängen zu und schleudert mit Schnabel und Klauen Moos und Erde in alle Richtungen. Jetzt ist der Mooshügel erledigt, und das Seil erlebt seine Stunde. Er stürzt sich zuerst mit dem rechten ausgestreckten Fang auf ein verschlungenes Ende, greift dann mit dem linken Fang das andere, dabei schlägt er mit den Flügeln, um die Balance zu halten. Dann – urplötzlich, wie er die Attacke begann – läßt er wieder los und fliegt ungerührt und friedvoll davon.

23. Juli

Heute habe ich Bubo tief im Wald getroffen, in der Nähe des Baches, knapp einen Kilometer von Kaflunk entfernt. Er kommt, um mich zu begrüßen; er stößt keine Bettellaute aus, sondern nur ein leises ›Huu-huu-huu‹. Ich empfinde es wie einen Handschlag. Es vertreibt eventuelle Zweifel über die Identität dieses Vogels, der mich erkennt und mir zuzurufen scheint: ›Ich bin's, Bubo!‹ Er beobachtet mich, als ich mich wieder heimwärts wende, folgt mir aber nicht, und abends erscheint er nicht in Kaflunk, obwohl ich ihn mehrmals rufe.

Es scheint, daß er langsam unabhängig wird. Wir tauschen herzliche Grüße, wenn wir einander begegnen – keineswegs bloße Höflichkeitsfloskeln. Aber er braucht mich weniger als früher. Ich fördere seine Unabhängigkeit, aber er fehlt mir noch immer, wenn er nicht hier ist, sondern irgendwo im Wald. Ich weiß nicht, ob ich auf sein Betteln noch eingehen soll. Sicherheitshalber füttere ich ihn, obwohl seine Eltern ihn mittlerweile längst sich selbst überlassen hätten.

Euleneltern versorgen ihre Jungen äußerst gewissenhaft, aber sie verhätscheln sie nicht; das heißt, ab einem gewissen Zeitpunkt bekommen die Jungen, die nicht aufhören zu betteln, kein Futter mehr. Ob sie es wollen oder nicht, müssen sie dann selbst auf die Jagd gehen. Vielleicht ist Bubo immer noch nicht in der Lage, Eichhörnchen und Kaninchen zu erlegen, ohne daß ich ihm dabei helfe, weil er bis jetzt noch nicht hungrig genug gewesen ist und somit der Druck gefehlt hat, der zur Ausbildung seiner jägerischen Anlagen nötig ist.

25. Juli

Bubos Federohren sind mittlerweile voll entwickelt. Jetzt sieht er wirklich schon wie ein ausgewachsener Virginia-Uhu aus, denn das Jugendkleid seiner Spezies ähnelt sehr dem Gefieder der adulten Vögel (was bei anderen Eulen nicht der Fall ist).

Ich weiß nicht genau, wozu die Federohren eigentlich da sind. Mir ist nur aufgefallen, daß Bubo gern auf Baumstümpfen hockt, und aus der Entfernung ist er nur schwer von dem braunen, oft morschen Holz zu unterscheiden. Die Federohren sehen aus, als wären sie Teil des zerklüfteten Stammes – vielleicht gehören sie zu Bubos Tarnung?

Ich bin diesem Gedanken nachgegangen und habe in der Literatur Bestätigung dafür gefunden. Von den 131 bekannten Eulen-Spezies weisen 50 Federohren auf. Es wird die These vertreten, daß die Federohren als Imitat richtiger Ohren größerer Säugetiere und Mittel wirkungsvoller Abschreckung ausgebildet wurden. Andere Autoren sprechen von einem Erkennungszeichen für Artgenossen. Am wahrscheinlichsten scheint mir allerdings die These von der Tarnfunktion der Federohren, die von nicht wenigen Autoren vertreten wird.

Wir haben Bubo jetzt fast zwei Tage nicht gesehen, nur einmal kam er zum Blockhaus, um uns kurz zu begrüßen. Heute zeigt er sich in Kaflunk und fängt an zu betteln, sobald ich aus der Tür trete. Hier in der Umgebung höre ich nur selten das weiche ›Huu-huu‹, das ›guten Tag‹ bedeutet. Es ist ja auch nicht nötig. Zu Hause erwartet man Futter, nicht den Austausch von Förmlichkeiten.

Er spielt wieder mit dem Stöckchen und dem Seil, und er attackiert den Mooshügel. Das Rempeln und Reißen erinnert mich an einen Rummelplatz-Cowboy, der auf einem mechanischen Pferd reitet. Er scheint dieses Spiels nie müde zu werden.

Die ganze Zeit dachte ich, andere Vögel würden Bubo nicht beachten, aber heute merke ich, daß das ein Irrtum war. Er sitzt ganz still und ruhig auf seinem Ast und denkt offenbar an nichts Böses, und eine Gruppe von etwa zehn Meisen stößt in nächster Nähe Warnrufe aus; einige Meisen kommen bis auf einen, zwei Meter an ihn heran. Ein Grünwaldsänger gesellt sich dazu und stimmt in das aufgeregte Geschrei ein. Die meisten dieser Vögel sind noch jung. Höchstwahrscheinlich hat keiner von ihnen je zuvor mit einem Uhu Kontakt gehabt.

26. JULI

Heute morgen muß Bubo hungrig sein, und ich habe eine Kröte für ihn. Ich lasse sie frei, sie hüpft davon, und Bubo stößt nach einer nicht sehr intensiven Phase der Beobachtung auf sie nieder. Er greift sie, läßt los, greift sie wieder und untersucht sie mit dem Schnabel. Nach wiederholten Anläufen dieser Art kriecht sie fröhlich davon ohne einen einzigen Kratzer auf dem Rücken.

Ich glaube nicht, daß er je vorhatte, dieses Tier zu fressen. Es scheint ein Spielzeug für ihn gewesen zu sein, nicht anders als das Stöckchen und das Seil, das ich für ihn über den Boden ziehe. Wenn ich die Einzelheiten seines Verhaltens vorher nicht so genau studiert hätte, hätte ich leicht auf den Gedanken verfallen können, er wisse nichts über Kröten. Aber eigentlich gab es nie einen Zweifel: Er wußte sehr wohl, wozu Kröten gut sind und wozu nicht.

Ich will fotografieren, wie Bubo seine Beute vor dem Kater verteidigt. Dazu binde ich ein totes Eichhörnchen mit einer langen Angelschnur an einen Felsen. Die Kamera schußbereit in der Hand, rufe ich Margaret zu, Bunny herauszulassen, während Bubo schon von seinem Eichhörnchen probiert. Bunny kommt. Mit einer einzigen großen Bewegung erhebt sich Bubo in die Luft, das Eichhörnchen in den Klauen, die Angelschnur im Schlepptau.

Am Blockhaus läßt er sich nachmittags nicht sehen, und oben in Kaflunk geht auch der Abend ohne ihn vorbei.

27. Juli
Mitten in der Nacht wache ich auf und sitze kerzengerade im Bett. Ein Gedanke verfolgt mich: Hat sich Bubo womöglich in der Angelschnur verheddert und selbst stranguliert? Ich erinnere mich an einen Fischer, der von einem auf dieselbe Weise zu Tode gekommenen großen Virginia-Uhu berichtet hatte. Damals hatte ich mich gefragt, wie das passiert sein konnte. Heute, wo ich Bubo kenne, nehme ich an, daß jener unglückselige Vogel von der Schnur oder dem rot-weißen Schwimmer daran fasziniert war; seine Neugier auf das unbekannte Ding muß ihm zum Verhängnis geworden sein.

Ich stolpere zur Tür hinaus und rufe ihn. Nach vier verzweifelten lauten Schreien segelt die vertraute dunkle Gestalt – welche Erleichterung! – vom Wald herüber.

28. Juli
Jetzt, im Hochsommer, hat sich das Verhalten der Vögel auf dramatische Weise geändert. Es bilden sich Schwärme. Eine lockere Ansammlung von Meisen, Kleibern, Scharlachtangaren, Waldsängern, Finken und Graukopfvireos wirbelt, ähnlich wie im Frühjahr, auf Futtersuche durch die Birken rund um Kaflunk. Blauhäher und Rotkehlchen sieht man oft in den Blaubeeren. Aber all diese Vögel schenken Bubo kaum Aufmerksamkeit. Sie gehen wie sonst ihren Geschäften nach, selbst wenn er unübersehbar vor ihrer Nase sitzt. Rein körperlich ist Bubo von einem ausgewachsenen Uhu nicht mehr zu unterscheiden – ich kann das Verhalten der Vögel also nicht mehr damit erklären, daß sie ihn als Jungvogel weniger ernst nehmen. Warum ›hassen‹ sie ihn nicht?

Vereinzelt hört man einen Blauhäher, eine Meise schimpfen – höchstens eine Minute lang, dann sind sie wieder still. Sonderbar. Warum verhalten sich diese Individuen anders als der Rest ihrer Gruppe? Man könnte dieses Schimpfen als nicht signifikantes Verhalten vernachlässigen, da es mit anderen Beobachtungen und Erwartungen nicht übereinstimmt. Aber auch das kleinste Ereignis hat eine Bedeutung, und irgendwo muß sich eine Erklärung dafür finden lassen. Details, die man für unwichtig hält, können den Schlüssel zum Verständnis des Verhaltens der Tiere liefern. Deshalb sollten auch die scheinbar nebensächlichsten Beobachtungen ernst genommen werden.

Wir verlassen Kaflunk, Bubo und die Singvogelschwärme und gehen hinunter zu unserem Blockhaus. Als wir ankommen, ist er schon da, hockt auf dem Bauholz und ruft uns einen Willkommensgruß zu. Nachdem wir gegangen waren, hat auch er Kaflunk den Rücken gekehrt, obwohl er noch nicht trocken war von dem Bad, das er kurz zuvor genommen hatte. Das Fliegen muß ihm schwergefallen sein mit nassen Flügeln. Er hat sein gewohnheitsmäßiges Tun aufgegeben, um uns zu besuchen. Warum? Weil er auf Futter hoffte – das wäre die einfachste Erklärung. Aber wahrscheinlich die falsche, da er in der Umgebung des Blockhauses niemals bettelt.

Es sieht fast so aus, als ob Bubo unsere Gesellschaft wünschte. Aber Eulen – vor allem Virginia-Uhus – sind ganz und gar nicht für ihre Neigung zu Kameradschaft und Freundschaft bekannt. Sie sind Hagestolze, einsame Jäger. Und doch fehlt ihnen nicht eine gewisse soziale Begabung, besonders in der Balzzeit. Virginia-Uhus bleiben ein Leben lang mit ein und demselben Partner verbunden, doch jedes Jahr verlieben sie sich erneut. Könnte es sein, daß Bubo sich einen von uns als potentiellen Geschlechtspartner ausersehen hat? Und wenn dem so ist, wie würde er uns das zu verstehen geben?

Vor einem Jahrhundert schrieb Charles E. Bendire folgendes: ›Einmal hatte ich das große Glück, einem Vogelpaar [Virginia-Uhus] bei der Liebe zuzusehen. Die Zeremonie hatte offenbar schon vor einer ganzen Weile begonnen. Als ich hinzukam, war das Männchen dabei, sich dem Weibchen vorsichtig zu nähern.

Das Weibchen stand auf einem Ast und wendete den Kopf etwas ab wie ein schüchternes Mädchen. Er strich der Gefährtin dann liebevoll mit dem Schnabel über das Gefieder, verbeugte sich feierlich, rieb seinen Schnabel an dem ihren, verbeugte sich erneut, fand eine bequeme Position neben ihr und fuhr mit seinen Zärtlichkeiten fort. Solche Aufmerksamkeiten wurden von dem Weibchen mit erstaunlicher Schamhaftigkeit entgegengenommen. Etwas später flog das Paar Seite an Seite ohne Hast davon.‹

In seinem 1974 erschienenen Buch schreibt L. W. Walker von einem Pärchen Virginia-Uhus, das er während der Balz beobachtete, wobei das Weibchen am Schnabel des Männchens ›knabberte‹. Dann senkte es den Kopf, und ›das Männchen fuhr ihm unendlich sanft und zärtlich mit dem Schnabel durch das Gefieder‹.

Das Putzen oder Lausen eines anderen Individuums ist zum Beispiel auch von Affen bekannt, bei denen es eine bedeutende Rolle im Sozialverhalten spielt. Was dieses Verhalten bei Vögeln bedeutet, ist bislang noch ein Rätsel. Es ist bei mindestens zehn Eulenspezies beobachtet worden. Zwei Forscher, E. D. Forsman und H. M. Wright, die sich mit dem Fleckenkauz, *Strix occidentalis*, beschäftigen, haben herausgefunden, daß es sich wahrscheinlich ursprünglich um ein Verhalten handelte, das der Abwehr von Ektoparasiten diente; es entwickelte sich von daher als vornehmlich partnerschaftliches Gehabe, das aber während der Paarbildung, der Suche nach einem geeigneten Horstplatz, der Befruchtung und Kopulation selten auftritt. Am häufigsten wurde es beobachtet nach dem Flüggewerden der Jungen, wenn die adulten Vögel wieder Zeit für sich hatten, fast täglich während der Monate Juli und August. Dieselben Forscher haben auch darauf hingewiesen, daß nicht alle Paare einen gemeinsamen Ast haben, auf dem sie schlafen: ›Das zärtliche Putzverhalten eines weiblichen Fleckenkauzes, den wir zwischen 1970 und 1978 in Gefangenschaft beobachteten, schien mit dem Verhalten der wilden Artgenossen identisch, außer daß unser Vogel von Forsman geprägt war und seine Zärtlichkeiten auf ihn beschränkte. Mit Fremden kam es nie zu solchen Intimitäten; Fremde wurden nicht in der Nähe geduldet.‹

Bubos Verhalten mir gegenüber ist dem des Fleckenkauzweibchens durchaus vergleichbar. Wenn er zärtlich an meinem Finger knabbert, sucht er offensichtlich nicht nach Futter. Forsman und Wright glauben, daß die ›Zuneigung‹ der Eulen mit ihrer Körperkraft gekoppelt ist: ›Bei dem zärtlichen »Knabbern« der Eulen könnte es sich um ritualisierte Bisse handeln, die sich im Lauf der Zeit zu einem Verhalten modifizierten, bei dem jeglicher Anschein von Aggression eliminiert ist. Diese Art des hochgradig ritualisierten Verhaltens ist bei Raubtieren nicht verwunderlich. Ihre Angriffswerkzeuge sind so gut entwickelt, daß die kleinste offene Aggressionshandlung in diesem Zusammenhang schon zu Verletzungen führen würde.‹

29. JULI

Wir holten in Boston meine Tochter Erica vom Flughafen ab, und als wir glücklich vereint zu dritt auf dem steilen Pfad nach Kaflunk zurückkehren, ist es halb drei Uhr morgens. Es nieselt, und die dichten Nadelbäume schirmen uns von dem nicht sehr hellen Himmel ab. Beim Näherkommen hören wir Bubos Dampfpfeifen-Bettelrufe in der Dunkelheit. Wenn er will, kann er also tatsächlich nachtaktiv sein! Ich rufe ihn, und er kommt aus dem Wald herausgeflogen und macht eine Bruchlandung (dem Geräusch nach zu urteilen) in einer Fichte neben der Hütte. Er mag in der Lage sein, in schwachem Licht zu sehen, aber ich bezweifle, daß er in dieser dunklen Suppe viel sieht.

An diesem Tag und an den folgenden Tagen beachtet er Erica kaum. Wie anders hat er sich verhalten, als Ken hier war! Mag er nur keine anderen Männer?

Trennung

Bald müssen wir Kaflunk verlassen, und was Bubo betrifft, werden wir eine schmerzliche Entscheidung treffen müssen. Ich würde ihn gern hierlassen, in der Freiheit der Wälder. Aber ich habe Angst, daß er nicht in der Lage sein wird, sich selbst zu ernähren. Um herauszufinden, in welchem Maß er noch von mir abhängig ist, habe ich jedes Stück Fleisch, das ich ihm täglich verfütterte, genau verzeichnet. Nur selten wies er etwas zurück. Möglich, daß er hin und wieder selbst Beute schlug. Aber im großen und ganzen braucht er mich noch. Um an Futter zu kommen, hat er den leichtesten und effizientesten Weg gewählt. Warum hätte er einen schwierigeren Weg einschlagen sollen? Vielleicht bin ich nicht streng genug mit ihm gewesen. Ein nicht ausgewachsener Singvogel wird binnen Stunden sehr hungrig, und ohne Nahrung stirbt er binnen eines einzigen Tages. Mit Raubvögeln verhält es sich anders. Vielleicht hätte ich Bubo eine ganze Woche lang sein Futter vorenthalten sollen, um ihn zum Jagen zu motivieren.

2. AUGUST

Die Weißkehlammern haben in der Nähe der Hütte ein Nest, in dem sich zum zweitenmal in diesem Jahr Junge befinden. Bubo, der jeden Tag oberhalb der kaum befiederten Nestlinge auf seinem Ast hockt, hat sie noch nicht entdeckt, so kunstvoll sind sie versteckt. Die Eltern, die Bubo während der Brut nicht beachteten, lassen nun über seinem Kopf unausgesetzt ihr monotones Gezeter hören.

11. August

Früher Abend. Mehr als einen Tag habe ich Bubo nicht gesehen. Ich rufe ihn, und nach etwa einer Minute höre ich in der Hütte mitten im Getrommel der Regentropfen das vertraute dumpfe Geräusch seiner Landung auf dem Dach.

Jetzt sitzt er meinem Fenster gegenüber in der großen weißen Birke. Sein linker Lauf ist völlig in dem glatten, quergestreiften Brustgefieder verschwunden, sein Kopf eingezogen zwischen den Schultern. Rechts und links stehen die langen Federohren in die Höhe. Langsam, ganz langsam dreht er den Kopf zur einen, dann zur anderen Seite, während sein Blick hinter den halb geschlossenen Lidern immer auf mich gerichtet bleibt. Dann blinzelt er – erst mit dem einen, dann mit dem anderen Auge. Von Zeit zu Zeit legt er den Kopf schief, dreht ihn ein bißchen, wendet ihn wieder nach vorn, blinzelt mit beiden Augen. Er schiebt sein Gesicht zwei, drei Zentimeter vorwärts und wieder zurück, blinzelt mit dem linken Auge, zieht den Kopf einmal aus dem Hals und senkt ihn wieder. Er dreht den Kopf horizontal, dann vertikal, blinzelt mit dem rechten Auge, schließt das linke, schließt dann beide Augen, öffnet sie wieder. Und so fort, mindestens eine Stunde lang. Nur eins bleibt die ganze Zeit unverändert: der linke Lauf, der im Gefieder steckt.

Er hockt oft nur auf einem Lauf. Hält er den anderen unter dem Gefieder warm und vermeidet dadurch den Energieaufwand des Kältezitterns? Auch die Entwicklung der befiederten Läufe und Zehen scheint darauf hinzuweisen, daß es für seine Spezies besonders wichtig ist, warme Füße zu haben.

Auch der Streifen- und der Sägekauz, die in den Wäldern dieser Gegend leben, haben dick befiederte Zehen, aber Streifenkäuze in Florida nicht. Leon und E. H. Kelso, die sich mit dieser Frage beschäftigten, haben herausgefunden, daß amerikanische Eulenarten mit befiederten Zehen statistisch eher in den kälteren als in den warmen und feuchten Regionen beheimatet sind. Die dichte Befiederung der Zehen hängt also mit der Kälte zusammen. Moorschneehühner der Arktis haben ebenfalls befiederte Zehen. Aber warum nicht auch die im Norden lebenden Raben, Meisen und Alpenschneehühner?

Bubos unterschiedliche Körperhaltungen bei verschiedenen Wärmegraden haben wahrscheinlich ebenfalls mit der Regulierung der Körpertemperatur zu tun. Wenn es kalt ist, ist sein Gefieder immer aufgeplustert, und er steht gewöhnlich nur auf einem Fang. Bei warmem Wetter (über 29 Grad) sieht er völlig anders aus: Er steht auf zwei Fängen, läßt die Flügel hängen – man sieht die unteren Flügelfedern – und glättet alle Federn, so daß man die Läufe in voller Länge sehen kann. Wie hoch ist die Temperatur in seinen Fängen? Meine Versuche, ein Thermoelement unter die Federn seiner Zehen zu stecken, werden leider heftig abgewehrt. Vielleicht gelingt einem mutigeren Forscher bei einem kooperationswilligeren Uhu das, woran ich scheiterte.

24. AUGUST

Der Sommer ist vorbei, und es wird Zeit, daß ich mir wegen Bubo ernsthafte Gedanken mache. Wenn er das Jagen gelernt hätte, könnten wir ihn einfach hierlassen. Möglich, daß wir ihn nächstes Jahr bei unserer Rückkehr immer noch in der Nähe von Kaflunk finden würden.

Der U. S. Fish and Wildlife Service hat Virginia-Uhus markiert und ihre Wege verfolgt. Man fand heraus, daß diese Uhus normalerweise das ganze Jahr hindurch an den Orten bleiben, wo sie schlüpften und aufwuchsen. Zwei andere Studien über markierte Virginia-Uhus bestätigen, daß das Territorium das ganze Jahr über gehalten wird; wenn es aber aufgrund von Nahrungsverknappung notwendig wird, das angestammte Gebiet zu verlassen, so sind es die Jungvögel, die wegziehen. Im kanadischen Alberta wurde beobachtet, daß Eulen, die während langer Jahre ihre gewöhnliche Nahrung – Schneeschuhhasen – nicht in ausreichendem Maß bekommen konnten, eher die ihnen ungewohnten Haselhühner jagten, als ihr Territorium zu verlassen. Außerdem ziehen sie weniger Junge auf oder brüten überhaupt nicht. Wenn trotz Veränderungen des Jagdverhaltens und bei der Reproduktion die Knappheit der Nahrungsreserven nicht ausbalanciert werden kann, kommt es vor, daß Eulen sich sehr weit – es sind Distanzen von bis zu 1346 Kilometer gemessen worden – von ihrem Geburtsort entfernen.

Allerdings haben die Jungen im ersten Jahr nur eine Überlebenschance von etwa fünfzig Prozent (die Schätzungen für wildlebende Virginia-Uhus gehen von 46 bis zu 55 Prozent aus). In dieser Zeit gibt es die höchste Sterblichkeitsrate. Die ältesten wildlebenden Uhus leben dreizehn bis vierzehn Jahre. Diese Daten wurden gewonnen, indem man einige tausend Vögel markierte, von denen man fast achthundert wiederfand. Ähnliche Ergebnisse sind nach einer Markierungsaktion bei einer Population von Waldkäuzen in Belgien gewonnen worden. Dort blieben die einzelnen Individuen ebenfalls immer am gleichen Ort, ohne allerdings jedes Jahr zu brüten. Einer der markierten Käuze lebte volle neunzehn Jahre lang.

Vom ökologischen Standpunkt her würde es wenig nützen, Bubo in der Wildnis freizulassen, denn Populationen von Virginia-Uhus werden durch Nahrungsangebot und Habitat begrenzt. Wenn ein Uhu ein schönes Territorium mit jeder Menge fetter Beute gefunden hat, muß er möglicherweise erst den dort ansässigen Revierinhaber besiegen, der das alleinige Recht zur Jagd besitzt.

Um die Wahrheit zu sagen: Bubo ist nicht mehr einfach ein Uhu für mich. Er erinnert mich an den Fuchs, der dem kleinen Prinzen in Saint-Exupérys berühmtem Roman erschien. Wie hübsch der Fuchs aussehe, sagte der kleine Prinz, aber der Fuchs antwortete, daß man nicht mit ihm spielen könne, bevor er gezähmt worden sei. Gezähmt zu werden, fuhr der Fuchs fort, bedeute eine Verbindung herzustellen. Wenn der kleine Prinz ihn zähme, werde er, der Fuchs, den hunderttausend anderen Füchsen nicht mehr gleichen. Wenn er ihn zähme, würden sie einander brauchen und jeder sei dem anderen ein einzigartiges Wesen. Bubo ist von mir gezähmt worden, und er hat mich gezähmt, und jetzt ist er ein einzigartiges Wesen für mich, wie ich es für ihn bin. Er ist kein statistischer Uhu mehr. Ökologisch gesehen, ist es ziemlich gleichgültig, ob er in den Wald zurückkehrt oder nicht: Wenn er nicht da ist, tritt ein anderer Uhu an seine Stelle. Meine Hauptsorge beschränkt sich also auf diesen ganz speziellen Uhu, Bubo, und auf die Frage, wie in Zukunft das Beste für ihn getan werden kann.

Nach vielem Hinundherüberlegen entscheiden wir uns dafür, Bubo in eine Einrichtung zu bringen, die sich auf die Rehabilitierung verletzter Raubvögel spezialisiert hat. Vielleicht gelingt es, ihm dort das Jagen beizubringen, so daß er später einmal in den Wald zurückkehren und ein eigenes Territorium erobern und verteidigen kann.

1. SEPTEMBER

Ich zeige Bubo das Stück Eichhörnchen, das ich in einen großen, mit Fichtenästen ausgekleideten Karton gelegt habe. Nichtsahnend hüpft er hinein, und ich schließe den Deckel. (*Den* Fehler wird er später nie mehr wiederholen!) Ich erwarte, daß er den Karton in Stücke reißt, aber er ist fügsam wie eine schläfrige Katze, als ich den großen Kasten den Pfad hinunter durch das Gebüsch zur Straße trage, wo unsere Reise beginnt.

Die Dame, die für die Raubvögel verantwortlich ist und der ich erzähle, daß ich Bubo als Nestling aus dem Wald holte, weist mich sogleich auf diesen fundamentalen Fehler hin. In der klaren Sprache derer, die Bescheid wissen, werde ich darüber aufgeklärt, daß man ›mit der Natur nicht herumspielt‹. Tatsächlich bin ich mehr gewesen als ein Voyeur der Natur, und tätige Anteilnahme wird von vielen Menschen heutzutage als eine unverzeihliche Sünde betrachtet. Da die Dame nichts dabei findet, mich auszuschelten wie ein Kind, halte ich mich zurück und schweige.

Sie zieht ein Paar dicker, schwerer Schweißerhandschuhe an, die ihr bis zu den Ellbogen reichen, dann reißt sie unsanft den Karton auf. Bubo blickt duldsam zu ihr auf. Ich schaue Bubo an, dann Margaret, über deren Gesicht Tränen strömen. Die große behandschuhte Hand greift in den Karton und bekommt Bubo bei den Läufen zu fassen. Kein Flattern, kein noch so wütendes Schnabelklappern hilft mehr; mit aus den Höhlen tretenden Augen schaut er ohnmächtig um sich. Sie hält ihn wie ein Huhn, das geschlachtet werden soll, und sagt: ›Siehst du, wir werden dich schon noch dahin kriegen, daß du Menschen haßt.‹ Ich denke, sie sagt es mehr an unsere Adresse als an seine. Sie kennt diesen Uhu nicht persönlich. Sie könnte und sollte in der Lage sein, unvoreingenommen zu urteilen.

Sie setzt ihn in einem weiträumigen Drahtkäfig ab und wirft die Tür hinter ihm zu. In den benachbarten Käfigen sitzen ein Rotschwanzbussard, der sich von einer Schußverletzung erholt, weitere Virginia-Uhus, ein Rundschwanzsperber, dem ein Flügel fehlt, und ein sehr traurig dreinblickender Rabe. Ich hoffe, daß diese Versuche, einigen freilebenden Vögeln das Leben zu retten, nicht als Maßnahme zum Schutz der vielen bedrohten Arten ausgelegt werden – dies bedarf Anstrengungen weit größeren Stils.

Was Bubo hier außer dem Haß auf Menschen lernen soll, ist, lebende Mäuse zu fangen, die in seinem Käfig freigelassen werden. Nachdem er diese Aufgabe zufriedenstellend gelöst hat, wird man zu Ratten übergehen und auf einer späteren Reifestufe schließlich zu Kaninchen. So ist es geplant. In zwei Wochen werde ich einen Anruf erhalten und erfahren, ob man Hoffnung hat, ihn zu rehabilitieren.

16. September

Heute kam der Anruf. Ich hatte die ganze Zeit voller Ungeduld darauf gewartet. Keine guten Nachrichten. Der Richterspruch lautet, daß Bubo keine Anstalten machte, sich seinen schwarzen Gürtel in Beuteschlagen zu verdienen. Er unternimmt nicht einmal den Versuch, die schwächlichen, langsamen Labormäuse, die man ihm anbietet, zu fangen. Das finde ich sonderbar und verwirrend. In der Umgebung von Kaflunk ist er nie vor Mäusen oder anderen leicht zu fangenden Tieren zurückgeschreckt. Jetzt wird behauptet, sein Verhalten sei ›nicht korrigierbar‹. Es wird mir gesagt, daß man ihn nicht freilassen könne, weil er sich Menschen, die nicht damit rechneten, nähern werde, sobald er Hunger habe, und darauf warten werde, daß man ihn füttert. Nicht viele Leute tolerieren einen bettelnden Uhu. Man werde ihm mißtrauen, wo immer er sich sehen lasse, und ihn am Ende töten. Vielleicht. Aber Bubo hat sich niemals irgendeinem Menschen genähert außer mir. Soll es sein Schicksal sein, den Rest seiner Tage in einem Käfig zwischen dem einflügeligen Rundschwanzsperber und dem traurigen Raben zu verbringen? Mir erscheint das Ganze als unnötige Verschwendung von Zeit und Energie, vor allem von Bubos Lebenszeit.

Jetzt bleibt mir nur die Hoffnung, daß ich ihn eines Tages wohlbehalten in die Wildnis bei Camp Kaflunk zurückbringen kann, auf daß er selbst entscheide, was er tun will.

Neue Freundschaft

Während des ganzen Herbstes und Winters lebt Bubo in seinem Käfig auf dem Gelände des Greifvogel-Centers am Vermont Institute of Natural Science in Woodstock. Er weigerte sich, dort irgendeinem Menschen nahe zu kommen, beäugte selbst die mit Mißtrauen, die ihn fütterten. Auf einem Brett lagen jeden Abend sechs tote Mäuse für ihn. Er wartete, bis es dunkel wurde, um sie sich zu holen, und er fraß sie allein.

Jetzt baumelt ihm ein Wurfriemen von jedem Lauf – sie dienen dazu, ihn zwangsweise auf der behandschuhten Faust festzuhalten. Da er als unkorrigierbar eingestuft wurde, mußte er sich wahrscheinlich als Demonstrationsuhu dem Publikum vorführen lassen. Ich weiß, daß er das nicht freiwillig mit sich machen ließ – es ist anzunehmen, daß es bei seinem trotzigen Willen zum Widerstand einige heldenhafte Kämpfe gegeben hat! Bestimmt verabscheute er alle Versuche, ihn zu ›rehabilitieren‹. Ungeachtet dessen drängte mich jedermann, ihn im Center eingesperrt zu lassen, weil er es ›allein doch nicht schaffen‹ würde. Aber mein rationales Urteil kennt Grenzen und wird nicht selten durch Rationalisierungen abgelöst, wie in diesem Fall. Ich wollte Bubo wiederhaben, und wenn er wirklich im Center nicht rehabilitiert werden konnte und man ihn deswegen einsperren oder mit Wurfriemen festbinden mußte, so wollte wenigstens *ich* derjenige sein, der das tat. Der Anblick eingesperrter Tiere ist mir zuwider.

Als ich beharrlich versuchte, ihn zurückzubekommen, erhielt

ich eine weitere Warnung: Er ist jetzt erwachsen. ›Sie werden sehen, wie sehr er sich verändert hat. Er wird sich unfreundlich und indifferent verhalten; er wird Sie nicht an sich heranlassen.‹

Was immer aus ihm geworden sein mochte – ich konnte mir nicht vorstellen, daß er sich wirklich auf diese Weise verändert hatte. So oder so wollte ich jedenfalls noch ein paar Fragen von ihm beantwortet haben und meine Studie beenden. Nach endlosem bürokratischen Hin und Her wurde es mir im Namen der Wissenschaft endlich erlaubt, ihn im Frühjahr wieder abzuholen. Bis zum 1. Juni konnte ich mich nicht nach Kaflunk auf den Weg machen, aber schon am 18. Mai sollte mir Bubo in meinem Büro am Zoologischen Institut der Universität von Vermont in Burlington ausgehändigt werden. Zu Hause baute ich für ihn im Garten eine Voliere von dreißig Kubikmeter Rauminhalt. Rechts und links war der Käfig von Holzbrettern begrenzt, und er hatte ein Dach, wodurch innen ein tief schattiger Winkel entstand. Außerdem schaffte ich einen mächtigen Kiefernstumpf mit vielen Zweigen hinein und brachte an jedem Ende des Käfigs eine horizontale Sitzstange an.

Was ich unter anderem noch studieren wollte, war, wie Bubo und Krähen interagierten. Ich wollte wissen, ob junge Krähen instinktiv auch Eulen hassen oder ob sie dieses Verhalten erst lernen. Zu diesem Zweck brauchte ich ›unerfahrene‹ Nestlinge, die ich selbst aufziehen wollte.

Allerdings sind Krähen geschützte Vögel. Das Formblatt 50 CFR 10 des U. S. Fish and Wildlife Service klärt darüber auf, daß Stärlinge, Rotschulterstärlinge, Braunkopf-Kuhstärlinge und amerikanische Krähen durch das Gesetz zum Schutz der Strich- und Zugvögel geschützt sind. Formblatt 50 CFR 21 (Seite 3, Absatz 21.23) erklärt, daß das ›Sammeln, Transportieren oder der Besitz von Strich- und Zugvögeln, ihrer Körperteile, Nester oder Eier zu wissenschaftlichen oder pädagogischen Zwecken‹ ohne behördliche Genehmigung unzulässig sei, daß ferner, ›falls nicht ausdrücklich schriftlich vermerkt‹, die Genehmigung des wissenschaftlichen Sammelns nicht zum ›Verbringen lebender Strich- und Zugvögel aus ihrem Nest oder ihrem natürlichen Lebensraum in eine andere Umgebung‹ autorisiere. Kurz, was ich vorhatte, war strengstens verboten.

Aus einer momentanen Laune heraus ein wildlebendes Tier mit nach Hause zu nehmen und es wie ein Haustier zu halten ist verführerisch, aber man vergißt meistens, daß ein solches Tier sein ganzes Leben lang verläßlich versorgt und gepflegt werden muß. Was eine reichhaltige Natur diesem Tier zur Verfügung stellt, ist nicht so leicht zu ersetzen. Aber Krähen sind in vieler Hinsicht einfach zu handhaben: Sie sind nicht in Gefahr auszusterben; sie müssen nicht im Käfig gehalten werden; Katzen- und Hundefutter bekommt ihnen prächtig; sie sind herzlich, unterhaltsam und einfallsreich, und wenn man sie im Wald findet und aufzieht, ist das als solches eine wunderbare Erfahrung. Dagegen unterstützt man mit dem Kauf eines zwei-, drei- oder viertausend Mark teuren seltenen Papageis die Zerstörung natürlicher Lebensräume um des zweifelhaften Vergnügens willen, lebendigen exotischen Zierat im eigenen Heim präsentieren zu können. Ich wünschte, man dürfte sich statt dessen eine Krähe halten. Es ist eine wirklich bereichernde Erfahrung. Aber es ist illegal.

Allerdings darf jedermann eine Krähe oder sogar Tausende von Krähen *töten* – und zwar völlig legal. Man braucht lediglich einen Jagdschein dafür. Amerikanische Gesetze klassifizieren Krähen als jagdbare Vögel, ebenso wie Kragenhühner, Fasane, Tauben und Wachteln. Acht Dollar kostet die Lizenz, die jedermann über sechzehn Jahre (auch darunter, mit Einverständnis der Eltern) erwerben kann und die ihn dazu ermächtigt, zwischen dem letzten Samstag im September und Ende Dezember täglich vier Kragenhühner, zwei Fasane und vier Wachteln zu schießen. Für den Abschuß von Krähen – nicht zu vergessen: gesetzlich geschützten Vögeln! – gibt es während der Jagdsaison in Vermont keine zahlenmäßige Beschränkung. Jäger dürfen so viele schießen, wie sie wollen, an jedem Tag der regulären Jagdsaison und außerdem im Frühjahr zwischen dem 14. März und dem 30. April, was in etwa der Brutzeit der Krähen entspricht; der Tod der ausgewachsenen Vögel hat meist den Tod der Jungen zur Folge, die nicht mehr gefüttert werden. Zwischen dem 16. August und dem 29. Oktober, der herbstlichen Jagdsaison, sammeln sich die Krähen in großen Schwärmen an einem Ort und können leicht abgeschossen werden. In Maine gelten ähnliche Gesetze wie in Vermont; die Jagdsaison im Herbst ist sogar noch länger. Gibt es rationale Gründe für diese krähenfeindlichen Bestimmungen? Hat man vielleicht schon einmal jemanden gesehen, der Krähenfleisch ißt?*

Glücklicherweise bekam ich meine Genehmigung. Ich durfte zwei lebendige Krähen zu Studienzwecken mit nach Hause nehmen. (Andere mir bekannte Leute haben die Genehmigung zum Halten einer einzigen Krähe nicht erhalten.) Aber es bedurfte einer Menge Schreibtischarbeit, monatelanger Wartezeit und des Erwerbs eines Jagdscheins.

19.–23. MAI

Meine beiden Krähenbabys haben ihr eigenes Zimmer in unserem Haus, in sicherer Entfernung vom Territorium des Katers. Sie schlafen in einem weich ausgelegten Pappkarton. Etwa stündlich wachen sie auf und werden von mir gefüttert. Bubo ist in seinem neuen Käfig, der an den Garten grenzt. Steif und still hockt er in der dunkelsten Ecke, und seine riesigen blaßgelben Augen sind immer geöffnet.

Sein mächtiger gebogener Schnabel ist halb von einem

---

* Krähen unterliegen in Deutschland (außer in Bayern und den österreichischen Bundesländern Salzburg und Wien) nicht dem Jagdrecht. Der Schutz von Saatkrähen und anderen Arten ist durch das Bundesnaturschutzgesetz und die Bundesartenschutzverordnung geregelt. (A. d. Ü.)

buschigen Schnurrbart aus borstigen weißen Federn verdeckt. Die drahtigen Enden sehen aus, als hätte man sie in Tusche getaucht. Direkt unter seinem Schnabel stehen die Federn fast horizontal ab, in der Art einer Halskrause. Und darunter befindet sich ein großer weißer Latz, dessen Konturen von Federn mit schwarzen Enden gezeichnet werden. Die weiche Oberfläche seiner Brust besteht aus einem Gewebe langer, breiter, einander dicht überlappender Federn, deren horizontale wellenförmige Streifen sich gegen den weißlichen bis cremefarbenen Hintergrund abheben. Das Weiß ist fast transparent; man sieht die dunklen Federkiele durch. Aus der Nähe betrachtet, scheint die ganze Fläche der Brust zu schimmern wie ein Aquarell von Turner mit seinen vielen dünnen Farbschichten. Nach oben hin sind die einzelnen Kiele nicht mehr voneinander zu unterscheiden, so dicht liegen sie. Aber an der Unterseite der Brust und am Rücken streben sie auseinander und sind als einzelne deutlich sichtbar. Fast bis zum Boden hängend, können die Brustfedern die jetzt 3,8 Zentimeter langen, starken und messerscharfen stahlblauen Klauen nur zum Teil verbergen. Alles in allem hat er sich zu einem prächtigen Uhu entwickelt. Aber er sieht so leblos aus, als wäre er ausgestopft. Ist das wirklich Bubo?

Die Färbung seines Gefieders ist genau so, wie ich es von dem Bubo, den ich kannte, in Erinnerung habe, aber theoretisch könnte es sich um irgendeinen anderen Virginia-Uhu aus Neuengland handeln. Es gibt allerdings ein Merkmal, an dem ich ihn ganz sicher identifizieren kann. Im letzten Sommer (siehe den Eintrag vom 19. Mai) ist Bubo gegen das Gitter seiner Voliere in Kaflunk geflogen, wobei an der Wurzel seines Schnabels eine Narbe zurückgeblieben ist – eine kleine diagonale Kerbe. Ich suche danach, und ich finde sie, aber sie ist etwa einen Zentimeter nach unten zum Schnabelende hin gerutscht. Offensichtlich wächst der Schnabel oben nach und nutzt sich an der Spitze ab wie ein Biberzahn. Kein Zweifel also, daß dieser Vogel wirklich Bubo ist, zumindest in körperlicher Hinsicht.

Wenn ich den Käfig betrete, um zu ihm zu sprechen, erkennt er mich nicht oder es ist ihm egal. Statt der kleinen zufriedenen Seufzer, die ich von ihm kannte, höre ich jetzt lediglich ein klägliches, schwaches Fauchen. Wenn ich ihm ganz nahe komme, öffnet er den Schnabel ein wenig, was Mißvergnügen oder Angst ausdrückt, und wenn ich meine behandschuhte Hand an seine Fänge halte, damit er aufsteigen kann, vernehme ich ein gereiztes Zwitschern. Ich lasse nicht locker. Er glättet sein Gefieder, richtet sich auf und fliegt ans andere Ende des Käfigs, wo er sich niederläßt. Ich stehe vor ihm und tue mein Bestes, um Verbindung mit ihm aufzunehmen, und er starrt an mir vorbei in die Ferne. Manchmal zeigt er mir erstaunlich lange nur die Rückseite seines Kopfes. Es enttäuscht mich, daß ich für ihn offenbar nicht mehr zähle; ich hatte gehofft, daß wir trotz der Trennung wieder Freunde sein könnten. Allerdings – an Warnungen hat es nicht gefehlt. Er ist wirklich völlig verändert.

Vier Tage lang habe ich ihn morgens und abends etwa eine Stunde lang gelockt, habe Eichhörnchen und Bisamratten vor ihn hingehalten, enthäutet oder mitsamt dem Pelz. Aber all diese Köstlichkeiten lassen ihn kalt. Das beste Fleisch, das ich ihm direkt unter den Schnabel halte, verschmäht er, und ich höre nur wieder das gereizte Zwitschern. Mir bleibt nicht einmal die Befriedigung, ihn fressen zu sehen.

24. Mai

Heute habe ich etwas Neues und hoffentlich Interessantes für Bubo: zwei junge, lebende Mäuse. Da sie durch den Maschendraht des Käfigs leicht entkommen könnten, binde ich einer Maus eine Schnur um den Schwanz. Ich erwarte kaum von ihm, daß er die Mäuse fängt – mir ist gesagt worden, daß er sich standhaft geweigert habe, Mäuse zu fangen. Ist jetzt ein anderes Verhalten von ihm zu erwarten? Schließlich ist er ein unverbesserlicher Delinquent.

Die Maus schnüffelt und scharrt auf dem rohen Boden, der Faden an ihrem Schwanz irritiert sie. Bubo schaut von seinem Zweig auf sie herunter und legt den Kopf schief. Nach ungefähr einer Minute verliert er schon das Interesse. Er hebt den Kopf und zieht ihn zwischen die Schultern. Genug davon. Sein Blick verliert sich in unbestimmter Ferne. Sechs Tage ohne Nahrung – und er zeigt einer *lebenden Maus* die kalte Schulter! Er verhält sich allen Warnungen und Vorhersagen entsprechend, und ich kann es nicht fassen. Aber ich gebe nicht so leicht auf. Mein Gefühl für ihn ist zu stark.

Vielleicht sollte er sich erst einmal richtig ansehen, was er sich da entgehen läßt. Ich plaziere die Maus ihm gegenüber auf der Stange. Dafür, daß sie in einem Labor groß geworden ist, hält sie sich beim akrobatischen Klettern über den glatten Stock ganz gut. Langsam und vorsichtig arbeitet sie sich vorwärts, schaut ab und zu in den schwindelnden Abgrund rechts und links und ignoriert die Gefahr direkt vor sich. Mit jedem Schritt, mit dem sie der einen Gefahr entkommt, nähert sie sich der anderen.

Bubo legt währenddessen den Kopf wieder schief und zeigt mäßiges Interesse. Als die Maus nur noch ein paar Zentimeter von seinen Zehen entfernt ist, verlagert er das Gewicht vorsichtig von einem Fang auf den anderen, als ob er sich nicht ganz wohl in seiner Haut fühlte und nicht wüßte, was als nächstes zu tun sei. Die Maus kommt näher. Fast hat sie den weniger exponierten, schattigen Platz unter Bubos massigem Körper, den sie ansteuert, erreicht, da hebt er den Fang und schließt ihn über der Beute. Von der kleinen Maus hört man nur ein kurzes Quietschen, dann haben die Krallen ihr Werk getan. Bubo schaut sich um, hebt den Fang mit der Maus zu seinem Schnabel, schließt die Augen und zertrümmert mit einem Biß den Schädel seines Opfers. Die Maus hängt einige Sekunden lang schlaff von seinem Schnabel, dann liegt sie am Boden.

Er blickt kurz auf sie hinunter, und dann ist er wieder so geistesabwesend wie vorher. Später gebe ich ihm die Maus in kleinen Stücken – er nimmt sie und frißt sie, aber auf irgendwie phlegmatische Weise, ohne Begeisterung. Das ist ganz und gar nicht der Stil von Bubo dem Vielfraß, dem Bezwinger der Mooshügel und Jäger vom Baum gefallener Eichhörnchen. Er muß während dieses Jahres in Gefangenschaft etwas Schweres und Traumatisches erlebt haben. Statt Rehabilitation hat Regression auf der ganzen Linie stattgefunden: Bubo leidet an Hospitalismus.

Später am Abend hüpft er ganz spontan zu der anderen Stange hinüber. Das ist ein Fortschritt. Der erste Hüpfer ist immer der schwerste. Ich schöpfe Hoffnung.

Dann bringe ich ihm Maus Nr. 2. Auch sie habe ich vorsichtshalber mit einer Schnur gesichert. Er schaut auf sie nieder. Die nichtsahnende Maus bewegt die Schnurrhaare, schnüffelt auf dem Boden herum. Aber wie zuvor ist auch diesmal die Gefahr nicht dort, wo sie vermutet wird. Sie kommt von oben: Nach zwanzig Sekunden eingehender Beobachtung fällt Bubo eine Entscheidung und handelt entsprechend. Er läßt sich fallen und ergreift die Maus mit beiden Fängen. Hurra! Welch ein Triumph. Nachdem er sich kurz umgeblickt hat, springt er mühelos mit der Maus in den Klauen wieder auf die Stange hinauf und kröpft sie auf einmal und, wie es sich gehört, mit dem Kopf voran. Der Mäuseschwanz hängt noch rechts aus seinem Schnabel heraus und verschwindet nach und nach. Ich schneide die Schnur ab und schreie innerlich noch einmal hurra! Ich weiß jetzt, daß dieser Uhu wieder zum Leben erwachen wird.

26. Mai

Den ganzen Tag über sitzt Bubo reglos auf der Stange, wie üblich. Nur seine Augen zeigen Anzeichen von Leben. Sie sind immer offen, und wenn er etwas hört – bellende Hunde, vorüberfahrende Autos, schreiende Kinder –, dreht er den Kopf in die Richtung, aus der die Geräusche kommen. Er beobachtet

Möwen, die in großer Entfernung vorbeifliegen, und seine Pupillen ziehen sich zu kleinen schwarzen Punkten zusammen, während er ihnen nachsieht. Ich bin jeden Tag ein, zwei Stunden bei ihm, und ich beobachte intensiv seine Augen und sein Gesicht. Die Augen, die auf einem 12,5 Zentimeter breiten Kopf sitzen, haben einen Durchmesser von 1,9 Zentimeter; sie sind größer als meine und wölben sich weit nach vorn. Die oberen Lider haben kurze, borstige ›Wimpern‹. Das Blaßgelb der Augäpfel kommt durch das Rotbraun des breiten, schwarzgerahmten Gesichtsschleiers auf besondere Weise zur Wirkung. Der Rest des Kopfes ist schokoladenbraun gesprenkelt, und zu jeder Seite sprießen fast ein Dutzend Federn – sienabraun, in Schwarz übergehend –, die die Federohren bilden.

Um halb acht Uhr abends hüpft Bubo zu einem Ast in der Nähe des Käfigeingangs. Ich offeriere ihm ein Büschel Löwenzahn durch das Gitter. Er streckt den Schnabel aus, zwitschert leise und zieht ein paar Blütenblätter heraus. Dann schüttelt er angewidert den Kopf. Dennoch macht er weiter und pickt weitere Blütenblätter aus dem Büschel. Spielt er? Oder ist er hungrig? Ich zeige ihm das Eichhörnchenfleisch, das ich mitgebracht habe. Er hält es kraftlos im Schnabel, dann läßt er es auf den Boden fallen. Ich biete es ihm noch einmal an. Diesmal nimmt er ein Stück und fliegt damit auf den Boden, dann geht er in eine Ecke und versteckt es unter dem lockeren Gras. Offenbar ist er noch nicht hungrig, aber er wird zunehmend lebendig.

28. Mai

Zehn Tage lang habe ich Bubo zugeredet, mindestens eine Stunde jeden Abend und noch einmal morgens in der Dämmerung, wenn er am aktivsten ist. Allmählich zeigen sich die Früchte meiner Bemühungen, denn statt mit offenem Schnabel zu fauchen, wenn ich mich ihm nähere, wie am Anfang, wirft er nun den Kopf auf und ab und läßt die leise seufzenden oder ächzenden Töne hören, die ich von früher kenne. Ich darf einen Finger an seinen Schnabel halten, und er schließt die Augen und knabbert zärtlich daran. Wenn ich ihm meinen nackten Arm hinhalte, beknabbert er ihn ebenfalls.

Langsam wandert mein Finger zur Spitze seines Kopfes, um seine Zärtlichkeiten zu erwidern, aber sein gereiztes Zwitschern zeigt, daß er das nicht will. Er glättet das Gefieder, und seine Bisse werden etwas energischer – wenn auch keineswegs hart oder aggressiv. Ich verstehe und gehe für heute nicht weiter in meinen Vertraulichkeiten. Schon Merlin sagte zu Wart, der den Waldkauz zum Freund haben wollte, er solle ihn in Frieden lassen. Vielleicht wolle der Waldkauz ihn erst dann zum Freund haben, wenn er wisse, wie er wirklich sei. Eulen sind eben nicht so einfach zu handhaben. Das gilt besonders für Bubo.

Rückkehr nach Hause

1. JUNI

Ich sitze im warmen Schein der Petroleumlampe und höre den Wind in den Bäumen. Keine Autos. Keine Flugzeuge. Kein Telefon. Weit weg, jenseits des felsigen Abhangs, höre ich Frösche. Was für ein Paradies! Wie gut, daß ich wieder in Kaflunk bin.

In der Hütte ist alles fast genau so, wie es war, als wir sie am Ende des vorigen Sommers verließen. Werkzeug, Gewehr, Geräte, Vorräte, Munition, Kleider, Bettzeug – alles an seinem Platz. Nur die Seife fehlt; die Mäuse haben sie gefressen. Und die Bierdose, die den Zettel auf dem Tisch beschwerte, auf dem steht: ›Machen Sie es sich gemütlich, aber bitte verlassen Sie die Hütte so, wie Sie sie vorgefunden haben‹, ist leer. Jemand hat auf dem Zettel etwas hinzugefügt: ›Danke. Es war wunderbar hier. Danke für Ihre Gastfreundschaft.‹ Und es haben viele Leute unterschrieben, die ich nicht kenne, mit Adressen und Telefonnummern. Das ist jedes Jahr so. Die Gastfreundschaft der Waldleute ist eine alte Tradition; schon Thoreau nahm sie 1846 auf seinem Weg nach Kanada in Anspruch. Jede Blockhütte in den Wäldern sei ein öffentlicher Ort, bemerkte er damals.

Margaret besucht ihre Eltern und präsentiert unseren hübschen sechs Monate alten Sohn Stuart. Sie wird in einigen Wochen nachkommen, wenn die Fliegenplage ihren Höhepunkt überschritten hat. Auch Thoreau fand diese Fliegen lästig, sie machten das Fortkommen im Wald beinahe unmöglich, schrieb er, und sie seien bedrohlicher als Wölfe.

Es war noch Tag, als ich heraufkam. Die wilden Apfelbäume am Weg trugen eine üppige Last rosafarbener Blüten. Ein Kolibri mit rubinfarbener Kehle schwebte in der Luft, schnellte von einer Blüte zur nächsten und saugte Nektar. Zedernwachsflügel fraßen büschelweise Blütenblätter und gaben dabei hohe, piepsende Laute von sich. Ich hatte zwar gesehen, daß sie im Herbst Obst fraßen, aber es war mir neu, daß sie auch Blüten mögen.

Die hochstämmigen Blaubeeren mit den ledrigen Blättern, die ich letztes Jahr setzte, gedeihen gut, ebenso der Rhododendron. Er ist schon über und über mit feuerroten Blüten bedeckt und lockt eine Menge Hummeln an. Die Stämme des neuen Blockhauses sind im Winter zu einem weichen Grau verwittert und heben sich kaum noch von dem gedämpften Grün und Braun der Kiefern, Fichten und Ahornbäume im Hintergrund ab. An den Hängen sieht man dort, wo die verschiedenen Arten der Hartholzgewächse in die Höhe schießen, frische erbsengrüne und gelbe Flecken, und am Waldboden blühen die Veilchen.

Ich hörte Pieperwaldsänger, Weißkehlammern, Goldwaldsänger und Hemlockwaldsänger. Diese Vögel beginnen jetzt mit der Ablage ihrer Eier. Der Haarspecht hat kleine, aber lärmende Junge, und die jungen Raben haben ihre Nester schon vor zwei Wochen verlassen. Ich sehe fast keine Insekten außer kleinen, hellbraunen Motten, die ab und zu von den nassen Blättern gespült werden. Thoreau schrieb, daß der Wald im Frühling noch grimmiger und rauher sei als erwartet; er fand eine feuchte, dichtbewachsene, morastige Wildnis vor. Aber ich bemerke nichts Grimmiges, Rauhes oder Morastiges. Alles scheint warm und freundlich, trotz der Fliegen.

Bubo geht es nach der Fahrt von Vermont hierher offenbar nicht schlecht. Irgendwann hat er aufgehört, sich zu wehren, nachdem ich ihn in seinem Käfig in die Enge getrieben, eingefangen und in einen großen Pappkarton verfrachtet hatte. Er sitzt in der alten Voliere vom letzten Jahr. Immer wieder kommt er ans Fenster, reckt den Hals und schaut zu mir herein; dabei macht er leise, kichernde Geräusche und beugt sich zu mir – Gesten der Aufregung, vielleicht des Vergnügens. Er erinnert sich! Immer wenn Bunny am Fenster erscheint, sträubt er das Gefieder, faucht und klappert mit dem Schnabel. Dem Kater mißtraut er offenbar noch genauso wie letztes Jahr.

Außer Bubo und Bunny habe ich auch die beiden jungen Krähen mit heraufgebracht. Sie sind längst nicht mehr nackt und stehen kurz vor dem Flüggewerden, und sie fressen gierig Dosenfutter und andere Köstlichkeiten. Bei der Zubereitung achte ich darauf, daß sie ausreichend Feuchtigkeit aufnehmen. Ich habe sie drei Meter über dem Boden in einem künstlichen Nest zwischen den Zweigen der Esche vor meinem Fenster untergebracht; dort sind sie vor Kater und Uhu sicher. Demnächst aber wird es unvermeidlich zu Begegnungen zwischen ihnen allen kommen, und davon erhoffe ich mir weiteren Aufschluß über angeborenes oder angelerntes Haßverhalten von Singvögeln versus Raubvögeln. Ich kann Bubo und Bunny natürlich erst in die Nähe der Krähen lassen, wenn diese nahezu ausgewachsen sind und gut fliegen können. Bis es soweit ist, werden Bubo und Bunny wohl oder übel die Hütte mit mir teilen müssen.

Ähnlich der Wirkung von elektrischen Impulsen, die im Gedächtnis Erinnerungen an längst vergessen geglaubte Ereignisse und Gefühle aktivieren können, bewirkt der muffige Geruch der Krähen bei mir augenblicklich eine Reise ins Zauberland der Kindheit, in die Zeit, als ich meine erste zahme Krähe hatte. Lange vergessene Gefühle werden mir von Zeit zu Zeit blitzartig wieder bewußt; es sind Momente intensiven Wohlbehagens für mich, die ich gewöhnlich nicht dem Anblick neuer, ungewohnter Gegenstände verdanke, sondern den Erinnerungen, die aus der Vergangenheit auftauchen. Vielleicht beschäftige ich mich nicht deshalb mit der Natur, weil ich die intellektuelle Herausforderung als Forscher suche, sondern wegen der intensiven Naturerfahrungen, die ich aus der Kindheit im Gedächtnis behalten habe – was auch immer die Intensität dieser Erfahrungen ausmachte. Ich bin sicher, daß mein tiefes Interesse an der Natur durch die sehr frühen und engen Kontakte mit wildlebenden Wesen – wie zum Beispiel Jacob, der Krähe, die ich handzahm machte und aufzog – geweckt wurde. Durch Jacob bekam ich erstmals ein echtes Gefühl für die Natur.

2. Juni

Den Vormittag über habe ich Sachen ausgepackt und die Hütte aufgeräumt. Bubo kam durch das offene Fenster von der Voliere herein und leistete mir Gesellschaft. Jetzt schläft er, wie in alten Tagen, oben auf einem Balken. Seine unteren Lider sind über die Augen gezogen, aber wenn ich zu ihm rede, öffnet er langsam das linke Auge – das rechte bleibt geschlossen. Das erinnert mich an den Langstreckenläufer, der während eines vierundzwanzigstündigen Rennens zu schlafen versuchte, ohne mit dem Laufen aufzuhören, indem er über jeweils ein Auge eine Augenklappe zog. Vielleicht ist Bubo nur halb wach. Seine Federohren sind aufgestellt, die Brustfedern geplustert. Die Zehen des einen Fangs stehen horizontal unter seinem Bauch hervor, der andere Fang verschwindet im Brustgefieder. Seine Klauen umgreifen den Balken nicht, sondern berühren das Holz nur so viel, daß er das Gleichgewicht halten kann. Sehr langsam, fast unmerklich, wiegt er sich von Seite zu Seite. Es ist ein gutes Gefühl für mich, zu wissen, daß er dort oben ist und sich in meiner Gegenwart vollkommen entspannt.

Am frühen Morgen, als ich aufstand, saß er vor der Fensterscheibe zwischen Hütte und Voliere und sah zu mir herein. Was soll's, dachte ich und öffnete das Fenster. Bunny schlief auf meinem Bett direkt daneben. Er blieb nicht mehr lange dort, als Bubo auf das Fensterbrett hüpfte und anfing, ihn anzustarren. Sie veranstalteten einen Starrwettbewerb. Bubo war geduldig. Nach einigen Minuten erhob sich Bunny, miaute und stieg die

Leiter zum Speicher hinauf, wo er einen verschwiegeneren Schlafplatz fand.

Der Weg war frei, Bubo flog anmutig gleitend durch die Luft und landete auf dem Dachsparren, wo er jetzt sitzt. Vorher hat er ungefähr eine Stunde lang die ganze Hütte erforscht und sich wieder mit all seinen alten Stammplätzen vertraut gemacht. Er flog von Balken zu Balken, vom Boden zu den Balken, zum Waschbecken, zum Brennholzstapel, zum Tisch, den Stühlen, dem Schreibtisch. Nur den Ofen mied er (er war noch kalt); vielleicht erinnerte er sich an die Lektion vom letzten Jahr. Er hat eine Rolle Klopapier zerfetzt, die Lederhandschuhe attackiert, einen Spüllappen in Fetzen gerissen und ein T-Shirt mit hinauf zu den Dachsparren genommen, um zu einem späteren Zeitpunkt sein Mütchen an ihm zu kühlen. Die ganze Zeit, während ich auspackte, den Boden fegte und saubermachte, schenkte er mir keine Beachtung.

Nach dieser Untersuchung und teilweisen Verwüstung seines angestammten Platzes läßt er sich wie früher in der Nähe der Tür nieder, nickt ein, erwacht, putzt sich und nickt wieder ein. Daß er sich wohl fühlt, vielleicht wirklich froh ist, endlich wieder zu Hause zu sein, ist offensichtlich. Er ist wieder lebendig geworden, und von jetzt an – davon bin ich überzeugt – wird er ganz er selbst werden und wachsen und lernen.

Wenn er sich putzt, ist sein Gefieder aufgeplustert, und er schließt die Augen, wenn er eine Feder von Spule zu Schaft durch den Schnabel zieht. Er dreht den Hals, streckt einen Flügel aus und bearbeitet die Federn auf der Innenseite. Oder er beugt den Kopf scharf nach unten und putzt die Federn an seiner Kehle. Dann erfolgt eine erneute Wendung zu Schwanz oder Schulter. Oder er hebt einen Fang, knabbert an den Krallen und bearbeitet die kleinen Federn an den Zehen. Als nächstes zieht er an einer langen Brustfeder, verlagert das Gewicht auf den rechten Fang, hebt den linken und kratzt sich mit einer ausgestreckten Kralle an der Oberseite des Kopfes, wie ein Hund, der sich mit einem Hinterlauf hinterm Ohr kratzt. Bei diesem Vorgang, der keineswegs systematisch abläuft, gibt es hin und wieder eine Unterbrechung, wenn sich auf einmal alle seine Federn ganz langsam sträuben, bis sie fast im rechten Winkel von seinem Körper abstehen. Darauf folgt unweigerlich ein heftiges Schütteln. Ein Hund schüttelt gewöhnlich den Kopf zuerst, dann den Körper und zuletzt den Schwanz. Bubo macht es umgekehrt.

Er sieht aus wie jemand, der versucht, einen Mantel auszuschütteln, ohne ihn auszuziehen. Wie unter einem Mantel hält sich auch unter seinem Federkleid eine isolierende Luftschicht. Der Mantel hängt über seine Zehen, ist zur Seite ausgestellt und macht einen Bogen um die Flügelenden, die fein säuberlich zu beiden Seiten eingesteckt sind – auch das dient der Aufrechterhaltung der Körperwärme. Was seinen Mantel allerdings von meinem unterscheidet, ist, daß er sich an unterschiedliche Temperaturen anpaßt. Wenn er seinen Brustdurchmesser von zehn auf zwanzig Zentimeter vergrößert, hebt er einfach seine Federn an, und die isolierende Luftschicht wird entsprechend dicker. Die Brustfedern können sich an ihrer Basis auch spreizen – ähnlich wie die Schöße eines Fracks –, und wenn er diese Federn anhebt, sieht es aus, als öffnete er einen Mantel von unten nach oben. Darunter kommt ein flaumiges cremigweißes Untergewand zum Vorschein.

Nach dem Aufräumen der Hütte gehe ich in den Wald. Es sieht nach Regen aus. Vor dem grauen Wolkenhimmel hebt sich das frische erbsengrüne Laub der Birken auf den Hügeln leuchtend ab. Viele Bäume haben schon Blätter. Die weißen Blüten wilder Erdbeeren spitzen zwischen den frischen Grasbüscheln in der Nähe der Hütte hervor. Im Lauf des Tages werden sie von vielen Arten kleiner Bienen bestäubt. Ich wünschte, ich wüßte ihre Namen. Die Bienen sind so unauffällig wie lebenswichtig in jenem natürlichen Kreislauf, der Vögeln und anderen Lebewesen ihre Nahrungsgrundlage verschafft, denn wenn die Bienen nicht wären, würden sich die Erdbeerblüten nicht zu Erdbeeren entwickeln. So ist alles, was man sieht, Teil eines großen Netzwerks verborgener Symbiosen; alles baut aufeinander auf, konkurriert und kooperiert miteinander und wird von Notwendigkeiten wie von Zufällen gesteuert – in der Natur schließt eines das andere nicht aus. Für die Natur gibt es nur ein Programm, und nur das Prinzip von Ursache und Wirkung bleibt immer, was es ist.

Wir leben in einem unbarmherzig logischen Universum, in dem Ursachen Wirkungen und Taten Konsequenzen zeitigen und in dem man teuer für seine Fehler bezahlen muß. Es gibt keine Zauberei. Wir wünschen uns eine freundliche, versöhnliche Umwelt, wo ein allmächtiger Gott Unschuldige verschont und Katastrophen verhindert. Aber das kann nicht sein. Warum? Gwynne Dyer hat es in einem Artikel im *Boston Globe* vor einigen Jahren so formuliert:

›Stellen Sie sich einen Moment ein Universum vor, in dem keine Tragödien passieren. Wenn die Triebwerke eines Flugzeugs beim Start ausfallen, macht das Flugzeug am Ende der Startbahn keine Bruchlandung und hundertfünfzig Passagieren wird kein Haar gekrümmt. Statt dessen schwebt das Flugzeug ganz sanft zu Boden, weil Gott die Passagiere liebt und beschlossen hat, sie zu retten. Aber wenn das alles wäre, was passiert, wenn Triebwerke ausfallen, gäbe es keine Notwendigkeit, die Triebwerke zu warten und funktionstüchtig zu halten. Tatsächlich bräuchte man überhaupt keine Triebwerke mehr, nicht einmal Flügel – man könnte vom Rand eines Felsens einfach abheben und in der Luft spazierengehen. Bei Gefahr von Leib und Leben wären die Gesetze der Schwerkraft außer Kraft gesetzt. Ebenso alle anderen Naturgesetze. [...] In einem solchen Universum gäbe es weder Wissenschaft noch Technologie, denn worauf sollten sie fußen, wenn die Naturgesetze nicht mehr gelten würden? [...] Es gäbe nicht einmal eine Logik, da gleiche Ursachen nicht unweigerlich zu gleichen Wirkungen führten.‹

Und selbstverständlich ist genau diese kaltblütige Logik, dieser unversöhnliche Aspekt des Universums die Ursache all der Schönheit, die wir um uns herum erblicken – der wunderschönen Frühlingsblumen, der herrlichen Schmetterlinge und Eulen und des menschlichen Geistes. Mögliche Ursache wäre auch eine Erde, die so paradiesisch ist, wie es das Universum erlaubt – aber nur mittels wissenschaftlicher Methoden und Theorien. Daniel E. Koshland jr. schrieb 1985 in einem Artikel der Zeitschrift *Science*:

›Wissenschaftler werden an den Pranger gestellt, weil sie versuchen, kaltblütige Vernunft anzuwenden auf einem Gebiet, wo der warmherzigen Humanität angeblich das Vorrecht gebührt. Aber Herz und Gefühl haben schon oft zu nichts Besserem raten können als zu heißblütigem Zorn und eifernder Borniertheit. Die wissenschaftliche Methode aber hat zur Entwicklung der bisher wirkungsvollsten Mittel im Kampf gegen Armut, Hunger und Krankheiten geführt.‹

Die wissenschaftliche Methode – was immer verschiedene Menschen darunter verstehen mögen – bleibt in einem Punkt immer gleich: Sie befragt die Natur und zeigt uns dadurch, auf wie unendlich komplexe und manchmal auch einfache Weise die Dinge in dieser Welt funktionieren.

Als ich um halb zwei Uhr mittags heimkehre, sitzt Bubo immer noch auf demselben Balken wie heute morgen um halb elf. Aber Sekunden, nachdem ich ihn begrüßt habe, streckt er sich und wird wieder aktiv. Wahrscheinlich, weil ich zurückgekehrt bin, aber andererseits bettelt er nicht um Futter. Nachdem er von seinem Ansitz aus den Raum noch einmal gründlich inspiziert hat, hüpft er hinunter zu dem gußeisernen Waschbecken und greift sich das grüne Geschirrhandtuch. Zwanzig Minuten lang trägt er es überall mit sich herum, wobei er gelegentlich stehenbleibt, um es in immer kleinere Fetzen zu zerreißen. Er stürzt sich auf eine tote Maus, die ich an einer Schnur über den Boden ziehe, und kröpft sie, dann fliegt er wieder auf den Dachsparren hinauf.

Die unteren Lider sind wieder nach oben gezogen. Auch ich lege eine Pause ein, setze mich an den Tisch direkt unter ihm und lese. Schläft er wirklich? ›Buu-bo‹, rufe ich mit ruhiger Stimme zu ihm hinauf. Sein linkes Auge öffnet sich langsam. Seine Antwort ist ein weiches, kaum hörbares Kichern, das seine Schultern erbeben läßt, zwei-, dreimal. Ich rufe noch einmal. Es folgt immer die gleiche Reaktion, bis ich das sechstemal rufe. Dann ist er ganz still, nur sein Verdauungssystem arbeitet weiter.

Ein dumpfes ›Plopp‹ stört mich in meiner Konzentration. Bubo hat ein Gewölle herausgewürgt. Es ist leuchtendgrün. Ist das möglich? Ja, es besteht aus feuchter, gepreßter Baumwolle. In nur einer Stunde ist aus dem Geschirrhandtuch ein Gewölle geworden. Das muß Rekordzeit sein. Es gibt eine Menge Literatur über die Verdauung bei Eulen, und den klugen Büchern ist zu entnehmen, daß ich auf dieses grüne Gewölle mindestens neun und höchstens vierundzwanzig Stunden hätte warten müssen.

Die Nahrung von Eulen besteht aus leichtverdaulichem Fleisch, das von unverdaulichen Bestandteilen – Knochen, Fell und Federn – getrennt werden muß. Im Magen zersetzte Nahrung wird weiterbefördert in den Darm, wo sie absorbiert wird, während die nicht verdauten Teile aufwärts wandern, um als Gewölle ausgeschieden zu werden. Dieser zweigleisige Verkehr im Verdauungstrakt wird problematisch bei häufiger Nahrungsaufnahme, weil zwei Mahlzeiten, kurz hintereinander eingenommen, während des Verdauungsprozesses störend aufeinander einwirken können. Ein Virginia-Uhu kommt mit mehreren Mäusen, die er auf einmal frißt, besser zurecht als mit einzelnen kleineren Portionen der gleichen Nahrungsmenge, über einen längeren Zeitraum verteilt. Eulen mögen keine Häppchen. Sie schlingen. Das entspricht ihrer Physiologie. Aber Geschirrhandtücher?

Wie unterscheidet ein Eulenmagen ein Baumwolltuch, das nach oben weitergeschickt werden muß, von einem Stück Eichhörnchenhaut, das verdaut werden kann? Wie wird das Gewölle produzierende Förderband angehalten und umgeleitet? Welche inneren Sensoren regulieren den Verkehr und entscheiden, was wohin gelangt? Auf all diese Fragen weiß ich keine Antwort.

Nachmittags hat Bubo einen weiteren Aktivitätsschub. Wie zuvor wird er lebendig, wenn ich Bewegung zeige. Sobald ich mich wieder an den Schreibtisch setze, kehrt er zurück auf seinen Sparren, entspannt sich, betreibt Körperpflege und nickt ein.

Dann aber erwacht er plötzlich und reckt sich erwartungsvoll. Ich höre einen Schrei. Er kommt von dem Pfad, der zur Hütte führt – Jim Marden, einer meiner Studenten, besucht mich mit seiner Frau Paula. Sie treten ein und sind dabei, es sich bequem zu machen, als über ihren Köpfen im Gebälk der laute, volltönende Ruf eines Virginia-Uhus erschallt. Endlich hat Bubo seine Stimme wiedergefunden! Und was für eine Stimme! Bösartig starrt er Jim an, den er vor kurzer Zeit in Vermont noch völlig ignoriert hat. Und er hört nicht auf mit seinem ›Huu-huu‹. Und jedesmal wölbt sich der weiße Latz an seiner Kehle weit vor, als würde Luft hineingeblasen. Die Federn an seinem Kopf liegen an, Kopfbüschel und Stoßfedern sind aufgerichtet.

Es ist eine interessante und neuartige Erfahrung, die Stimme dieses Uhus aus nächster Nähe zu vernehmen, aber nach dem fünfzigsten ›Huu-huu‹ schwächt sich der Effekt ab. Das ist nicht der sanfte, freundliche Ruf, mit dem er mich im letzten Sommer begrüßte, wenn wir uns im Wald trafen. Damals sah er auch freundlich und entspannt aus, und er hat auf Leute, die er nicht kannte, nie zornig reagiert. Fremde konnten ihn aus der Fassung bringen, ja, aber heute ist es etwas anderes. Seine Stimme drückt Macht aus, Entschiedenheit, Zorn. Er wendet sich hauptsächlich an Jim, läßt Paula in Frieden. Aber sein Zorn ist allumfassend, und er attackiert auch meinen Handschuh und dann sogar mein Bein. Die Mardens wollten eigentlich über Nacht bleiben, aber nachdem Bubo sich während der nächsten Stunde nicht beruhigt, fühlen sie sich unbehaglich unter meinem Dach und entschließen sich, anderswo Unterschlupf zu suchen.

Als sie sich auf den Heimweg machen, hüpft Bubo vom Dachsparren herunter, um sie vom Fensterbrett aus besser beobachten zu können. Er hört nicht auf mit seinem ›Huuhuu‹, bis sie auf dem Pfad längst nicht mehr zu sehen sind. Eine halbe Stunde später schüttelt er sich, putzt sich und ist wieder ganz ruhig und friedlich. Ich glaube, er hat soeben erfolgreich verteidigt, was er von nun an als sein angestammtes Territorium in Anspruch nimmt.

Leben in der Blockhütte mit Bubo

3. JUNI

Es scheint schon spät am Morgen zu sein. Vor etwa zwei Stunden, als es noch dunkel war, hat das Rotkehlchen angefangen zu flöten und zu trillern, und jetzt hört man längst nichts mehr von ihm. Auf das Rotkehlchen folgten die Zwergdrossel und die Einsiedlerdrosseln, und auch sie haben ihren Gesang längst beendet. Die Weißkehlammern haben ebenfalls früh angefangen, aber ihr Ständchen ist noch in vollem Gang. Pieperwaldsänger unterbrechen den melodischen Gesang der anderen Vögel gelegentlich durch laute, heisere Strophen. Blauhäher schreien einander etwas zu, während sie ihren morgendlichen Beschäftigungen nachgehen, und der Rubinfleckwaldsänger in den Blaubeersträuchern nahe der Hütte wiederholt schier endlos seine einförmigen Tonkaskaden. Die Spätaufsteher, Rosengimpel und Scharlachtangaren, beginnen gerade erst, ihre Stimmen zu üben. Es ist zehn vor sechs.

Bevor ich Bubo kannte, begann für mich der Tag meistens etwas später. Dank der durch ihn notwendig gewordenen Änderungen meines Stundenplans habe ich heute schon gefrühstückt und sitze mit meiner zweiten Tasse Kaffee behaglich vor dem wärmenden Herdfeuer. Hier oben ist es morgens um diese Zeit noch recht kühl.

Während der Nacht war in Bubos Käfig alles ruhig. Aber

schon bei Anbruch der Dämmerung klopft er an die Fensterscheibe bei meinem Bett und läßt nicht locker, bis ich das Fenster öffne und er zu mir hereinhüpfen kann. Vom Fensterbrett aus inspiziert er die Hütte einige Minuten lang und überzeugt sich davon, daß die Luft rein ist. Bunny schläft nach seinem nächtlichen Raubzug auf dem Bett. Bubo fliegt quer durch den Raum und läßt sich auf einem Dachsparren nieder.

Viele große Vögel haben Schwierigkeiten beim Auffliegen. Bubo nicht. Unter seinem Gefieder sind die langen, starken Läufe versteckt, und er kann sich mit einem Satz in die Luft erheben und zweieinhalb Meter weiter oben auf einem Balken landen. Wenn ihn das Anstrengung kostet, so sieht man es ihm nicht an. Die Eleganz beim Fliegen steht im Widerspruch zu seinem Erscheinungsbild auf dem Boden, wo er wie eine Ente watschelt und an einen kleinen, stämmigen und übergewichtigen alten Mann erinnert.

Sieben Uhr morgens. Bubo ist immer noch aktiv, trotz des hellen Sonnenscheins. Er findet eine aufgewickelte Angelschnur und spielt so lange mit ihr herum, bis sie nur noch ein verknotetes Knäuel ist. Er hüpft vom Boden zum Balken und wieder zurück. Er putzt sich, schüttelt sich, untersucht weitere Gegenstände und beruhigt sich, während er lange aus dem Fenster schaut.

Und dann, als fiele es ihm plötzlich wieder ein, senkt er den Kopf, breitet die Flügel aus und faucht in Richtung Bett, wo Bunny liegt. Ohne mit dem Schnabel zu klappern, nähert er sich dem Kater, wobei er den Kopf bis fast zum Boden gesenkt hält und sich nach rechts und links wiegt. Bunny durchschaut den Bluff und rührt sich nicht vom Fleck. Darauf zieht es Bubo vor, woanders hinzuwatscheln. Langsam schreitet er vorwärts, und wenn seine Klauen auf den Holzplanken auftreffen, gibt es ein klickendes Geräusch wie von genagelten Stiefeln.

Gestern widmete er sich hauptsächlich dem Inneren der Hütte. Heute hat er bald genug von der Inspektion der Gegenstände drinnen und verbringt die meiste Zeit damit, aus dem Fenster zu sehen. Vielleicht sollte ich für ein bißchen Unterhaltung sorgen. Ich habe zwei lebende Flußkrebse; vielleicht interessiert er sich für sie.

Flußkrebs Nr. 1 liegt auf dem Rücken, bewegt langsam seine Gliedmaßen und schwenkt den Hinterleib. Bubo starrt von seinem Balken auf ihn herunter, schüttelt dabei gelegentlich heftig den Kopf, als ob er den Anblick dieses Wesens leidenschaftlich mißbilligte. Bald verdrängt jedoch die Neugier alles andere, und er hüpft auf den Boden, um sich das Ding genauer anzusehen. Weiterhin schüttelt er immer wieder kurz den Kopf (genauso schüttelte er den Kopf, nachdem er Kröten, Ochsenfrösche und Muscheln probiert hatte), kommt aber näher. Aber kaum hat er seine erste Inspektion beendet, hört der Flußkrebs auf, seine Spindelbeine zu bewegen, und da erlahmt bei Bubo das Interesse.

Jetzt lege ich den Flußkrebs in eine mit Wasser gefüllte Schüssel. Das Wasser weckt seine Lebensgeister wieder, und auch Bubo zeigt neuerlich wache Teilnahme. Er schreitet um die Schüssel herum, tunkt den Schnabel immer wieder hinein, erwischt den Flußkrebs aber nicht richtig und schlürft statt dessen ein paar Tropfen Wasser. Das Wasser gefällt ihm, er trinkt und hüpft hinein, und dabei gibt er genau dieselben hohen, quietschenden Töne von sich wie letztes Jahr, wenn er ein Bad nahm.

Die Schüssel ist aber zu klein, als daß man richtig in ihr baden könnte, und er entdeckt den Flußkrebs wieder. Er packt ihn mit dem Schnabel, beißt, hüpft aus der Wanne heraus, beißt noch einmal. Hmm, nicht schlecht. Also schlucken wir das Ding.

Eine halbe Stunde später präsentiere ich ihm Flußkrebs Nr. 2. Dieselben Manöver – nur daß das Krustentier diesmal weit schneller in seinem Magen landet.

Als ich später am Vormittag nach vierstündiger Abwesenheit zur Hütte zurückkehre, schläft Bubo mit geplustertem Gefieder auf dem Dachsparren, und Bunny liegt wie üblich auf dem Bett.

Sie zeigen größten Respekt voreinander. Da sie beide höchst potente Fleischfresser sind, ist ihr Friedensschluß Ergebnis gegenseitiger Furcht.

Bubo war nicht ganz untätig, während ich draußen war. Mein zweites grünes Geschirrtuch liegt zu langen Fetzen zerschlissen auf dem Schreibtisch. Ich schaue zu ihm hinauf: ›Bubo, warst du das?‹ Er sieht auf mich herunter, und wie aufs Stichwort streckt sich sein Hals, sein Schnabel öffnet sich, und heraus kommt ein großes grünes Gewölle, das aus baumwollenen Geschirrtuchfasern und dem fragmentierten Flußkrebspanzer besteht. Natürlich hat er meine Frage nicht verstanden, aber das Ganze erinnert mich daran, wie leicht es ist, zu glauben, Haustiere verstünden die menschliche Sprache. In dieser Hinsicht werden Tiere oft überschätzt. In manch anderer Hinsicht unterschätzt man sie.

4. JUNI

Gestern abend ist Bubo von allein in seinen Käfig zurückgeflogen. Als er drin war, saß er eine halbe Stunde ganz ruhig auf seinem Ast und sah zum Wald hinüber, wo die Einsiedlerdrossel sang. Als ich den Käfig betrat, hatte ich eine Maus in meiner behandschuhten Hand. Welche Aufregung! Er flog direkt auf meine Faust. Ich setzte ihn wieder auf den Ast, und er kam zurück. Ich gab ihm ein paar Bissen Bisamrattenfleisch, und er kam wie letztes Jahr und blieb, ohne zu protestieren, auf dem Handschuh sitzen.

Von Tag zu Tag wird er freundlicher – oder er hat sich wieder vollständig an mich gewöhnt. Sobald ich von einem Gang in die Hütte zurückkehre, wird er aktiv. Er hüpft von seinem Sparren herunter, spielt mit einem Blatt Papier, stürzt sich auf Schuhe, die herumliegen, oder auf ein Hemd, das er, kaum gesehen, schon in Stücke reißt. Wenn ich lese, kommt er zu mir, bleibt auf dem Tisch sitzen, knabbert am Papier oder an meinen Fingern. Ich benutze die Gelegenheit, um ihm sanft den Kopf zu kraulen.

Sieben Uhr abends. Wie gestern fliegt Bubo auch heute von selbst in seinen Käfig. Eine Stunde später höre ich noch immer kein Geräusch von ihm, während er von Ast zu Ast hüpft. Ich spähe zum Fenster hinaus und sehe, daß er hellwach ist. Er blickt minutenlang in eine Richtung, dreht schnell den Kopf und hält ihn dann wieder ganz still. Seine äußere Beherrschtheit scheint mit seiner inneren Anspannung in Widerspruch zu stehen.

Acht Uhr zwanzig am gleichen Abend. Langsam schwindet das Tageslicht. Das melodiöse Flöten der Einsiedlerdrossel ertönt aus dem Nadelwald, der am Rand unserer Lichtung beginnt. Einige Kronwaldsänger tirilieren auf den oberen Zweigen der Fichten. Der rauhe Ruf eines Pieperwaldsängers ertönt ein-, zweimal; gegen ihn klingen die anderen Waldsänger geziert und schwach. Ein Ziegenmelker segelt über die Lichtung – ein sehr seltener Vogel in dieser Gegend. Und im Blaubeergebüsch summt eine Hummel, die die letzte Ladung Nektar dieses Tages sammelt und damit das Wachstum Hunderter von Beeren initiiert, die wiederum Raben und Rotkehlchen im Herbst als Nahrung dienen werden.

Acht Uhr fünfzig. Die Dämmerung ist in Dunkelheit übergegangen. Die Vögel haben aufgehört zu singen. Bubo hält nicht mehr Wache, er fliegt in der Voliere hin und her.

5. JUNI

Kurz vor vier Uhr früh weckt er mich auf; schwer läßt er sich auf seinen Ansitz fallen, und der ganze Käfig zittert. Der Himmel verfärbt sich im Osten bereits gelblich und orange. Eine halbe Stunde später, um genau vier Uhr vierunddreißig, fast auf die Minute zur selben Zeit wie gestern, klopft Bubo an die Scheibe und will herein.

Am offenen Fenster überblickt er den ganzen Raum einige Minuten lang. Bevor er sich für den Flug in irgendeine Richtung entscheidet, denkt er über eine Reihe von alternativen Möglichkeiten nach. Niemals erhebt er sich in die Luft ohne vorheriges längeres Abwägen. Auch das macht ihn mir sympathisch.

Durch halb geschlossene Lider sehe ich im trüben Morgenlicht, daß er mein langärmliges Sweatshirt vom Boden aufhebt und damit zu seinem Balken hinauffliegt. Ich hätte gern noch ein wenig weitergeschlafen, aber das Geräusch des reißenden Stoffs stört meine Ruhe. Ich höre das Schlagen seiner Flügelspitzen zwischen den Wänden der engen Hütte, gefolgt vom gelegentlichen Klirren eines Löffels, den er fallen läßt, oder eines Glases, das er umstößt. Viel zu früh wird mein Schlaf leicht und unruhig. Bubo dagegen ist hellwach und läßt sich kaum eine Gelegenheit zum Unsinnmachen entgehen. Jetzt entdeckt er meine Laufschuhe, aber das Leder widersetzt sich hartnäckig allen Zerreißversuchen. Prompt läßt er die Schuhe in Ruhe und versucht sich am Besen. Das ist schon besser, aber als das Ding, dessen Borsten sich so schön ausreißen ließen, zu Boden poltert, macht er einen erschrockenen Satz zur Seite. Endlich attackiert er eine Rolle Klopapier, und damit hat er einen wirklich durchschlagenden Erfolg. Dann ist es still. Er fliegt wieder zum Dachsparren hinauf und widmet sich der Körperpflege, bis ich aufstehe.

Ich habe den Schwanz eines Waldmurmeltiers aufgehoben, das er gestern zum Abendessen bekam. An eine Schnur gebunden und über den Boden gezogen, eignet sich das buschige Ding sehr gut als Spielzeug. Bubo erkennt gleich, daß das viel Spaß verspricht, und rennt ihm nach. Schneller und schneller läuft er, aber ich sorge dafür, daß er es nicht kriegt. Endlich fängt er es mit dem Schnabel, aber ich entreiße es ihm wieder. Daraufhin stößt Bubo ein lautes, irritiertes Zwitschern aus, und die Verfolgungsjagd geht weiter, in großen Kreisen über den Hüttenboden. Er macht jetzt weite Sprünge und flattert mit den Flügeln dazu. Dies ist eine richtige Herausforderung; er muß alles einsetzen, was er hat. Er fliegt und stößt, mit nach vorn gerichteten Klauen und zurückgebogenem Kopf, in der klassischen Haltung des Beute schlagenden Greifvogels, auf den Murmeltierschwanz herab. Getroffen! Diesmal lasse ich ihm die Beute, die er sich wahrlich hart erkämpft hat, und er verliert keine Zeit und kröpft sie augenblicklich.

Bubo bringt mindestens zwei Arten von Geräuschen mit seinem Schnabel hervor: ein drohendes, scharfes Schnappen und ein weiches Schmatzen, das Zufriedenheit ausdrückt. Nachdem er den Murmeltierschwanz verschluckt hat, höre ich dieses sanfte Schmatzen, und ich verstehe, daß das Fangen und Fressen dieser Beute eine äußerst befriedigende Erfahrung für ihn gewesen ist.

6. Juni

Heute erwarten wir einen Reporter. Er hat Gerüchte gehört über jemanden, der draußen im Wald mit Krähen, einem Uhu und möglicherweise noch mehr Seltsamkeiten zusammenlebt. Ich mache ein Feuer im Herd und setze Kaffeewasser auf. Sogar den Boden habe ich gefegt und die Klopapierschnipsel aufgehoben. Bubos weiße Exkremente sind von Boden, Tisch und Stühlen aufgewischt. Das schmutzige Geschirr ist säuberlich gestapelt. Kurz, die Hütte sieht picobello aus. Ich warte auf den Besucher. Bubo beschäftigt sich noch mit dem Handschuh, den ich benutzte, als ich ihn an den Wurfriemen festhalten mußte (wie er sich damals gewehrt hat!), und den er seit heute morgen um fünf Uhr mit größter Lust immer wieder attackiert. Jetzt ist es elf, und er sieht schon ein bißchen schläfrig aus.

Er bleibt nicht lange schläfrig. Als ich gerade dabei bin, mich voller Bewunderung für die geleistete Hausarbeit gemütlich zurückzulehnen, höre ich draußen Schritte und ein fröhliches ›Hallo!‹. Auch Bubo hört es. Sofort biegt er den Kopf bis zu den Zehen, so daß er vom Sparren hinunter durchs Fenster sehen kann. Was er sieht, muß ihn sehr beeindrucken, denn er läßt den Handschuh fallen, den er vom Morgengrauen an nicht aus den Krallen gelassen hat.

Der Reporter, ein Mann etwa meines Alters und meiner Statur, nähert sich der Tür. Bubo hält sich fast waagrecht, sein Schwanz ist erhoben, das Kopfgefieder liegt an, die Federohren stehen weit ab. Seine Augen sind nicht mehr rund, sondern mandelförmig, und sein weißer Kehlfleck bläht sich, während er laut und herausfordernd seinen Kampfruf erschallen läßt: ›Huuuu-huu-huu-huu-huu-huu-*huuu*‹, mit starker Betonung auf der letzten Silbe. Das heißt, er ist zornig. Der Reporter zögert, aber ich fordere ihn auf, einzutreten. Als er fast die Schwelle erreicht hat, fliegt Bubo in der Hütte herum, richtet ein heilloses Durcheinander an und hört nicht auf mit seinem durchdringenden Rufen.

Der Besucher streckt vorsichtig den Kopf durch die Tür, Bubo stürzt auf ihn los, und der Besucher zieht sich zurück. Wir machen das Interview draußen, aber drinnen geht das Getöse weiter, das sich aus Bubos Rufen und gelegentlichem Krachen zusammensetzt. Aus den Augenwinkeln sehe ich herumfliegendes Papier, und ich höre klirrendes Geschirr und fallende Kisten. Der Reporter macht den diplomatischen Vorschlag, ob man nicht ein ruhigeres Plätzchen finden könne – auch die Mücken störten hier ein wenig, nicht wahr? Ich mache mir jetzt wirklich Sorgen, aber nicht um ihn. Er könnte einen Uhu mit einem Stock ohne weiteres abwehren. Aber wie soll sich mein kleiner Sohn Stuart, der demnächst kommt, gegen einen angreifenden Uhu verteidigen?

Wir ziehen uns auf die Lichtung zurück und klettern in das halbfertige Blockhaus. Hier ist Bubo außer Reichweite, aber die Mücken sind es nicht. In Schwärmen fallen sie über jedes Stückchen blanke Haut her, das sie finden können, um ihren dämonischen Durst zu stillen. Und wenn sie ihn gestillt haben, lassen sie purpurrote, juckende Blasen zurück.

Nachdem wir ein paar Minuten lang kräftig Blut gespendet haben, erinnert sich der Reporter daran, daß er etwas im Auto vergessen hat, und wir machen uns auf den Weg nach unten, während wir uns ohne Unterlaß auf Gesicht, Hände und Nacken klatschen. Sehr effektiv, diese kleinen Biester. Dank ihnen sind die bewaldeten Gebiete hier für die meisten Menschen unbewohnbar. Ich liebe sie ganz und gar nicht, aber das muß ich ihnen, wenn auch zähneknirschend, lassen: daß sie als Bewahrer der grünen Wälder Maines beste Dienste leisten. Kaum jemand ist willens, sich in einem Territorium zu behaupten, das diese Mücken für sich beanspruchen. Mögen sie ewig leben. In der Zwischenzeit schlage ich nicht wenige von ihnen tot.

Volle drei Stunden, nachdem der Reporter wieder weggefahren ist, hat sich Bubos Zorn noch immer nicht gelegt – seine lauten Rufe beweisen es. Nie hätte ich gedacht, daß er sich von einem Reporter derart bedroht fühlen könnte. Vielleicht kann ich ihn die Störung unseres Idylls vergessen lassen, indem ich ihn ablenke. Ich rufe Bunny, locke ihn mit einem Schälchen Kondensmilch immer näher zu Bubo hin. Und meine Hoffnung erfüllt sich – der Anblick des Katers verscheucht den bösen Besucher aus Bubos Gedächtnis. Der neue Feind bringt ihn aus dem Konzept. Er sieht ihn, beobachtet ihn, droht ihm. Eine halbe Stunde lang kein ›Huu-huu‹ mehr, aber dann erinnert er sich wieder, und das eintönige Rufen beginnt von neuem. Noch einmal locke ich den Kater zu ihm hin, und beim zweitenmal scheint Bubo den Reporter endlich vergessen zu haben.

Die meisten Vögel öffnen den Schnabel, um zu singen, aber Bubos Schnabel ist fest geschlossen, wenn er schreit, und seine Kehle bläht sich wie die eines Froschs und läßt einen großen, fein umrissenen, perlweiß befiederten Fleck sehen, der in der Dunkelheit deutlich sichtbar ist wie ein Reflektor. Wenn er seine Rufe an mich richtet, leitet er sie mit einem leisen Ächzen ein, aber nicht, wenn die Rufe Fremden gelten. Diese ächzenden, seufzenden oder knurrenden Laute sind bei wildlebenden Virginia-Uhus in der Kommunikation zwischen Männchen und Weibchen beobachtet worden.

Bubo stehen nicht nur verschiedene Arten von Rufen zur Verfügung, ein einzelner Ruf kann auch auf sehr verschiedene

Weise ausgestoßen werden. Allmählich erschließt sich mir die Bedeutung dieser Nuancen. Ich habe lange gebraucht, um sie voneinander unterscheiden zu lernen, und selbst jetzt ist mir längst nicht jeder Ton klar. Sein Standardruf, oft beobachtet und aufgezeichnet, besteht aus sieben Noten. Aber gelegentlich beschränkt er sich auf sechs oder gar nur fünf. Wenn er sich ärgert und sein Ruf einem Fremden gilt, sind es immer sieben, wobei die letzte betont ist und Tonhöhe und -volumen sich mit jeder Note steigern. Es ist wie ein lautes ›Hallo‹, nicht als freundliche Begrüßung gemeint, sondern als Forderung zum Kampf. Und wenn er jemanden fordert, starrt er ihm direkt in die Augen. Wenn das ›Hallo‹ hingegen als Willkommensgruß gemeint ist, fallen Tonhöhe und -volumen bedeutend, und besonders die letzte Note klingt weich und zart. Wenn der Gruß noch freundlicher gemeint ist, fehlt die letzte Note oder die beiden letzten Noten – ein ganz beiläufiges und selbstverständliches Hallo. Während dieser freundlichen Grußrufe gibt es keinen Augenkontakt. All diese Details der Uhusprache mögen wissenschaftlich gesehen nicht sehr bedeutsam sein, aber für mich ist es sehr anregend, solche winzigen Details im großen Reich der Natur zu entdecken.

Normalerweise hört man die Rufe des wildlebenden Virginia-Uhus nur vom frühen Winter bis zum Anfang des Frühjahrs, während der Brutzeit und bis zum Flüggewerden der Jungen. Die meisten Vögel singen während dieser Periode ebenfalls, ihr Singen signalisiert die Geschlechtsreife. Ein männlicher Virginia-Uhu, der im Raubvogel-Center von Vermont sieben Jahre lang im Käfig gehalten wurde, hat allerdings, wie mir berichtet wurde, in dieser ganzen Zeit kein einziges Mal seine Stimme erhoben, obwohl er bestimmt alt genug war. Andererseits hörte ich Bubos Ruf mindestens zweimal, als er noch ein Nestling war, und jetzt, nach einem Jahr, ruft er jeden Tag zu jeder Zeit, sobald sich ihm jemand nähert.

Wie der melodiöse Gesang der Einsiedlerdrossel hat auch der

Ruf des Uhus eine mindestens zweifache Funktion. Unbeweibten Männchen gibt er zu verstehen: ›Betreten verboten. Dieses Grundstück ist besetzt.‹ Und unversorgten Weibchen sagt er: ›Komm her. Schau, was ich zu bieten habe. Laß uns eine Familie gründen.‹ Natürlich ist es nicht ganz so simpel; die Rufe dienen möglicherweise auch noch anderen Zwecken.

Am faszinierendsten finde ich die große Menge weicher und gedämpfter Töne, die Bubos Kehle enthält. Ich höre sie nur, wenn ich ganz nahe bei ihm bin; es ist seine private Stimme, die dem Ausdruck von Vertraulichkeiten gilt. Jedesmal, wenn er zu mir kommt, stößt er ein leises, näselndes Kichern aus, oft auch eine Serie solcher Laute, bei denen sein Bauch und sogar sein ganzer Körper mitbebt und -schwingt. Der Kontext dieser Äußerungen zeigt, daß sie zu verstehen sind wie das Schnurren einer Katze oder das lallende Plappern eines Babys. Und genau wie letzteres ist auch Bubos Kichern in Stärke und Tonfall ganz unterschiedlich. Manchmal ist es langsam, kehlig, am Ende ansteigend: ›Hmm? Hmm?‹ Wenn er ein bißchen gereizt ist, kann das Kichern in ein etwas lauteres Gackern übergehen. Es fördert die Freundschaft, das Einfühlungsvermögen und das Verständnis, wenn solch intimen Details einer Stimme Aufmerksamkeit geschenkt wird. Man lernt sie im Zusammenleben von Tieren und Menschen kennen.

Um sechs Uhr dreißig am Abend wird Bubo aktiv; daß ich Brot backe, interessiert ihn nur am Rand. Brot backe ich folgendermaßen: Ich schütte eine Packung Trockenhefe in warmes Wasser, gebe viel Weizenvollkornmehl und ein wenig Salz dazu, lasse den Teig gehen, füge noch etwas mehr Mehl hinzu, und dann wird gebacken. Wir haben keinen Backofen, aber eine tiefe Bratpfanne auf dem Herd, bedeckt mit einem Topf, tut es auch. Die fertigen Brotlaibe schmecken gut und herzhaft, sie stellen jedes weiche Weißbrot in den Schatten. Das ist nicht nur meine Meinung – Bubo denkt genauso.

Als er mich den Teig mischen sah, ist er zurückgeflogen in seine Voliere. Jetzt, um Viertel nach acht, sitzt er noch immer auf dem Zweig, den er vor neunzig Minuten auswählte. Er sitzt leicht vornübergebeugt da, das Brustgefieder ist gelockert und hängt bis zu den Zehen herab. Die Kopfbüschel stehen auf eine etwas verwegene Weise ab, während er zu der Einsiedlerdrossel hinüberschaut, die ihr Abendständchen zu Gehör bringt. Hin und wieder bewegt sich sein Kopf sacht auf und ab. Auch die Flötentöne einer Weißkehlammer sind nun vom Tal herauf zu hören, und Bubo dreht den Kopf. Ein Vogel nach dem anderen – Pieperwaldsänger, Finken, Kronwaldsänger und Hemlockwaldsänger – stimmten ein in das Konzert. Bubo beobachtet (oder horcht) voller Aufmerksamkeit. Auch ich strenge Augen und Ohren an, aber von all diesen Vögeln sehe ich keinen einzigen. Sie sind in den jetzt dunklen Tannen, Fichten und Kiefern und zwischen den hellen Stämmen der Birken gut versteckt.

Im Abendlicht ist das Blau der Veilchen unter den Birken nicht zu erkennen. Aber das Weiß der vierteiligen Blüte des Kanadischen Hornstrauchs leuchtet hell vor dem schnell dunkel werdenden Grün des Mooses. Auf der Lichtung schimmern Farn, Geißbart und Goldrute im Dämmerlicht noch immer grün, und darüber und dazwischen schwirren kleine weiße Motten. Der lachsfarbene Himmel wird am Hang jenseits des Sees dunkler. Jetzt ist es acht Uhr fünfzig. Fast Nacht. Die Einsiedlerdrossel singt noch. Ein Rotkehlchen schlägt Alarm. Die nachtaktiven Wesen erwachen zum Leben. Und Bubo regt sich auf seinem Ast.

Die Aktivität von Vögeln hängt wie beim Menschen mit der Körpertemperatur zusammen, die täglich in Kurven ansteigt und abfällt. Unsere Körpertemperatur steigt am Tag und fällt in der Nacht. Genauso ist es bei Kleinvögeln. Man könnte von Eulen das Gegenteil erwarten – wenn sie wirklich Nachttiere wären. Interessanterweise ist aber beim Virginia-Uhu die niedrigste

Temperatur ebenfalls nachts gemessen worden. Bei Anbruch der Abenddämmerung sinkt sie um etwa ein Grad Celsius, und wenn die Sonne aufgeht, steigt sie wieder um ein Grad. Diese Kurve stimmt mit Bubos Verhalten im großen und ganzen überein: Bei Sonnenaufgang wird er aktiv, bleibt während des Tages semiaktiv und schläft in der Mitte der Nacht. Worauf schon die Beschaffenheit seines Gesichtssinns hindeutete, das bestätigen diese Beobachtungen: Es könnte sich um eine ursprünglich tagaktive Gattung handeln, die im Lauf der Evolution in Anpassung an bestimmte Umweltbedingungen eine mehr und mehr dämmerungs- und nachtaktive Lebensweise annahm.

7. JUNI

Die beiden Krähen Thor und Theo haben sich dank des guten Futters – Katzennahrung, angereichert mit Rührei und selbstgebackenem Brot, das ich für sie anfeuchtete und vorkaute – schnell entwickelt. Und da Bubo die Hütte noch nicht verlassen hat, waren sie die ganze Zeit sicher in ihrem Nest auf der Esche. Inzwischen haben sie ihr Nest verlassen, und Bubo schaut ihnen etwas zu interessiert nach, wenn sie vor unserem Fenster vorbeifliegen. Er stößt sogar mit dem Kopf gegen die Scheibe in dem wilden Wunsch, auf sie loszugehen. Aber ich will noch warten, bis sie älter geworden sind und besser fliegen können, bevor ich ihn auf sie – oder sie auf ihn – loslasse.

In der Zwischenzeit findet er andere unterhaltsame Beschäftigungen. Heute ist es eine Hummel. Ich habe sie gefangen und ihrer gefährlichsten Waffe, des Stachels, beraubt. Nachdem ich das kleine haarige Wesen auf dem Boden freigelassen habe, dreht es sich auf den Rücken, als ob es den Stachel noch hätte – von dieser Position aus kann er am effektivsten eingesetzt werden. Bubo beobachtet die Hummel von zwei Metern Höhe herab. Er mißt die Entfernung: Blitzschnell schließen und erweitern sich seine Pupillen. Wird er sich auf sie stürzen? Die

Hummel brummt. Bubo springt entsetzt von seinem Balken herunter, ohne zu fauchen, zu klappern oder die Federn anzulegen. So überstürzt ist seine Flucht, daß er direkt oberhalb des Waschbeckens gegen ein Fenster kracht (das ist ihm nie zuvor passiert). Zwischen Fensterbrett und Waschbecken bleibt er hängen und flattert wie rasend, nicht unähnlich einer Motte, die einen Ausweg sucht.

Eine blaue Schmeißfliege, die sich an den Essensresten im Waschbecken gütlich getan hat, fühlt sich gestört und leistet Bubo am Fenster Gesellschaft. Sie summt, aber Bubo beachtet sie nicht. Sie summt weiter und wirft sich gegen das gläserne Hindernis. Die Wucht war zu groß – sie fällt hinunter in eine schmutzige Schüssel, in der noch eine Lache Maisöl steht. Aber davon läßt sie sich keineswegs entmutigen. Mit gut geschmierten Flügeln kehrt sie zum Fenster zurück. Jetzt ist der Ton, den sie von sich gibt, merklich tiefer, die Flügel sind schwerer, die Flügelschlagfrequenz hat abgenommen. Sie summt nicht mehr, sie brummt und hat sich für Bubo im Handumdrehen in eine weitere Hummel verwandelt, vor der er sich in Sicherheit bringen muß. Er fliegt zu den Dachsparren hinauf, von dort zum Speicher und weiter zum entgegengesetzten Ende der Hütte, wo er gegen das andere Fenster kracht.

Bubo ist ein passionierter Insektenvertilger. Motten, Käfer, Grashüpfer, alle betrachtet er als jagdbares Wild. Warum flieht er vor einer Hummel und einer Fliege, die wie eine Hummel klingt? Ich töte die Hummel, so daß sie nicht mehr brummen kann, und biete sie ihm an. Er streckt sofort den Schnabel vor und nimmt, beißt und schluckt sie voller Begeisterung, und dann drückt er durch leises Schnabelschmatzen und gurrende Laute seine Befriedigung aus.

Vielleicht hat er in der Vergangenheit einmal eine schmerzhafte Begegnung mit einer Hummel gehabt. Wenn ja, so identifiziert er Hummeln durch ihren Ton, nicht durch ihre körperliche Beschaffenheit. Seine Fähigkeit, zwischen dem Brummen einer

Hummel und dem Summen einer Fliege zu unterscheiden und die Hummel mehr zu fürchten als die Fliege, erstaunt mich. Es ist nicht anzunehmen, daß nachtaktive Eulenvögel durch Hummeln oder Bienen in Gefahr gebracht werden. Allerdings gibt es viele Fliegen, die sich als Parasiten auf Eulen niederlassen; sie sind wirklich Feinde der Eulen, und es scheint sinnvoll, sie zu fürchten. (Wahrscheinlich sind aber gerade diese Fliegen nicht die geräuschvollsten ihrer Gattung.)

Der Virginia-Uhu als großer und kraftvoller Greifvogel ist ein sicherer Hafen für alle Arten parasitären Ungeziefers. Kein Wunder, daß es viele gibt, die ihn gern befallen. Er hat von diesen unangenehmen kleinen Feinden mehr zu befürchten als von seinen großen Gegnern. Mich als Entomologen interessiert die Symbiose zwischen den Eulen als Wirt und verschiedenen Parasiten schon seit längerer Zeit. Als ich vor ein paar Jahren einen verletzten oder überfahrenen Vogel mitten auf einer vielbefahrenen Straße entdeckte, wollte ich sofort seinen Körper auf Spuren von Parasiten untersuchen und hielt augenblicklich an, um ihn vor dem Verkehr in Sicherheit zu bringen. Zu meiner Überraschung war es ein Streifenkauz, und noch überraschender war, daß er noch lebte, obwohl ihm Blut aus einem Auge sickerte. Ich legte ihn vor dem Rücksitz auf den Boden und fuhr weiter in der schwachen Hoffnung, daß er sich erholen werde. Er erholte sich wirklich. Und zwar recht bald. Nach etwa fünfzehn Minuten fand hinten im Wagen ein Riesenaufruhr statt, und der Streifenkauz wurde so lebendig, wie ein eben gefangengenommenes Wesen es nur werden kann. Wie rasend flog er zwischen den Seitenfenstern hin und her, dann gegen die Heckscheibe und nach vorn, wo er es sich ganz unvermittelt genau vor mir auf dem Steuerrad gemütlich machte, gerade als ich in die Stadt St. Johnsbury in Vermont einfuhr.

Etwas später saß er auf der Lehne des leeren Sitzes neben mir, und ich konnte ausgiebig seine wunderschönen, großen, schwarzbraunen Augen und den gelben Schnabel zwischen den zwei riesigen grauen Scheiben des Gesichtsschleiers bewundern. Während ich immer wieder zu ihm hinsah, weil dieses Gesicht, das mir freundlich erschien, großen Eindruck auf mich machte, redete ich zu ihm, und er wurde ruhiger. Ich hatte schon überall Ausschau gehalten nach einem geeigneten Flecken Wald, um ihn freizulassen, aber jetzt fühlte sich der Kauz offensichtlich sehr wohl in meinem Auto. Wie Bubo reagierte er auf meine leisen Worte mit weichen, gurrenden Lauten der Zufriedenheit. Zwischendurch schmatzte er mit dem Schnabel, sah zu den anderen Autos hinaus und schien nirgendwo anders sein zu wollen als genau hier. Also ließ ich ihn, wo er war, und fuhr weiter. Allmählich schlossen sich seine Lider, und er nickte ein, und nur wenn wir bei einem Stoppschild halten mußten, wurde er wieder hellwach. Die kurvenreiche, schlaglochübersäte Landstraße durch den Wald zu unserem Haus ließ ihn kalt. Vielleicht glaubte er, an einem ganz auserlesenen warmen Plätzchen gelandet zu sein, unter dicken, schützenden Zweigen in einer windigen Nacht. Als wir ankamen, erwachte er wieder, schaute ganz ruhig um sich und flog geradewegs aus der offenen Tür in den Wald hinein. Leider nahm er all die Parasiten mit, die ich unter seinen Flügeln zu untersuchen gehofft hatte. Ich habe bis heute keine einleuchtende Erklärung für das äußerst seltsame Verhalten dieses Streifenkauzes gefunden, der mir wie ein handzahmer Vogel vorkam. Zu vermuten ist allerdings, daß er im Auto völlig den Kontakt zu seiner gewohnten Welt verlor, sich folglich nicht mehr gemäß den Grundlagen seiner Lebenswelt verhalten konnte und seine Angst und andere für das Überleben notwendige Reaktionen vergaß.

Um auf die Parasiten zurückzukommen: Es ist beobachtet worden, daß sich viele Vögel mit Hilfe von Ameisen von ihnen befreien. Ich selbst konnte dieses Verhalten bei meinen beiden Krähen oft beobachten (nie jedoch bei zahmen Raben). Einzelne Ameisen interessieren sie nie, während Ameisengruppen sie magnetisch anziehen. Je mehr Ameisen sich irgendwo versammeln, desto unwiderstehlicher werden sie für Krähen. Dabei denken sie nicht daran, die Ameisen aufzupicken – sie setzen sich auf sie! Man braucht nur die oberste Schicht eines Ameisenhaufens etwas durcheinanderzubringen; sobald ein paar Ameisen hin und her krabbeln, lassen die Krähen alles stehen und liegen und wollen wissen, was vor sich geht. Mit gelockertem Gefieder und halb ausgebreiteten Flügeln lassen sie sich nieder, setzen sich mitten ins Ameisengewühl hinein. Immer mehr Ameisen kommen aus dem Inneren des Haufens, um ihn gegen die rüden Besucher zu verteidigen, und bald bewegen sich dichte Ameisentrupps an den Flügel- und Stoßfedern der Krähen auf und ab. Mit ihren Zangen dringen die Ameisen den Krähen ins Fleisch und versprühen dabei ihr Verteidigungsgift Ameisensäure. Die Dämpfe ziehen noch mehr Ameisen an – Verstärkungstrupps rücken an. Die Krähen benehmen sich wie berauscht von der ungeteilten Aufmerksamkeit der Ameisen. Sie schieben sich immer weiter in den Ameisenhaufen hinein, lassen ihre Flügel darüber hinschleifen und rollen sich manchmal, Füße in der Luft, auf die Seite und den Rücken. Einige Ameisen, die sich an ihren Flügeln festbeißen, ziehen sie heraus, aber die meisten lassen sie ungehindert auf ihrem Körper herumkrabbeln.

Sie wirken, als ob sie leicht beschwipst wären, und doch scheinen meine beiden Krähen bei ihrem Bad im Ameisenhaufen nicht allzuviel Spaß zu haben. Sie geben ärgerlich krächzende Töne von sich, und wenn beide, Theo und Thor, auf dem gleichen Ameisenhaufen hocken, ziehen sie einander manchen übellaunigen Schnabelhieb über, als ob einer den anderen für seinen elenden Zustand verantwortlich machen wollte. Dennoch folgen sie mir nur ungern, wenn ich weggehe, und ich komme mir grausam vor, weil ich sie gleich zum nächsten Ameisenhaufen führe, um zu sehen, ob sie die Prozedur von vorn beginnen. Ja, normalerweise tun sie das.

Manche Forscher nehmen an, daß dieses Verhalten bei den Vögeln durch den Geruch der Ameisensäure ausgelöst wird, die als Alarm-Pheromon von einigen Ameisenarten abgesondert wird. Andere scharf riechende Stoffe wie Alkohol sollen den gleichen Effekt haben. Werden die Vögel einfach durch den Geruch berauscht und verlieren auf diese Weise zeitweilig ihre Sinne? Wenn ja, werden sie schneller nüchtern als jeder Mensch, den ich kenne. (Später in diesem Sommer hatte ich Gelegenheit, auch mit Bubo den Ameisen-Test zu machen. Er beobachtete mich, als ich einen Ameisenhaufen oben aufwühlte. Viele Ameisen krabbelten herum. Er beachtete sie jedoch nicht, und wenn er sie überhaupt sah, so löste das in ihm nicht den Impuls aus, sich in ihrer Mitte niederzulassen. Ich ließ ein Stück Fleisch mitten hineinfallen, um ihn anzulocken. Das wirkte wie ein Zauber, aber trotzdem war er von den winzigen Insekten ganz und gar nicht entzückt. Er stolzierte groß und steifbeinig zwischen ihnen herum, während sie an ihm hochkletterten, und versuchte immer wieder, sie mit dem Schnabel abzupicken. Flüssigkeit rann aus seinen Nasenöffnungen, und er schüttelte den Kopf und flog davon. Was auch immer Krähen an Ameisen finden – Bubo mag sie nicht. Er muß niesen, wenn er es mit ihnen zu tun hat.)

8. Juni

Wir haben heute über zweiunddreißig Grad Hitze. Bubo sitzt im Speicher, hoch aufgerichtet, mit bloßen, überraschend langen Läufen, um sich auf diese Weise Kühlung zu verschaffen. (Bei kaltem Wetter sind seine Läufe nicht sichtbar, wenn er sitzt.) Die Flügel hängen zu beiden Seiten herab, liegen auf dem Holz des Balkens auf. Auch die dünnbefiederten Seiten und Unterseiten der Flügel sind so der kühlenden Luft ausgesetzt. Außerdem sind alle Federn angelegt, was seiner Erscheinung etwas Vornehmes und Elegantes verleiht.

Und er sieht aus, als hätte er eine Erkältung: Flüssigkeit rinnt in einem schmalen Strom aus seinen Nasenöffnungen und tropft von seinem Schnabel; gelegentlich niest er. Diese Flüssigkeitsabsonderung hängt mit der Hitze und mit seinen schwachen Nieren zusammen. Wenn Wasser in seinem offenen Schnabel und der Kehle verdunstet, dient das der Kühlung; die Salzkonzentration im Blut steigt, Salz muß ausgeschieden werden. Vögel können Salz nicht durch den Urin abführen. Viele Arten – einschließlich Möwen und Greifvögeln – besitzen Salzsekretionsdrüsen, die dafür sorgen, daß überschüssiges Salz in Flüssigkeit gelöst durch die Nasenöffnungen ausgeschieden wird. Der Mechanismus funktioniert ähnlich wie bei Schildkröten und Krokodilen, die überschüssiges Salz in Form von ›Tränen‹ ausscheiden.

9. Juni

Heute morgen sind beide Krähen auf meinen Ruf hin gekommen. Ich füttere ihnen wie gewöhnlich Katzennahrung, und anschließend fliegen sie zum Dachfirst hinauf. Dort oben sonnen sie sich eine Weile, aber dann wird die friedvolle Stimmung durch ihre heiseren Schreie gestört. Aus den Augenwinkeln sehe ich sie wegflattern, und ich bemerke den großen schwarzen Schatten eines Kolkrabens. Er ergreift die Flucht, als ich hinauslaufe, aber später kommt er zurück und zieht niedrige Kreise über Kaflunk. Die Krähen sitzen jetzt ganz still zwischen den Zweigen der Birke und beobachten ihn aufmerksam. Im Frühjahr, während der Brutzeit, hassen Krähen auf Raben, genau wie viele kleinere Vögel auf Krähen hassen, um ihr Gelege zu schützen. Aber im Winter habe ich Haßverhalten von Krähen gegen Raben nie beobachtet, nicht einmal in der Nähe von Kadavern, von denen sich beide nährten (und auch Raben hatten gegen die Anwesenheit von Krähen nichts einzuwenden). Anders ist es bei Eulen und Rotschwanzbussarden. Da diese Greifvögel nicht nur für die jungen, sondern auch für die adulten Vögel eine Gefahr darstellen, werden sie von Krähen das ganze Jahr über, auch im Winter, erbittert gehaßt. Das Haßverhalten scheint somit im Dienst sehr spezifischer, je nach Jahreszeit unterschiedlicher Funktionen zu stehen.

10. Juni

Ich bin früh müde, weil ich jeden Morgen vor fünf Uhr aufstehe; Bubos Stundenplan ist streng. Hin und wieder verlangt er noch größere Opfer von mir. Nicht lange nach Einbruch der Dunkelheit, als ich gerade am Einschlafen bin, klopft er ans Fenster. Ich versuche ihn zu ignorieren, aber das Klopfen geht weiter in Abständen von zwei, drei Minuten, und es fängt an, mich zu ärgern. Es wird jetzt auch lauter, aber ich glaube, daß ich trotzdem schlafen kann – bis mich ein irritierender Gedanke wieder wach macht: Die alten Fensterscheiben sind dünn. Soll ich ihn draußen lassen und riskieren, daß er sie einschlägt, oder soll ich nachgeben, ihn zu mir lassen und meinen guten Nachtschlaf aufs Spiel setzen? Ich entscheide mich für letzteres, weil ich glaube und hoffe, daß er auf seinen Sparren hinauffliegen und selbst schlafen wird. In der Voliere schläft er immerhin fast die ganze Nacht.

Nachdem er während der letzten halben Stunde in der Voliere herumgeflogen ist, bleibt er nun friedlich auf dem Sessel neben meinem Bett sitzen. Was für eine Erleichterung! Dumm ist nur, daß es auch in dieser Nacht wieder ziemlich heiß ist – um die dreißig Grad. Ich liege ohne Decke auf dem Bett und lausche dem nächtlichen Mückenchor. Sie durchkämmen das dunkle Innere der Hütte systematisch nach Opfern und sind von jedem Winkel aus gut zu hören. Nähert sich eine von ihnen auf ihrer zerstörerischen Mission dem Ziel (mir), so warte ich geduldig, bis sie gelandet ist, um ihr sodann mit starker Hand einen Strich durch die Rechnung zu machen.

Auch Bubo ist es heiß. Im Dröhnen des Mückenchors klingt sein Kehlsackflattern, als ob ein Schmetterling mit papierenen Flügeln gegen die Fensterscheibe schlüge. Aber die Mücken können ihm nichts anhaben. Besser als jedes Moskitonetz schützt ihn sein dichtes Gefieder. Tagsüber wird er allerdings gelegentlich von lästigen Kriebelmücken in die Augenlider gestochen. Und durch die Wurfriemen, die man ihm im Greifvogel-Center verpaßt hat, ist die Befiederung hinten an seinen Läufen dünn geworden – Fliegen und Mücken versammeln sich dort, um ihren Durst zu stillen, hinterlassen scharlachrote Blasen und fliegen satt und zufrieden von dannen.

Stechmücken sind im Norden weit verbreitet, und einige nördliche Eulenarten können durch ihre Stiche ziemlich viel Blut verlieren. Könnte es sein, daß die Befiederung der Fänge und Läufe dieser Arten außer der Wärmeisolation auch dem Schutz vor Stechmücken dient? Schwer zu sagen, wie es den Eulen ergehen würde, wenn sie keine befiederten Läufe hätten, aber schon die kleinen abgescheuerten Stellen an Bubos Beinen vermitteln einem eine leise Ahnung. Federn sind eine erstaunliche evolutionäre Erfindung. Sie ermöglichen nicht nur das Fliegen, sondern dienen auch dekorativen Zwecken, ihre Farbe und Zeichnung wirken als Signal bei der Paarbildung; außerdem wirken sie als Sonnenschutz, Wärmeisolation, Schutz vor Verletzungen, vor Regen und Nässe; schließlich halten sie blutsaugende Insekten ab, und damit die häufig von Insekten übertragenen tödlichen Parasiten. In Afrika gibt es Sandhühner, die ihre Bauchfedern als Schwamm benutzen – sie nehmen Wasser auf und transportieren es auf diese Weise zu ihren Jungen. Kann man sich ein Material vorstellen, das besser geeignet wäre, all diese Funktionen gleichzeitig zu erfüllen?

Biologie verträgt sich nicht mit Borniertheit. Oft stellen sich eine Reihe völlig verschiedener Hypothesen gleichermaßen als wahr heraus – mit graduellen Unterschieden je nach der Spezies, die man untersucht. Jede Spezies ist anders, weil jede eine ganz bestimmte Nische auf bessere Weise besetzt und ausnutzt als eine andere Spezies. Und eben weil jede Spezies eine einzigartige Anpassungsleistung darstellt, ist es uns möglich, Muster zu erkennen und zu begreifen, inwiefern und warum wir alle gleich sind.

›Rumms‹ – die Gedanken einer friedlichen Nacht sind beendet. Nach diesem Geräusch höre ich Geflatter und ein mysteriöses Klappern. Dann ein Sausen. Klirrendes Besteck. Nichts Ernstes. Ich bemühe mich, nicht hinzuhören, aber irgendwie dringen die Geräusche doch zu mir vor. Jetzt Stille. ›Klick, klack, klick, klack‹ – er schreitet über den Boden. ›Wumm.‹ Flattern. ›Ritsch.‹ Stille. ›Ratsch.‹ Stille. ›Ritsch.‹ Jetzt bin ich hellwach. Bubo sitzt auf dem Tisch, und im Schein der Taschenlampe sehe ich, daß er mein Lieblingshemd erwischt hat – von dem nur noch Fetzen übrig sind. Ich springe auf und entreiße es ihm. Er zwitschert entrüstet.

Nachdem ich mich wieder aufs Bett geworfen habe, ist ein paar Minuten lang alles ruhig, und langsam sinke ich in Schlaf. Aber dann höre ich wieder das ›klick, klack‹ seiner Schritte auf dem Boden, und das klingt gar nicht beruhigend. Ein Flattern. Er landet weich auf dem Ende des Bettes, nahe bei meinen Zehen – zu nahe. Ich sehe schon, wie er mit seinem Schnabel meine Beine massiert, und auch das ist meinem Schlaf nicht förderlich. Genug! Ich springe mit einem Satz aus dem Bett. Ende des Experiments. Ich werde die Nacht nicht mit einem Virginia-Uhu im gleichen Raum verbringen. Punkt.

Ich öffne das Fenster und hole den Lederhandschuh. Es ist keine Zeit zu verlieren. Die Mücken liegen auf der Lauer. Ich halte Bubo den Handschuh hin, damit er daraufsteigt und ich ihn zum Fenster hinausbugsieren kann, aber er weigert sich zu kooperieren. Er zwitschert, und das Zwitschern wird so laut, daß es klingt, als würde ein Motor heißlaufen. Er ist zornig und schnappt nach dem Handschuh – zweifellos erinnert er sich, daß ich einst den gleichen Handschuh benutzte, um ihn gewaltsam auf meiner Faust festzuhalten. Wie der Fuchs, der glaubt, die Falle wäre an seinem Unglück schuld, nicht der Fallensteller, ist Bubo auf den Handschuh böse, nicht auf mich. Als ich den Handschuh unter seinen Körper schiebe, packt er mit seinen Krallen zu, so fest er kann, beißt mit aller Kraft in das Leder, schreit und hüpft dann wieder herunter. Damit werde ich ihn nie in die Voliere befördern können. Ich nehme einen Stuhl und dränge Bubo damit langsam in Richtung Fenster. Wieder läßt er sich auf nichts ein, attackiert den Stuhl, fliegt dann zum anderen Ende des Raums. Es findet eine Art Zweikampf zwischen uns statt, und ich bin entschlossen, zu gewinnen. Antriebskraft meiner Anstrengungen ist der ziemlich erschreckende Gedanke, daß er mich schon um halb fünf, in ein paar Stunden also, ganz sicher wieder aufwecken wird. Endlich ist er draußen, und ich schließe hastig das Fenster, hinter dem ein fauchender, klappernder, beißender, krallenbewehrter Teufel auf seine nächste Chance wartet.

11. Juni

Pünktlich wie ein Wecker trommelt Bubo um vier Uhr dreißig morgens an die Scheibe. Er frühstückt mit mir, bekommt etwas von meinen Pfannkuchen ab, die ich aus Vollkornmehl, vielen Eiern, etwas Kondensmilch, Wasser und Salz zubereite. Er mag meine Pfannkuchen mit und ohne Ahornsirup. Als Dessert kröpft er eine Maus – da ist mir eine Scheibe Toast lieber. Nach beendeter Mahlzeit hüpft er auf die Stuhllehne, gibt freundlich ächzende Laute von sich, und während ich seinen Kopf streichle, knabbert er an meinen Fingern. Nach der Schmusestunde versuche ich zu schreiben, aber er drängt sich immer wieder zwischen Stift und Hand. Meine Finger lassen sich so schön beknabbern, und ich lasse sie ihm. Einem Virginia-Uhu widerspreche ich nicht, es sei denn, es ist absolut notwendig.

Mittlerweile verstehe ich Bubo so gut, daß ich weiß, warum er ist, wie er ist, daß ich sogar bestimmte Verhaltensweisen von ihm *erwarte*, obwohl ich nicht immer damit einverstanden bin und mich seinen Wünschen widersetze, wenn es sein muß. Mein Verständnis für ihn geht über Schuldzuweisung und Vergebung weit hinaus. Unser Verhältnis ist nicht von Moral bestimmt; ich akzeptiere nur die Tatsachen und arbeite damit in unserer beider Interesse. Wir wollen uns beide wohl fühlen.

Nach dem Frühstück schaue ich wie üblich unters Bett und finde zwei von Bunny erlegte Springmäuse. Eine von ihnen ziehe ich an einer Schnur über den Boden, und Bubo gleitet vom Dachsparren herunter und krallt sie sich. Das war nur eine kleine Abwechslung. Eine Klopapierrolle – sein Lieblingsspielzeug seit jeher – beschäftigt ihn länger, obwohl es ihn bemerkenswert wenig Zeit kostet, sie in einen Haufen Fetzen zu verwandeln. Ein kleiner Laufkäfer huscht über den Boden. Bubo starrt etwa eine Minute, dann rennt er hin, fängt und frißt ihn. Ich biete ihm eine ungekochte frische Muschel an. Es ist genau wie im letzten Jahr – er mag keine rohen Muscheln. Und da ich keine Lust habe, sie für ihn zu kochen oder zu fritieren, versuche ich es statt dessen mit einer Gurke. Ich schäle sie, er schaut zu. Und als ich fertig bin, hüpft er auf den Tisch und packt sich die langen Schalen. Er geht methodisch vor, jedes Stück Schale wird in kleine Stücke gerissen und mit einem kleinen Kopfschütteln weggeworfen. Etwa jedes zehnte Stückchen, das er abbeißt, schluckt er auch. Seine Begeisterung für Gurken hält sich in Grenzen.

12. Juni

Bubo sieht aus dem Fenster zu den Krähen, die jetzt jeden Tag in unmittelbarer Nähe der Hütte auftauchen. Nachdem er ihre Flugdarbietungen eine Weile beobachtet hat, läuft er über den Boden und hackt wütend auf ein Stück Pappe ein. Ist er frustriert? Dann schaut er sich um und stürzt sich, Fänge nach vorn gestreckt, in ein, zwei wütenden Sprüngen auf den Lederhandschuh; er hält ihn im linken Fang und sticht wiederholt mit den ausgestreckten messerscharfen Krallen des rechten zu. Darauf erhebt er sich in die Luft, landet auf der Lehne meines Stuhls und schmiegt sich zärtlich an mein Ohr.

Offenbar ist er in Spiellaune, und ich habe nichts dagegen. Wird er sich an die übelschmeckenden Kröten vom letzten Jahr noch erinnern? Unter meinem Schreibtisch lasse ich eine Kröte aus einer leeren Kaffeedose hüpfen, und Bubo zögert nur kurz, bevor er sie sich schnappt. Er senkt den Schnabel und prüft die Beute mit geschlossenen Augen. Es folgt eine seltsame Reaktion: Sein Griff lockert sich, er macht einen Schritt zurück, die Augen öffnen sich weit, und er fixiert die Kröte voller Mißtrauen. Die Kröte hüpft weg, er schüttelt voller Ekel den Kopf. Unter immer wilderem Kopfschütteln versprüht er eine übelriechende Flüssigkeit aus dem Schnabel. Er würgt, und dann kommt in Form eines matschigen Schleimballs eine Feder zum Vorschein, die er sich erst vor ein paar Minuten beim Putzen ausgezogen und verschluckt hat. Weiteres Kopfschütteln, tropfende Nasenlöcher.

Aber er reißt sich zusammen und beschließt, daß die Kröte doch noch eine genauere Untersuchung verdient. Er nähert sich ihr, starrt sie an und macht ein paar vorsichtige Schritte um sie herum – mit einem Sicherheitsabstand von mindestens zehn Zentimetern. Dann schreitet er hinüber zur Wasserschale des Katers und trinkt ausgiebig. Er verhält sich wie jemand, der eine Überdosis scharfer Chilischoten abgekriegt hat. Aus alldem schließe ich, daß er die letztjährige Erfahrung mit der Kröte vergessen hat.

Die Fähigkeit, im Gedächtnis zu behalten, welche Beutetiere ungenießbar oder giftig sind, scheint eine für einen Raubvogel unabdingbare Anpassungsleistung zu sein. Aber könnte zuviel Erinnerung nicht auch schädlich sein? *Wir* wissen, daß alle Kröten ungenießbar sind, aber nicht alle hüpfenden Amphibien sehen gleich aus, und Bubo kann nicht von vornherein wissen, ob alles, was wie eine Kröte aussieht, ungenießbar ist, oder ob es von hundert genießbaren Kröten (oder ähnlichen Tieren) nicht nur diese eine ist, die seinem Organismus schadet. Wenn sein Gedächtnis perfekt arbeiten würde, entzöge er sich möglicherweise selbst Nahrung, indem er jegliche Beute gleicher und ähnlicher Gestalt links liegen ließe, nur weil er seine erste Erfahrung mit einer ungenießbaren Kröte machte. Manchmal ist es besser, sich an Dinge nicht zu lange zu erinnern, besonders in einer sich ständig verändernden Umwelt.

Bubo wird in seinem Leben nicht genug Zeit haben, jedes Objekt auf seine Genießbarkeit zu prüfen. Er wird gezwungen sein, abzukürzen, zu verallgemeinern, relevante Merkmale herauszufinden, durch die die für ihn als Beute in Frage kommenden Tiere gekennzeichnet sind. Schon Samuel Butler sagte, daß das Leben die Kunst sei, aus unzureichendem Material brauchbare Schlüsse zu ziehen. Ich möchte wetten, daß Bubo genug Material gesammelt hat – mindestens in puncto Kröten.

13. JUNI

Die Krähen schreiten auf den Granitstufen vor der Tür auf und ab. Auf einmal höre ich ihre erregten Alarmrufe – ›Kra-kra-kra‹ –, und sie fliegen steil nach oben und landen auf dem Dach. Dann erscheint Bunny auf der Bildfläche. Die Krähen sind ihm nie zuvor begegnet. Aber von Anfang an beunruhigt sie seine Gegenwart. Gut. Es ist anzunehmen, daß sie auf Bubo ähnlich vorsichtig reagieren werden. Jetzt kann ich ihn freilassen, denn die Krähen können inzwischen nicht nur meisterlich fliegen, sie haben auch gezeigt, daß sie sich fürchten, und haben damit ein universelles Gesetz bestätigt: Angst ist eine Voraussetzung, um zu überleben.

Uhu gegen Krähen, Häher gegen Uhu

Werden die Krähen den Uhu hassen? Oder wird der Uhu versuchen, sie zu jagen? Und wenn ja, welche Technik wird er anwenden? Ich bin gespannt. Der kritische Punkt des Projekts, mit dem ich mich jetzt schon seit einem Jahr beschäftige, ist fast erreicht – und es ist ein wirklich ungewöhnliches Projekt: Ein unerfahrener Uhu wird auf unerfahrene Krähen treffen, und für beide Seiten wird es das erste Mal sein. Alles mögliche kann passieren.

Morgen früh, wenn ich Bubo zum erstenmal hinauslasse, werde ich ihn zwei Tage lang nicht gefüttert haben. Ich hoffe, der Hunger wird groß genug sein, daß er in meiner und der Krähen Nähe bleibt, statt sofort in den Wald zu entwischen.

14. JUNI

Wie immer klopft Bubo um vier Uhr dreißig – fast auf die Minute pünktlich – ans Fenster. Nachdem ich ihn in die Hütte gebeten habe, öffne ich die Tür nach draußen und locke ihn mit einem toten Goldspecht, den ich gestern beim Joggen auf der Straße fand. Der Köder ist jedoch nicht nötig. Bubo watschelt geradewegs zur Tür hinaus; dann reckt er sich und schaut sich das Äußere der Hütte und die umgebenden Bäume genau an. Er ist aufgeregt und interessiert sich nicht im geringsten für meinen toten Vogel. Er will eine Krähe haben.

Die Krähen, die heute morgen noch nicht gefüttert worden sind, kommen sofort zu mir. Seltsamerweise schenken sie Bubo keine Beachtung. Müssen sie *lernen*, daß ein Uhu ihr Feind ist, während ihnen das Wissen um die Gefahr, die eine Hauskatze darstellt, angeboren ist? Der Unterricht beginnt.

Bubo erhebt sich ohne Zögern in die Luft und jagt Theo (den kleineren, vermutlich weiblichen Vogel) über die Lichtung und in den Wald hinein. Dann kehrt er zurück und landet auf dem Dach der Hütte. Vielleicht ist es nicht ganz so einfach, eine Krähe zu schlagen, wie er es sich vorstellte. Egal, es gibt andere Dinge zu tun. Er sieht die mit Wasser gefüllte Vertiefung in dem großen Felsen, wo er letztes Jahr hingebungsvoll badete. Die Krähen können warten, das Bad offensichtlich nicht. Längere Zeit vergnügt er sich im Wasser. Die Krähen blicken gelegentlich zu ihm hinüber, beobachten, wie es spritzt und schäumt, aber ihr Interesse ist nicht sehr stark; sie verhalten sich, als ob er sie überhaupt nichts anginge.

Bis auf die Haut durchnäßt und mit vom Wasser schwerem Gefieder fliegt Bubo zu der weißen Birke vor der Hütte, seinem Lieblingsplatz vom letzten Jahr. Von hier aus ist er gewillt, sich ernstlich den Krähen zu widmen. Sonst putzte er sich immer nach einem Bad – nicht so heute. Triefnaß steht er stocksteif zwischen den Zweigen und starrt mit stechendem Blick zu den beiden wohlgenährten Krähen hinüber. Ich glaube kaum, daß er es selbst bemerkt hat, aber er hat schon einen großen taktischen Fehler begangen: Ein nasser Uhu wird kaum in der Lage sein, anmutig zu fliegen – und schon gar nicht geräuschlos.

Theo beobachtet Bubo vom Dach aus. Thor an seiner Seite ist weniger wachsam. Er putzt sich. Bubo wirft Theo einen kurzen Blick zu und konzentriert sich dann auf den sorglos scheinenden Thor. Dann stößt er sich ab und kommt von der Birke direkt auf ihn zugeflogen. Thor kann gerade noch rechtzeitig fliehen, Theo folgt ihm. Sie ziehen einen Kreis über der Hütte und kehren dann zum Dach zurück. Als Thor die Körperpflege wiederaufnimmt, folgt Bubos zweite Attacke. Die Krähen beschäftigen ihn so stark, daß er an die eigene Körperpflege gar nicht mehr denkt. Statt dessen steigt er höher hinauf zu einem besseren Aussichtspunkt in der Birke. Sein Kopf hüpft auf und ab vor Aufregung, als er seinen Blick erneut auf die Krähen richtet, die ganz zwanglos auf dem Dachfirst sitzen. Nicht lange, und Thor dreht ihm den Rücken zu – und binnen Sekunden ist ihm Bubo, unterstützt von der Schwerkraft, die seinen noch immer nassen Körper abwärts zieht, im Sturzflug auf den Fersen. Mit einem zierlichen Schritt weicht Thor im letzten Moment aus. Wieder verfehlt! Aber es scheint, daß Bubo von der einmal festgelegten Flugbahn nicht abweichen will oder kann.

Alle Attacken sind mißlungen, aber an den kleinen weißen Faeces, die er dauernd fallen läßt, sehe ich, daß die ganze Sache ihn noch immer mächtig aufregt. Dennoch gewinnt der Hunger für den Augenblick die Oberhand, und er kröpft den Goldspecht, der für ihn bereitliegt. Es könnte sein, daß dies sein zweiter Fehler ist, denn bei dem, was er vorhat, ist ein schweres Frühstück im Bauch ungeeignet.

Danach nimmt er seinen Platz in der Birke wieder ein, während die Krähen auf dem Dach herumtoben. Theo beobachtet Bubo. Bubo ignoriert sie und wendet den Blick Thor zu, der sich nach wie vor hochnäsig gibt. Und wieder dreht er Bubo den Rücken zu, und wieder kommt Bubo im Sturzflug heran – und wieder mißlingt der Angriff. Die Krähen landen jetzt auf dem Boden in meiner Nähe und schreiten so sorglos und selbstbewußt, so unerschütterlich und siegessicher fürbaß wie die tugendhaftesten Gemeindemitglieder auf dem Weg in die Kirche. Theo hält einmal kurz an, um an einem Fichtenzweig zu picken. Bubo, der die beiden keine Sekunde aus den Augen gelassen hat, läßt sich wieder fallen, stürzt auf sie zu – aber kurz bevor er sein Ziel erreicht hat, sieht sie auf, und er dreht auf äußerst unelegante Weise ab. Sie muß nicht einmal zur Seite hüpfen, hält nur kurz inne – weiß sie nicht, daß sie in Gefahr ist?

Jetzt versucht es Bubo mit einer neuen Taktik. Als Ansitz wählt er einen Ast hoch oben in einer Rottanne am Rand unserer Lichtung, mindestens fünfundzwanzig Meter über dem Boden. Dort ist er vor Blicken geschützt; man sieht nur noch seine gelben Augen zwischen den dichtbelaubten Zweigen. Vor den Krähen ist er gut versteckt, aber er hat den Nachteil eines sehr langen Angriffswegs, so daß ihm eine überraschende Attacke kaum gelingen wird. Die Krähen bewegen dauernd die Köpfe, sie müssen ihn irgendwann entdecken, wenn er seinen gutgetarnten Ansitz verläßt. Sobald sie ihn gesichtet haben, können sie sich ihm leicht entziehen. Im Augenblick aber bescheidet sich Bubo mit Beobachtung, und die Krähen brauchen sich keine Sorgen zu machen.

Später kehrt Theo auf das Dach der Hütte zurück und schreitet anscheinend unbekümmert auf Thor zu. Bubo benutzt die Gelegenheit, um plötzlich sein Versteck zu verlassen und wie der Blitz von oben herunterzuschießen. Aber wieder nimmt ihn Theo rechtzeitig wahr und duckt sich, um im nächsten Moment mit einem Satz aus seiner Bahn zu gelangen. Bubo weiß, daß er gesehen wurde, und gibt auf. Ohne das Ziel erreicht zu haben, dreht er ab. Theo scheint kaum aus der Ruhe gebracht. Sie hüpft noch ein wenig auf dem Dach umher und fliegt dann hinunter auf den Holzstoß. Jetzt fliegt Bubo aufs Dach und beobachtet sie von oben. Theo kommt zu mir und bettelt um Futter. Im nächsten Moment, als Bubo sie ungeschützt glaubt, stürzt er sich auf sie. Er dreht wieder ab, sobald er merkt, daß Theo ihn kommen sieht, und kehrt zu seinem Ansitz in der Rottanne zurück.

Theo hüpft zur Esche. Sie wendet Bubo den Rücken zu, und prompt folgt die Attacke des hartnäckigen Uhus von der Rottanne. Diesmal ist sie tatsächlich überrascht, aber einige Zweige halten Bubo auf, und sie ist gerettet. Geräuschlos verläßt sie den Ort des Geschehens, und Bubo kehrt in die Rottanne zurück. Aber mittlerweile ist Thor wieder auf dem Dach, und schon stößt Bubo auf ihn hernieder. Thor krächzt herausfordernd,

Bubo merkt, daß ihm die Überraschung wieder nicht gelungen ist, und gleitet einfach an ihm vorbei. Thor hat sich nicht einen Millimeter vom Fleck gerührt.

Beide Krähen spielen nun auf dem Dach, picken an den alten Zedernschindeln. Bubo findet direkt über dem Dach, auf einem hohen, herausragenden Birkenzweig, einen geeigneten Ansitz. Von dort oben stürzt er sich herunter, und sie machen einen höflichen Hüpfer zur Seite. Bubo, wild entschlossen, jagt ihnen zu Fuß nach, aber da fliegt Thor entrüstet krächzend einfach weg, und Theo hüpft auf den Holzstoß hinunter und beginnt sich zu putzen. Wird dieser Uhu von den Krähen durchschaut?

Langsam trocknet sein Gefieder, und er fliegt nicht mehr so schwerfällig. Erneut geht er auf Thor los, der ahnungslos auf dem Boden unter ihm herumspaziert. Diesmal ist Thor wirklich überrascht, er sieht den Angreifer erst im allerletzten Moment – und doch gelingt es ihm, laut krächzend zu fliehen.

Die Blauhäher, die in einem Nest ganz in der Nähe ihre Jungen hudern, haben das alles nicht ohne Teilnahme mit angesehen. Im Gegenteil. Ihre Äußerungen waren geradezu frenetisch. Jeweils das Männchen oder das Weibchen haben sich hinter oder direkt oberhalb des Uhus plaziert, egal, wo dieser seinen Ansitz gewählt hatte. Dann, während Bubo ganz auf die Krähen konzentriert war, stürzte sich der Blauhäher von hinten auf ihn herunter und streifte seinen Hinterkopf. Beide Häher schreien die ganze Zeit und hüpfen direkt vor ihm herum, aber trotz des Krachs, den sie veranstalten, und obwohl sie ihm so nah sind, scheint Bubo kein einziges Mal versucht, auf sie Jagd zu machen. Da sie aus kurzer Entfernung von hinten im Sturzflug herankommen – sie sind nie weiter als drei Meter von ihm weg –, erreichen sie seinen Kopf, bevor er ihn drehen kann. Und er dreht ihn meist erst dann, wenn sie ihn bereits gestreift haben. Versuchen sie zu verhindern, daß er ihr Nest entdeckt? Ich habe fast fünfzig Sturzflüge gezählt, und jeder von ihnen fand statt, als Bubo *nicht* in ihre Richtung sah. Offenbar wollten sie Bubo auf sich aufmerksam machen. Bei zweiundzwanzig dieser Flüge drehte Bubo den Kopf, als der Angreifer sich ihm bis auf etwa eineinhalb Meter genähert hatte, und in solchen Fällen wurde die Attacke abgebrochen. Erstaunlich, daß er die rasenden adulten Blauhäher ganz in der Nähe ignorierte, während die weiter entfernten unerfahrenen Krähen sein ungeteiltes Interesse erregen.

Um Viertel vor sieben am selben Morgen fängt es an zu regnen, und nach zwei Stunden nahezu ununterbrochener Aktivität legen alle Vögel eine Pause ein. Bubo rastet unter den dicken Zweigen der Tanne. Die Häher haben aufgehört zu zetern, und die Krähen schlafen in der Birke.

Acht Uhr fünfundvierzig. Es regnet immer noch, und Bubo hat noch ein Bad in seinem Pool genommen. Ein Jahr ohne Bad, und dann gleich zwei an einem Morgen – wer würde ihn nicht verstehen? Nach dem Bad duscht er im strömenden Regen auf dem Dach. Die Krähen sitzen immer noch weniger als zwölf Meter entfernt in der Birke. Jetzt fangen sie an, unter der Dusche zu singen. Einzeln und zusammen trällern sie wie heisere Spottdrosseln eine volle Viertelstunde lang. Sie putzen, strecken und schütteln sich und lassen sich wieder durchnässen. Im dünner werdenden Regen klingt ihr Ständchen recht hübsch. Aber dann fängt es an, wie aus Kübeln zu gießen, und sie beenden ihr Duett und ziehen die Köpfe tief in die Schultern.

Bubo läßt sie nicht aus den Augen. Er schüttelt schwächlich seine schweren Flügel, wie um ihr Gewicht zu schätzen. Er scheint nicht mehr so wild auf einen Angriff zu sein. Sein Selbstvertrauen ist angeschlagen, entweder wegen der nassen und schweren Flügel oder wegen erlittener Mißerfolge.

Jetzt hüpft Theo von ihrem Baum herunter auf den Boden, direkt unterhalb von Bubos Ansitz. Dieser hört nicht auf mit seinem lahmen Flügelschlagen. Dann versucht er es von neuem – läßt sich fallen – greift an… wieder nichts. Das Timing hat nicht gestimmt. Im letzten Augenblick hat Theo ihn gesehen und sich in Sicherheit gebracht. Bubo fliegt geschlagen davon, häßlich wie ein Geier. Aber wenn Erfolg bedeutet, Mißerfolg um Mißerfolg zu verkraften, ohne die Begeisterung zu verlieren, wie Winston Churchill behauptete, dann ist Bubo noch immer erfolgreich.

Die Krähen fliegen zum Dach hinauf. Bubo kommt von einem weiter entfernten Baum zurück und landet zwei bis drei Meter von ihnen entfernt. Aber diesmal entschließt er sich, sie zu ignorieren, und sie kümmern sich nicht um ihn. Sie sind die Sieger in diesem Gefecht – bis jetzt. Aber Bubo ist von Anfang an im Nachteil gewesen, mit einem dicken Goldspecht im Bauch, nach zwei Vollbädern und fast ununterbrochener Nässe von oben. Ich hoffe, die Krähen wiegen sich nicht in falscher Sicherheit.

Mittag, Viertel vor eins. Beide Krähen und Bubo sitzen in der Birke, im Abstand von ungefähr drei Metern. Die Krähen scheinen entspannt und guter Dinge. Er fliegt zu ihnen hin, landet einen halben Meter vor Thor. Ich erwarte, daß Thor sich in Sicherheit bringt, aber er fliegt nicht weg. Statt dessen öffnet er den Schnabel und stößt ein lautes Krächzen aus. Er plustert das Gefieder, senkt Kopf und Flügel und agiert, als ob er gleich mit dem Schnabel zustoßen wollte. Bubo scheint überrascht von diesem dynamischen Auftritt – er starrt ihn bloß an. Aber sobald Thors Auftritt etwas von seiner Dynamik verliert, verlagert Bubo das Gewicht von einem Lauf auf den anderen und kommt einen Schritt näher. Thor nimmt wieder Haltung an. Bei der kleinsten Bewegung des Gegners krächzt er laut; mittels drohender Kopf- und Körperbewegungen hält Thor Bubo in Schach. Sie sind jetzt an einem toten Punkt angelangt. Nach etwa zwei Minuten hüpft Thor auf einen anderen Ast, pickt müßig an den Blättern, gibt sich sorglos. Dann fliegt er in den Wald.

Halb zwei Uhr mittags. Die Sonne scheint, und die Vögel sind endlich wieder trocken. Bubo sitzt auf der Birke, und die Krähen halten sich in der Nähe der Badestelle auf. Erneut wendet er ihnen sein Interesse zu. Er fliegt auf den Holzstoß hinunter, weil er von dort eine bessere Sicht hat, und die Krähen bemerken ihn. Sie schreiten in seine Richtung, legen den Kopf schief. Thor wagt sich immer näher, hält aber unterwegs mehrmals an, um ein Blatt aufzupicken oder an einem Grashalm zu zupfen. Währenddessen blickt er immer wieder zu Bubo hin. Je näher er kommt, desto öfter zögert er, reckt den Hals, streckt einen Lauf nach vorn, um einen weiteren vorsichtigen Schritt zu machen. Dann ein paar Schritte auf einmal. Er hält an, blickt auf, nimmt ein Stöckchen in den Schnabel, spielt mit ihm herum. Läßt es fallen. Pickt an einem Stein und kommt noch näher. Jetzt ist er fast direkt unterhalb von Bubo. Bubo aber läßt sich nicht für dumm verkaufen. Er scheint zu wissen, daß Thor sich einen Spaß mit ihm erlaubt, und fixiert den Blick auf Theo. Sie ist weit weg bei der Badestelle und nimmt mit ausgebreiteten Flügeln ein Sonnenbad. Thor agiert nun wirklich verwegen und fliegt auf den Holzstoß hinauf. In nächster Nähe des Gegners zeigt er sich völlig sorglos und gibt vor, ihn nicht einmal zu sehen. Was ist der Grund für dieses seltsame Verhalten? Ich bezweifle, daß Thor selbst eine Antwort darauf wüßte, aber mir scheint doch eine Strategie dahinterzustecken. Vielleicht tut er so, als ob die Gegenwart eines Uhus ihn nicht im geringsten beschäftigen würde – obwohl sie ihn natürlich beschäftigt –, um Bubo zu verstehen zu geben, daß seine Angriffsversuche nutzlos sind. Vielleicht erwartet er, daß Bubo seine Attacken ganz aufgibt und es nicht einmal mehr dann versucht, wenn die Krähen wirklich nicht achtgeben.

15. JUNI

Die Krähen scheinen heute besonders übermütig, vor allem Theo. Sie geben sich waghalsig. Während Bubo direkt gegenüber in der Birke sitzt, bummelt Thor auf dem Dachfirst entlang; er pickt an den Schindeln, schnappt nach Mücken und wirft gelegentlich Blicke hinüber, die zu sagen scheinen: ›Greif an, wenn du dich traust!‹ Und Bubo nimmt die Herausforderung an. Beide Krähen retten sich durch ein atemberaubend schnelles und anmutiges Flugmanöver, bei dem sie einander im Kreis um die Lichtung jagen. Bubo beobachtet sie müde. Nach einigen eher halbherzigen weiteren Attacken läßt er sie in Ruhe. Es gibt andere Dinge zu tun. Er stürzt sich mit vorgestreckten Läufen und messerscharfen Krallen auf den Mooshügel, reißt große Gras- und Moosstücke heraus und wirft sie in hohem Bogen nach rechts und links. Endlich kommt er zum Zug!

Später, als ich am Hang sitze und beobachte, wie die Sonne heraufsteigt, kommt er zu mir und hüpft auf mein Bein. Eine halbe Stunde lang schmusen wir, kitzeln und streicheln einander. Mit sanften und vorsichtigen Schritten klettert er sogar auf meinen Arm. Ich spüre seine Klauen kaum und brauche keinen Handschuh. Den Handschuh werde ich ab jetzt überhaupt nicht mehr benutzen. Bubo wird jeden Tag freundlicher und wird mir kein Leid antun. Wo ich schon einmal dabei bin, entschließe ich mich, ihm auch die Wurfriemen abzunehmen. Ich habe sie noch nie gemocht. Wie die Kette eines Gefangenen hängen sie von seinen Läufen. Schnipp, schnapp – weg sind sie, für immer.

Nach dem Frühstück gesellt er sich zu mir, als ich mich auf den Weg in den Wald mache. Wir sind noch keine sechzig Meter weit gekommen, da entdecke ich in etwa vier, fünf Metern Höhe ein Nest in einer Kiefer. Ich klopfe an den Stamm und sehe zu meiner Überraschung einige junge Blauhäher, die sich mit ungeschickt flatternden Flügeln schnell entfernen. Selbstverständlich sieht auch Bubo sie. Im nächsten Augenblick jagt er ihnen nach. Und als ich dem nächsten hüpfenden, flatternden Nestling zu Hilfe eilen will, stürmt er an mir vorbei und schlägt die Beute, als hätte er noch nie etwas anderes getan. Mit dem Vogel in den Klauen steht er schwankend und mit ausgestreckten Flügeln da und klappert laut mit dem Schnabel. Die Übersetzung lautet: ›Verschwinde! Das hier gehört mir!‹

Seine plötzliche Entschiedenheit und Energie und sein jagdtechnisches Können überraschen mich. Niemals hat er die Spur von Interesse an den Tag gelegt, wenn es sich um einen ausgewachsenen Blauhäher handelte, und das Junge unterscheidet sich vom Gefieder her nicht von einem Adulten. Der Auslöser für Bubos Attacke war zweifellos das Verhalten des Vogels, wie letztes Jahr das Verhalten des verwundeten Eichhörnchens. Es kann sein, daß er nur Aussicht auf Jagderfolg hat, wenn es sich bei der Beute um ältere, schwache, unaufmerksame oder unerfahrene Tiere handelt – das scheint er zu wissen. Beeindruckend ist, wie genau er schon jetzt das Verhalten eines Opfers einschätzen kann. Das ist möglicherweise eine ererbte Eigenschaft. Aber Evolution funktioniert immer in beiden Richtungen, und ich möchte wetten, daß Tiere, die als Beute für ihn in Frage kommen, Merkmale ausgebildet haben, die seine Fähigkeiten konterkarieren und somit helfen, ihre Haut zu retten.

Nachdem er den jungen Häher gefangen hat, verfolgen ihn die Adulten unter lautem Gezeter. Jedesmal wenn er den Kopf dreht oder nach unten schaut, erfolgt von oben ein Angriff im Sturzflug. In einer Stunde zähle ich etwa neunzig solcher Angriffe. Bubo versucht, den Hähern mit den Augen zu folgen. Wann immer seine Aufmerksamkeit nachläßt, nähern sie sich, schreien lauter und greifen wieder an. Bubo zeigt sich allmählich verärgert – er fängt an zu fauchen. Dann sucht er ein ruhigeres Plätzchen auf, sitzt in einer dichten Rottanne nah am Stamm, wo sie ihn nicht erreichen können. Ich nehme an, genau da wollen sie ihn haben, denn von hier aus wird er die anderen Jungen nicht mehr finden.

Tatsächlich bleiben sie von ihm unbehelligt. Die Scheinangriffe der Blauhäher hatten einen wesentlichen Effekt – sie haben ihn abgelenkt. Gleichzeitig warnten sie die Jungen und gaben ihnen zu verstehen, daß sie sich ruhig verhalten mußten; sie dienten also auch ihrer Erziehung.

Nach all diesen Beobachtungen – Thor und Theo und die hassenden Blauhäher – komme ich zu dem Schluß, daß ein Virginia-Uhu wahrscheinlich nicht in der Lage ist, einen adulten Vogel zu schlagen, der auf der Hut ist. Daher wird er auf ein solches Vorhaben auch kaum viel Energie verwenden. Das Haßverhalten diesem Uhu und vielleicht auch anderen Eulen gegenüber scheint für einen ausgewachsenen und gesunden Kleinvogel keineswegs besonders gefährliche Folgen zu haben, wie es in der Literatur oft behauptet worden ist.

Bubo ist nun hinter dem dichten Verhau der Tannenzweige den Angriffen der Blauhäher entzogen. Er knabbert an seiner Beute, probiert ein paar Happen. Aber er ist heute schon ausreichend mit Eichhörnchenfleisch gefüttert worden und offenbar nicht sehr hungrig. Der volle Bauch hat allerdings seine Jagdleidenschaft nicht gedämpft. Was für andere Raubtiere gilt, scheint auch in seinem Fall zuzutreffen: Die Jagd an sich gibt ihm Befriedigung.

Verteidigung von Stammsitz und Fleischtöpfen

Als Bubo auffliegt, um den Wald zu verlassen, schleppt er den Häher mit sich fort bis zu den moosgrünen Abhängen mit ihren struppigen Bäumen. An einer von Flechten bewachsenen Stelle neben einer verkümmerten Tanne läßt er seine Trophäe fallen, untersucht sie kurz, nimmt sie in den Schnabel und watschelt in Höchstgeschwindigkeit weiter. Aus dreißig Metern Entfernung beobachte ich sein Tun, und er hält an, dreht sich zu mir und blickt mich längere Zeit eigenartig an, bevor er den Häher unter dicht am Boden wachsenden Tannenzweigen versteckt. Später kehrt er nach Kaflunk zurück.

Gutes Fleisch darf man nicht verkommen lassen, daher mache ich mich auf, um die Beute zu sichern. Aber als ich mich der Stelle nähere, rauscht Bubo von hinten heran und so nah an meinem Kopf vorbei, daß er mein Haar zerzaust. Seltsam. Dieses Verhalten ist neu. Er setzt vor mir auf dem Boden auf, starrt mich an und legt die Federn an. Die Botschaft ist klar und deutlich, aber ich will sie nicht verstehen und gehe weiter. Seine Drohung schüchtert mich nicht ein.

Bubo weiß sehr genau, welches Ziel ich ansteuere, und als ich bei der Tanne anlange und die Hand nach dem toten Vogel ausstrecke, fliegt er dicht über dem Boden zu mir. Nach der Landung rennt er genau auf mich zu, klappert mit dem Schnabel und stößt einen Warnschrei aus. Im nächsten Moment ist er bei mir und reißt und beißt und kratzt an meinem Hosenbein. Bei diesem gänzlich unerwarteten Angriff und dem dabei an den Tag gelegten manischen Furor fängt mein Herz an zu klopfen, und ich ziehe mich eilig ins Gebüsch zurück, während er mir dicht auf den Fersen bleibt. Er folgt mir aber nur kurz, um sich danach wieder im Schnellauf zu seinem Häher zu begeben, den er außer meiner Sichtweite irgendwo anders versteckt. Berichte von Virginia-Uhus, die – nicht in Verteidigung ihres Geleges oder ihrer Jungen – Leute angreifen, schienen mir immer zweifelhaft. Durch die heutigen Vorfälle gewinnen sie beträchtlich an Glaubwürdigkeit.

16. JUNI

Bubo läßt nicht locker, wenn er auch nur die kleinste Chance des Erfolgs sieht. Bis jetzt habe ich sechsunddreißig erfolglose Krähen-Überrumpelungsversuche gezählt. Aber der Sieg besteht zu fünfundneunzig Prozent darin, den Gegner zu blamieren, und heute kann er einen Erfolg verbuchen. Er schwang sich von der Birke und schnappte sich Theo einfach vom Dach herunter. Eine gewaltige, lärmende Explosion wild schlagender Flügel, und nach ungefähr dreißig Metern flog die Krähe wieder aus eigener Kraft durch die Luft. Bubo verfolgte sie in den Wald hinein, blieb dann aber auf einem Zweig sitzen, als sie ins Unterholz abtauchte. Thor folgte ihnen und landete ganz in der Nähe von Bubo, möglicherweise, um ihn von Theo abzulenken. Wirklich kehrte Bubo zu seiner Birke nah der Hütte zurück, und dann flog Thor auf das Dach – direkt vor seiner Nase. Das bewog Bubo dazu, erneut anzugreifen, und es ging rund um die Hütte, Thor immer vor Bubo her. Währenddessen blieb Theo außer Sicht und verhielt sich ruhig.

Zwei Stunden später, um acht Uhr fünfzig morgens, ist Theo immer noch nicht zu sehen. Thor macht hoch über der Lichtung einen Rundflug. Nie zuvor ist er so hoch geflogen. Sucht er

Theo? Später sehe ich auch ihn nicht mehr, und Bubo putzt sich auf seiner Birke. Ich rufe die Krähen. Thor kommt aus dem Wald, und ich gebe ihm sein Futter. Dann höre ich ein schwaches Geflatter aus dem Gebüsch, wo er eben noch war, und dort finde ich Theo am Boden sitzend, mit getrocknetem Blut auf einem Lauf und Flügel. Mit kläglicher, leidender Stimme bettelt sie, und Thor fliegt zurück und setzt sich neben sie.

Theo braucht zwei Tage, um sich von ihrer Verwundung zu erholen. Danach erscheint sie wieder auf der Lichtung. Ihr Leiden ist wahrscheinlich geringfügig im Vergleich zu dem, was sich normalerweise in der Natur abspielt. Man kann wegsehen, aber das ändert nichts daran. Bubo muß fressen, und es wird sehr schwierig für ihn werden, wenn er nicht geschickt genug ist, lebende Beute zu erjagen. Ich überlege, ob ich lebende Kaninchen für ihn besorgen soll, damit er lernt, sie zu schlagen; aber ich gebe zu, daß ich das nicht übers Herz bringe – zumal zahme Kaninchen keinerlei Chance haben, ihm zu entkommen. Über zwei Sommer hinweg habe ich 73 Vögel (31 Arten) und 119 Säugetiere (16 Arten) an Bubo verfüttert. Fast alle diese Tiere waren auf der Straße überfahren worden, und etwa neunzig Prozent der Säuger schlug der Kater. Die übrigen wurden von Bubo – und von mir – erlegt.

Wenn man die Lebenszeit eines Uhus in Betracht zieht, scheint die Zahl der Tiere, die er zum Leben braucht, riesig. Kann durch einen Uhu das ökologische Gleichgewicht in Gefahr geraten? Nehmen wir zum Beispiel an, er frißt ein Eichhörnchen pro Woche (neben Kaninchen, Singvögeln, Mäusen und anderen Tieren). Eichhörnchen werden von Virginia-Uhus gern und häufig geschlagen, also ist unsere Annahme nicht unzulässig. In einem Jahr könnte der Uhu zweiundfünfzig Eichhörnchen fressen, was in die Eichhörnchenpopulation einer Region ein großes Loch reißen würde. Andererseits aber räubern Eichhörnchen Singvogelnester aus, und wenn jedes der zweiundfünfzig Eichhörnchen ein Nest mit vier Jungen pro Woche während zweier Monate im Sommer zerstören würde, so wäre es dem Uhu zu verdanken, der das Eichhörnchen schlägt, daß in diesem Jahr theoretisch 1664 Singvögel *weniger* getötet würden. Wahr ist trotzdem, daß Eulen- und Uhuhabitate nicht allzu reich mit Singvögeln gesegnet sind. Das Gleichgewicht der Natur ist eine sehr komplexe Angelegenheit.

17. JUNI

Am späten Morgen höre ich ein ›Huu-huu‹ und dann menschliche Stimmen. Mein Neffe Charlie und seine Freundin Jody besuchen mich.

Bubo ist rasch bei der Hand, wenn es darum geht, Fremden den Aufenthalt zu vermiesen. Wenn er sein Territorium verteidigt, verteidigt er nicht nur versteckte Beute, sondern auch Beute, die noch gar nicht geschlagen ist. Er attackiert Charlies Schuhe, und ich kriege ihn selbst mit einem Stock nicht mehr von meinem Neffen los – das schaffe ich erst mit einem Eimer Wasser. Triefnaß fliegt Bubo auf einen Birkenzweig, äugt von dort ins Innere der Hütte, wo die Fremden sich inzwischen mit mir versammelt haben, und läßt unaufhörlich ein wildes ›Huu-huu-huu‹ hören. Offenbar wird er immer wütender. Zwei Stunden später stürzt er sich, immer wenn die Besucher die Tür öffnen, auf sie und verhindert, daß sie auch nur einen Schritt ins Freie machen. Wie sollen sie je wieder von hier wegkommen? Ich finde eine Lösung: Sie brauchen eine Geisel. Bunny! Sie müssen Bunny mitnehmen, weil Bubo sich nicht in die Nähe des Katers wagen wird. Und so geschieht es. Sie rennen ins Freie – Charlie hält den protestierenden, laut miauenden Kater an sich gedrückt, Jody klammert sich an Charlie, und Bubo nimmt die Verfolgung auf – noch ist seine Erregung groß, aber er bleibt in respektvollem Abstand.

Stunden später. Es ist Mittag unter einem heißen, klaren Himmel an einem windstillen Tag Mitte Juni. Bubo schaut den Pfad hinunter, wo die Besucher verschwunden sind, und Stunden stößt er ohne Unterlaß eine Serie von Schreien nach der anderen aus. ›Huu-huu-huu-huu-huuuu-huu-huu-huu-huuuu-‹ Bis...

Ich höre ein lautes ›Wusch‹ und sehe aus dem Fenster gerade noch einen abziehenden Bussard. Einige Blätter im Abstand von Zentimetern von Bubos Kopf bewegen sich im Luftzug, sie sind der Beweis, daß der Bussard ganz dicht an ihn herangekommen ist. Mit unglaublicher Geschwindigkeit fand er seinen Weg durch das dichte Blättergewirr – eine Leistung, die Bubo nie vollbringen könnte.

Ein Bussard, der Rotschwanzbussard, ist der stärkste Konkurrent des Virginia-Uhus. Beide jagen in etwa die gleichen Beutetiere, und sie vertragen sich nicht. Virginia-Uhus übernehmen die Horste von Rotschwanzbussarden, und es kommt vor, daß sie sogar auf adulte Rotschwanzbussarde Jagd machen und sie fressen. Allerdings kommen sie einander nicht allzu häufig ins Gehege, denn sie brüten zu verschiedenen Zeiten im Jahr und sind zu unterschiedlichen Tageszeiten aktiv. Ich bezweifle, daß Bubo sich von diesem Bussard bedroht fühlte, aber nach dem Angriff haben seine Schreie aufgehört.

18. JUNI

Theo ist auf die Lichtung zurückgekehrt. Aber wenn sie sich bewegt, merkt man, daß sie noch nicht auf der Höhe ist, und ihre Stimme hört sich kläglich an. Jetzt könnte Bubo sie wahrscheinlich ohne Mühe schlagen, aber wieder ist Thor da, der offenbar versucht, ihn von seiner Gefährtin abzulenken. Fünfmal stürzt sich Bubo auf ihn, und nach jeder Attacke dreht Thor dem Angreifer ganz lässig den Rücken zu und pickt, die Gefahr scheinbar ignorierend, dies und das vom Boden auf, wie um Bubo zu einem erneuten Angriff zu animieren. Mir kommt es wie ein Wunder vor, daß es ihm jedesmal – und manchmal nur um Haaresbreite – gelingt zu entkommen. Aber all seine Aktionen bestärken mich in der Annahme, daß Thor absichtsvoll handelt und Herr der Situation ist.

Endlich ziehen sich die Krähen weiter in den Wald zurück, und Bubo sitzt im Halbschlaf auf einem Birkenast vor meinem Fenster, während ich am Schreibtisch arbeite. Dann sehe ich, daß er den Boden unter sich studiert und sich plötzlich fallen läßt. Ich stürze hinaus und kann gerade noch beobachten, wie er eine große, weiche Raupe kröpft. Raupen habe ich ihm nie zu fressen gegeben, aber er scheint ein Auge für wohlschmeckende Dinge entwickelt zu haben.

19. JUNI

Fast die ganze Nacht regnete es in Strömen. Die Krähen sind heute morgen völlig durchnäßt, aber Bubo ist ziemlich trocken. Es gibt nur einen Platz, wo er vor dem Regen geschützt die Nacht zubringen konnte – das noch unfertige Blockhaus unterhalb der Hütte. Er muß die Stelle vom letzten Jahr her im Gedächtnis behalten haben, und er muß sich daran erinnert haben, wie man dort hingelangt. Wie damals saß er wahrscheinlich auf einem der Bundbalken unterm Dach.

Er kröpft zwei Rötelmäuse, eine Spitzmaus und einen Rubinfleckwaldsänger, und dann bemerkt er Thor, der direkt vor uns sitzt und sein nasses schwarzes Gewand ordnet. Thor streckt einen Flügel zur Seite, pickt an der Schulter, senkt den Kopf unter den Flügel und weiter nach hinten (Bubo duckt sich und macht sich fertig zum Angriff). Dann ist Thors Kopf wieder an der gewohnten Stelle (Bubo entspannt sich), und er zieht Brustfedern durch seinen dicken schwarzen Schnabel. Er steht auf dem rechten Fang und zieht den linken geschickt zwischen Körper und linken Flügel, um sich mit einem Zeh den Hinterkopf zu kratzen (Bubo spannt sich). Dann dreht er den Kopf rückwärts und widmet sich seinen Schwanzfedern (Bubo greift an). Bubo ist fast auf ihm, als Thor, scheinbar sorglos, gerade noch rechtzeitig ein paar Zentimeter zur Seite hüpft. Und Bubo wirft es – durch sein bloßes Gewicht und zuviel Schwung – aus der Bahn, und er verfehlt sein Ziel wie üblich.

Wenn der Sieg hauptsächlich davon abhängt, daß man es immer wieder probiert, dann mußte es einmal passieren, früher oder später: Bubo hatte es immer wieder und wieder und wieder probiert, und... endlich glückte es ihm. Er schnappte sich den armen Thor am hellichten Tag und schlug seine Krallen in ihn. Aber Thor kämpfte einen heroischen Überlebenskampf, und wie Theo kurz zuvor gelang auch ihm am Ende die Flucht. (Keine der Krähen wurde danach je wieder von Bubo erwischt.)

Jetzt schlägt immer einer von ihnen, Theo oder Thor, Alarm, sobald sich Bubo auf der Lichtung sehen läßt, und sie sind so wachsam, daß Bubo praktisch kein Überraschungsangriff mehr gelingen kann. Ich habe nun keine Angst mehr, daß er ihnen tagsüber gefährlich werden könnte – und ebensowenig bei Nacht, denn sie schlafen gut versteckt in dichten Koniferenzweigen, wohin kein Vogel von der Größe eines Uhus gelangen könnte, ohne Lärm zu machen und sie dadurch aufzustören. Die Krähen haben an Erfahrung und Sicherheit gewonnen, und allmählich verliert Bubo jegliches Interesse an ihnen.

Die Mückensaison ist noch nicht vorbei, aber es wird jetzt von Tag zu Tag angenehmer. Bald kann ich mich nach draußen wagen, ohne sofort völlig verstochen zu sein. Es ist Zeit, daß Margaret und Stuart kommen, um uns für den Rest des Sommers Gesellschaft zu leisten.

Als Margaret den Pfad heraufkommt – mit Stuart auf dem Rücken, der zwischen ihren Schultern freudig auf und ab hüpft, bilden nur Bunny und ich das Begrüßungskomitee. Bubo taucht erst später am Abend auf. Er hört uns in der Hütte glücklich Wiedersehen feiern und schreit ›Huu-huuu‹. Margaret tritt vor die Tür, und er verstärkt sein Rufen. Ich ahne nichts Gutes. Immerhin setzt er nicht zum Angriff an. Vielleicht erkennt er sie.

20. JUNI

Krise. Wir befinden uns auf dem Pfad, der nach unten zur Straße führt, weil wir in die Stadt zum Einkaufen fahren wollen, als uns Bubo am Weitergehen hindert. Er gleitet von oben herab, landet vor uns, läßt voller Zorn seine Stimme erschallen und geht dann auf Margarets Beine los. Ich halte ihn mit einem Kiefernzweig in Schach, und dann attackiert er auf einmal *meine* Beine.

Als wir aus der Stadt zurückkommen, ist Bubo nirgends zu sehen. Aber die Krähen halten sich in der Nähe der Hütte auf, und sie sind hungrig. Ich bin mit dem Füttern gerade fertig, als sie voller Schrecken Reißaus nehmen und sich in den Wald retten. Bubo ist da! Er ruft von der Krone einer hohen Tanne herab. Margaret und Stuart fliehen schnell und gelangen mit heiler Haut in die Hütte.

Auf dem Weg zum Brunnen hänge ich trübseligen Gedanken nach. Die Aussichten sind düster. Was sollen wir tun? Als ich am Brunnen ankomme, etwa einen halben Kilometer von Kaflunk entfernt, wartet er schon auf mich, geht auf meine Beine los und schreit zornig. Warum attackiert er *mich*? Ich brülle ihn an und schlage mit einem Stock auf den Boden, und er fliegt davon und ist ruhig. Jetzt wird mir klar, daß auch der vorherige Angriff auf mich in Anwesenheit Margarets keineswegs zufällig erfolgte. Macht er mich dafür verantwortlich, daß sie die Grenzen ›unseres‹ Territoriums verletzt hat? Erwartet er von mir, daß ich unseren Hügel für ihn und für mich verteidige?

Eine Möglichkeit, einen Kampf mit ihm zu verhindern, gibt es: Man muß bereit sein zurückzuschlagen. Auch wenn man gar nicht wirklich vorhat, gegen ihn zu kämpfen, funktioniert der Bluff. Wenn er intelligent genug wäre, einen Bluff zu vermuten, würde er nicht zögern zurückzubluffen, und es würde endlos hin und her gehen. Das Bluffen würde zu einem Bluffzweikampf ausarten, und am Ende würden beide Bluffer das tun, was sie durch ihren Bluff gerade vermeiden wollten. Ich bin froh, daß er mich nicht besser durchschaut.

Margaret sieht das mit dem Bluffen nicht ganz so optimistisch wie ich. Bubo sei gefährlich durch seine scharfen Krallen und dadurch, daß er überall und immer überraschend angreifen könne, meint sie. Vor allem in der Dunkelheit. Und sie fragt sich, ob sie den ganzen Sommer als Geisel dieses Uhus in einer winzigen, überhitzten Hütte verbringen müsse. Ich hoffe, daß die beiden Frieden schließen werden. Stuart scheint Bubo überhaupt nicht zu interessieren; das ist immerhin eine große Erleichterung. Offensichtlich stellen Kinder keine Bedrohung für ihn dar, und Frauen – die er, wie ich später erfahre, deutlich von Männern unterscheiden kann – bedrohen ihn nur, wenn sie in Verbindung mit mir stehen.

Bubos Feindseligkeit erwachsenen Männern und seine Indifferenz Kindern gegenüber sind keine repräsentativen Eulen-Eigenschaften. Ich denke besonders an einen zahmen Bartkauz, der von seinem Besitzer, Robert W. Nero aus Manitoba in Kanada, bei verschiedenen Wohltätigkeitsveranstaltungen zugunsten des Schutzes und der Pflege von Eulenhabitaten vorgeführt wurde. Im Dienst der Erforschung des Verhaltens von Eulenvögeln trat dieser Bartkauz – ein weibliches Exemplar – in zwanzig Monaten nicht weniger als sechsundvierzigmal öffentlich auf. Er beziehungsweise sie scheint Leute zu mögen. In einer Naturzeitschrift schrieb Nero 1985:

›Interessant ist es, ihre unterschiedlichen Reaktionen auf verschiedene Leute zu beobachten. Zum Beispiel befaßt sie sich viel lieber mit Kindern als mit Erwachsenen, und die Berührung kleiner Menschen verträgt sie besser als die von großen. Einmal kam ein fünfjähriges Mädchen, das sie plötzlich wie wild umarmte und auf den Schnabel küßte [...] und zu meiner Überraschung hielt der Vogel still! Eindrucksvoll ist auch ihr Verhalten behinderten Personen gegenüber. Ich ermutigte einmal ein blindes Mädchen, ihr Federkleid zu tasten, und das Mädchen tastete sie ab vom Scheitel bis zu den Zehen, ohne daß irgend etwas passierte. Ein leichtbehindertes Kind zerzauste sie. Normalerweise widersetzt sich mein Bartkauzweibchen einer solchen Behandlung, reagiert aggressiv – hier aber ließ sie alles mit sich geschehen. Verstand sie, daß diese Leute sich nicht anders verhalten können, tolerierte sie deshalb alles?‹

Und es zeigt sich, daß die Leute diesen Bartkauz mögen. Nero fährt fort:

›Fünfundachtzig Prozent unserer Zeit verbringen wir damit, mit Leuten über sie zu reden, und nicht nur über sie, sondern über Bartkäuze und Eulen und andere wildlebende Vögel im allgemeinen. Und allen fällt die tiefe Befriedigung in den Augen derer auf, die für kurze Zeit einen Bartkauz aus nächster Nähe beobachten konnten. Die Befriedigung war so groß, daß sie immer wiederkamen; einige rannten nach Hause, um den Fotoapparat zu holen, andere brachten ihre Freunde mit.‹

Robert Neros Wissen über Bartkäuze ist profund. Er hat Hunderte von ihnen in ihren Habitaten intensiv beobachtet und ein Buch darüber geschrieben, das in Nordamerika zu einem Klassiker geworden ist. (*Gray Owl: Phantom of the Northern Forest*, 1980.)

Nachmittags füttere ich Bubo ein graues Eichhörnchen. Sonst frißt er im Freien, in der Nähe der Hütte, aber heute schleppt er das Eichhörnchen zu einem geschützten Platz unter einem kleinen Gebüsch. Aber auch dort beginnt er nicht gleich mit dem Fressen, sondern inspiziert zuvor die Umgebung und sucht sorgfältig den Himmel ab. Warum den Himmel? Als ich seinem Blick folge, sehe ich zunächst nichts, aber dann – ein kreisender Fleck – ein Bussard! Er ist es, der Bubo in eine solche Aufregung versetzt, daß er anhaltendes Kehlsackflattern hören läßt. Hat er Angst, daß der Bussard ihm die Beute stiehlt? Er vertraut mir und erlaubt, daß ich bei ihm bleibe, während er frißt, und dann versteckt er die Reste in meiner Nähe, während ich ihn aus den Augenwinkeln beobachte. Würde ich Interesse zeigen, würde er vermutlich sofort auf mich losgehen. Seine Fähigkeit, meine Absichten zu erraten, ist eindrucksvoll – nicht weniger als seine geradezu unheimliche Fähigkeit, Absichten und Verfassung potentieller Beutetiere abzuschätzen. Diese Fähigkeiten sind ihm als Raubvogel angeboren. Sein Erfolg hängt davon ab, wie gut er die Verhaltensweisen seiner Beute beurteilen und vorhersehen kann.

21. Juni

Heute morgen bleibt Bubo in der Nähe des Gebüschs, wo er gestern die Reste des Eichhörnchens versteckt hatte. Er schreit, als sich ein Bussard auf einem Ahorn in der Nähe niederläßt. Auch der Bussard schreit. Warum ist er hier? Hat er gestern gesehen, wie Bubo das Eichhörnchen versteckte? Bubo fliegt näher zu dem Bussard hin, und nachdem sie wieder Schreie gewechselt haben, fliegt der Bussard knapp über Bubos Kopf hinweg. Damit bringt er seinen Gegner zum Verstummen, aber an dessen Entschlossenheit kann er nichts ändern: Bubo wagt einen Ausfall in Richtung Bussard, und das Duell geht weiter, indem beide Vögel abwechselnd im Flug aufeinander losstürzen. Dabei bewahren sie ein unheimliches Schweigen. Bubo hat schon einige Püffe von Bussarden einstecken müssen, aber niemals zuvor hat er auch nur den Versuch unternommen, seinerseits Püffe auszuteilen. Der Bussard würde Bubo mit Sicherheit das Eichhörnchen rauben, wenn er könnte. Weiß Bubo, was der Gegner will? Es fällt schwer, das zu glauben. Und doch: Wenn es sich um Menschen handelt, verhält er sich unterschiedlich, je nachdem ob es sich um Männer, Frauen oder Kinder handelt; im

Fall von konkurrierenden Raubvögeln scheint er ebensowenig im Zweifel zu sein, wen es anzugreifen gilt und wen nicht.

Abends unternimmt der Bussard mindestens fünfzehn Attackenflüge gegen Bubo, der sicher im dichten Geäst einer Tanne hockt. Hier, in unmittelbarer Nähe der Hütte, verzichtet Bubo auf jeden Gegenangriff. Weil es hier kein verstecktes Fleisch zu verteidigen gibt? Aber warum zögert er nicht, am gleichen Ort Menschen zu attackieren?

22. JUNI

Bubo sitzt auf dem Dach, als ich im Morgengrauen aufstehe, und ich höre sein ›Huu-huu-huu‹, als ich hinausgehe. Er hört nicht auf zu rufen, selbst als ich ihm sein Futter gebe, und läßt keine Berührung zu. Er ist immer noch böse auf mich und wahrscheinlich auch auf Margaret (und den Bussard?).

Vielleicht attackiert Bubo andere Leute, weil er in ihnen konkurrierende Uhus sieht, gegen die er sein Territorium, die Nahrung und mich – seinen Partner – verteidigen muß. Ich frage mich, ob er einen Uhu wirklich von einem anderen Vogel oder Lebewesen unterscheiden kann.

Es wäre schön, wenn ich, ausgehend von dieser Frage, ein paar Experimente mit ihm veranstalten könnte, aber leider steht mir kein anderer zahmer Virginia-Uhu zur Verfügung. Also versuche ich es mit dem nächstbesten – seinem Spiegelbild. Bubo betrachtet sich im Spiegel, klappert kurz mit dem Schnabel und nimmt seine Drohhaltung ein. Nach weniger als einer Minute allerdings sieht er an den Rändern des Spiegels vorbei und *hinter* den Spiegel, und dann interessiert er sich nicht mehr dafür. Lange hat er sich nicht täuschen lassen. Die meisten Kleinvögel attackieren ihr Spiegelbild, mit dem sie zum Beispiel in einem Fenster konfrontiert sind, auf das heftigste. Ich habe selbst erlebt, daß ein Fink sein Spiegelbild in einem Fenster unseres Hauses volle sechs Wochen lang jeden Tag angriff.

(Später besorgte ich mir von Krähenjägern einen ausgestopften Virginia-Uhu. Etwa zwei Minuten lang klapperte Bubo zornig gegen ihn mit dem Schnabel, aber nachdem keine Reaktion erfolgte, ließ er ihn links liegen. Meine Experimente erbrachten kein Resultat.)

Wenn ich sage, daß Bubo mich als seinen ›Partner‹ betrachtet, so weiß ich selbst noch nicht genau, was das heißt. Jedenfalls hat er mir, soweit ich sehe, nie den Hof gemacht. Und er attackiert mich wild, wenn ich ein Gebiet betrete, wo er Nahrung versteckt hat. Würde er einen wirklichen Geschlechtspartner so rüde behandeln? In der Nähe eines Futterverstecks behandelt er mich, wie er jeden Eindringling behandelt, ob Bussard oder Mensch. Ich kann nicht sagen, wie er mich außerhalb meiner Rolle als – je nach Gelegenheit – Ernährer oder Bedroher seiner Futterreserven wahrnimmt. Er greift mich an, wenn ich mich einem seiner Verstecke bis auf etwa sechs Meter nähere; Fremde sind schon verdächtig, wenn sie im Umkreis von hundert Metern von Kaflunk, wo er sein Futter erhält, auftauchen. Vielleicht erweitert er bei Fremden die Grenzen seines Territoriums.

Er greift mich nicht an, bevor ich ihn gefüttert habe, weil er mich dann nicht mehr als Ernährer hätte. Wenn er mich wirklich als Geschlechtspartner betrachtet, haben wir die Rollen getauscht. Beim Virginia-Uhu ist das Männchen der Ernährer der Familie, das Weibchen bekommt die Nahrung von ihm. Wenn er wirklich ein Männchen ist – seiner Größe und seiner Stimme nach zu urteilen, ist er ein Männchen – und mich als Weibchen betrachtet, dann hat er sich bemerkenswert rasch an die Frauenemanzipation gewöhnt.

Ich locke ihn in die Nähe eines Weißkehlammernestes mit Jungen. Das Nest ist zwischen Gras und Mädesüßbüschen gut getarnt, und die Gefahr, daß er es findet, ist gering. Aber was werden die adulten Ammern tun, wenn er in der Nähe ist? Genau wie das Ammernpaar vom letzten Jahr greifen sie ihn nicht an. Während der halben Stunde, in der Bubo sich dem Nest bis auf etwa fünf Meter nähert, sitzen beide Eltern über ihm auf einem Ast und halten drei Meter Abstand. Ihre Köpfe drehen sich, aber sie bleiben sitzen, und man hört nur ihr monotones ›Zick-zick‹, das sich anhört wie ein lautes Metronom. Bubo schenkt ihnen keine Beachtung.

Ich führe ihn zu einem Meisennest in einem hohlen Baumstumpf. Er setzt sich direkt auf den Stumpf, und beide Meiseneltern schreien aufgeregt, aber sie nähern sich ihm nicht. Spechte, die ebenfalls in hohlen Bäumen brüten, verhalten sich ähnlich. Ist für diese Vögel entschiedenes Haßverhalten nicht nötig, weil die Jungvögel in den Höhlungen sicher sind? Vielleicht. Nur die Baumschwalben, die in meinem Nistkasten ein Nest gebaut haben, stürzen sich auf ihn und verfehlen seinen Kopf immer nur um wenige Zentimeter.

23. Juni

Bubo verbringt die meiste Zeit im Rohbau des neuen Blockhauses. Jeden Tag sitzt er auf den Balken unterm Dach, wo es dunkel und trocken ist; von dort kann er die Lichtung überblicken und hat freie Sicht zum Wald. Der Giebel des Daches ist noch offen – wir warten die nächsten Regentage ab, um weiterzubauen.

Margaret brennt darauf, hinunterzugehen und das Blockhaus in Augenschein zu nehmen. Aber wir hören Bubos Schreie schon auf dem Weg, und sein Drohgebaren ist unmißverständlich, als wir – Margaret trägt Stuart im Tragegestell auf dem Rücken – uns dem Haus nähern. Dann fliegt er von seinem Ansitz herunter und steht, noch lauter schreiend, in der Türöffnung. Er hat die feste Absicht, diese Schwelle zu verteidigen. Wir entschließen uns, den ursprünglichen Plan fallenzulassen und ersatzweise der Badestelle einen Besuch abzustatten. Aber selbst dorthin folgt er uns, fliegt von Baum zu Baum dicht über unseren Köpfen. Margaret bleibt an meiner Seite und hält krampfhaft einen Kiefernstock in der Hand.

Nachmittags gehe ich allein zum Blockhaus hinunter. Diesmal höre ich Bubos ›Huu-huu‹ vom Bundbalken herunter, aber er kommt nicht zur Tür. Zwischen jeder Serie von Schreien stößt er hustende Laute aus; außerdem höre ich Töne, die ich nie zuvor von ihm vernommen habe – eine Reihe hoher Klicklaute nach jedem fünften oder sechsten ›Huu‹. Es klingt, als ob sich zwei Vögel im Innern des Rohbaus aufhielten und einander antworteten. Ich habe keine Ahnung, was diese neuen Laute bedeuten. (Und da ich sie seitdem nie mehr hörte, kann ich den Kontext der Äußerungen auch nicht genauer beschreiben.) Sie erinnern mich aber daran, daß im Laufe von Millionen Jahren eine Menge Informationen gesammelt wurde, die in seinen einundvierzig Chromosomenpaaren lagert und zu der ich keinen Zugang habe. Ich vermute, daß Bubos vielfältige Laute vielfältige und verwirrende Gefühle widerspiegeln. Wahrscheinlich ist er mir noch böse, und er ist eifersüchtig und gleichzeitig froh, mich zu sehen, dazu ängstigen ihn die Fremden – etwas von alldem und alles auf einmal. Ich weiß, wie ich ihn beruhigen und erleichtern kann, und ziehe ein totes Rotkehlchen aus meiner Tasche. Die neuartigen Töne verändern sich und werden zu einem freundlichen Zwitschern. Er fliegt zu mir, und ich sitze neben ihm, während er das Rotkehlchen rupft und kröpft. Danach starrt er mich eine volle Minute lang an und kommt näher. Ich halte ihm meine Hand hin, nicht ohne Zögern.

Aber es ist alles in Ordnung. Er knabbert an meinen Fingern, zuerst rauh, bald sanfter, dann zärtlich, und schließt die Augen. Aber er hört nicht auf mit seinem endlosen ›Huu-huu‹, auch nicht, als ich ihm besänftigend über das Kopfgefieder streiche. Offenbar ist er immer noch beunruhigt. Fast eine Stunde lang spielen wir, und allmählich werden seine Schreie weicher und leiser. Zum erstenmal hat er, während ich ihn streichle, nicht aufgehört zu schreien.

Ich bin froh, daß wir Frieden geschlossen haben, und spiele mit ihm, solange er will. Er hört erst auf, als er eine Rolle Bindfaden entdeckt, auf die er sich sogleich stürzt. Er greift sie mit einem Lauf und hüpft auf dem anderen – mit gelegentlicher Unterstützung durch die Flügel – hinüber zum Holzstoß. Damit nicht genug. Er verliert das Gleichgewicht und landet auf der Seite. Egal. Schnell ist er wieder auf den Beinen, greift die Rolle, läßt sie los, greift sie wieder. Seit letztem Jahr, als er noch klein war, habe ich ihn nicht mehr mit solcher Wonne spielen sehen.

Mit dem Gefühl, unsere Freundschaft gekittet zu haben, will ich mich auf den Heimweg machen. Aber ich habe die Schwelle noch nicht erreicht, da kommt er und bleibt aufgeplustert im hellen Sonnenschein auf der Stufe vor der Tür sitzen. Gut, ich werde noch etwas länger bleiben. Er hüpft zu mir ins Gras und streckt sich neben mir aus, mit geplustertem Gefieder und ausgebreiteten Flügeln. Sein Kopf scheint riesengroß.

Er starrt vor sich hin und bewegt sich nicht. Leute in Trance sehen so aus. Nach vier Minuten in dieser Stellung schließen sich seine Augen allmählich zu Schlitzen, und schließlich sind sie ganz zu. Nach weiteren acht Minuten setzt sich eine Fliege zuerst auf mein unvermeidliches Notizbuch und dann auf Bubos Schnabel. Er schüttelt den Kopf, öffnet die Augen wieder und kratzt sich mit einer Kralle am Kopf. Er schaut nach oben und sieht ein in großer Höhe fliegendes Flugzeug, und dann hüpft er zur Tür zurück und fliegt von dort auf seinen Balken im Schatten des Dachs. Als er anfängt, sich zu putzen, bin ich auf dem Weg nach Kaflunk. Ich bin sicher, daß wir unsere freundschaftliche Beziehung erneuert haben.

Bubo ist ein Einzelgänger, und Margaret, die ihn früher gern mochte, hat jetzt die Krähen lieber. Sie halten sich stets in der Nähe von Kaflunk auf, und sie krächzen laut, wann immer Bubo uns einen Besuch abstattet. Margaret ist froh, daß die Krähen da sind, es sind ihre Wachen.

Die Krähen folgen mir in den Wald, und wir stoßen auf eine Blauhäherfamilie – zwei Adulte und ein paar erst kürzlich flügge gewordene unbeholfene Junge. Die adulten Häher zeigen den Krähen gegenüber genau dasselbe Haßverhalten wie Bubo gegenüber – sie stürzen sich von oben und von hinten auf sie, sobald die Krähen einen Moment unachtsam sind. Eine der Krähen braucht nur den Kopf zu senken, um sich zu putzen oder an einem Zweig zu zupfen, schon erfolgt eine Attacke. Aber wenn die Krähen zu ihnen hinsehen, stoppen die Häher ihre Angriffe sofort. Insgesamt zähle ich dreißig Attacken.

Gegen Abend begebe ich mich zum drittenmal zum Blockhaus hinunter, diesmal mit Stuart auf dem Rücken. Bubo ist ›daheim‹ auf seinem Balken. Ich stelle ihm Stuart vor, aber Bubo scheint gar nicht beeindruckt. Ich bin froh, daß er das Kind ignoriert, aber warum ignoriert er es?

Abend. Ein anderer Neffe, Chris, und sein Freund Jeff besuchen Kaflunk. Sie bringen Decken und Schlafsäcke mit und wollen über Nacht bleiben. Sie wissen von Bubo, aber alles, was sie wissen, wird von der Wirklichkeit in den Schatten gestellt.

Bubo erscheint zur üblichen Zeit, kurz nachdem wir uns alle behaglich um den Tisch versammelt haben. Ungewöhnlicherweise hören wir lautes Schreien von der hohen Tanne herab – offenbar weiß Bubo, daß wir Gesellschaft haben. Er fliegt zur Birke und schaut von dort aus durch das vordere Fenster zu uns herein; aufgeregt hüpft sein Kopf auf und ab. Jetzt ist er am hinteren Fenster und preßt den Kopf gegen die Scheibe. Jeff geht nah ans Fenster heran und macht eine aggressive Gebärde. Das war ein Fehler. Bubo wirft sich mit lautem Krachen gegen die Scheibe, und Jeff springt überrascht zurück. Durch eine bloße Fensterscheibe läßt sich Bubo nicht abschrecken. Er sucht einen anderen Weg, um ins Innere zu gelangen, umrundet mehrmals die Hütte und schreit immer lauter.

Weder Jeff noch Chris sind allzu begierig, das Zelt draußen aufzubauen. Kann ich Bubo mit einem Stück Fleisch weglokken? Nichts zu machen. Er sieht direkt an mir vorbei in die Hütte, als ob ich und das Stück Fleisch gar nicht da wären. Er will *Jeff*. Als Jeff die Tür öffnet, schwingt sich Bubo augenblicklich von der Birke herab. Jeff stolpert erschrocken rückwärts – und vergißt die Tür zu schließen. Bubo platzt herein, Jeff greift sich schnell den Besen, und Bubo zögert nicht, das Ding anzugreifen, bevor er damit zur Tür hinausgedrängt wird.

Beide Jungen lachen, aber es ist kein gelöstes Lachen. Jeff, der sechsundachtzig Kilo wiegt, macht Witze darüber, daß er sich von einem sechseinhalb Kilo schweren Uhu hat einschüchtern lassen. (Ich hüte mich, ihm zu sagen, daß Bubo kaum zwei Kilo wiegt. Gut geblufft, Bubo!) Die tapfere Heiterkeit der Jungen steigert sich noch, als sie überlegen, daß sie sich tatsächlich werden geschlagen geben müssen. Es wird nicht möglich sein, daß sie draußen vor der Hütte schlafen – bei dem höllischen Geschrei und den krachenden Fensterscheiben. Langsam wird uns allen klar, daß Chris und Jeff Kaflunk verlassen müssen, und je früher sie gehen, desto besser: Es wird bald dunkel, und bei Dunkelheit wird Bubo uns gegenüber noch mehr im Vorteil sein.

Aus keineswegs uneinsichtigen Gründen ist Bunny bereits verschwunden, also kommt er als Geisel nicht mehr in Frage. Ich schlage vor, daß die Jungen ihre Decken benutzen – als Schilde oder als Zielscheiben, wie Stierkämpfer die rote Capa. Vielleicht schaffen sie es den Pfad hinunter zu dem Feld in der Nähe der Straße, weit genug von seinem Territorium entfernt. Dort können sie ihr Zelt aufschlagen. Sie rüsten sich für das Abenteuer, zeigen sich mutig, aber es mangelt ihnen an Entschlossenheit, und sie zögern ein paar Sekunden zu lange vor der Gittertür. Bubo kommt ihnen zu Fuß entgegen, seinem Gang ist der Zorn anzusehen, und Jeff und Chris finden die Idee, jetzt ins Freie zu treten, gar nicht mehr so gut. Die Gelegenheit ist verpaßt. Nervöses Gelächter. Was nun?

Bubo hat sich an der Tür postiert, er weiß sehr wohl, daß der Feind hier früher oder später herauskommen muß. Eher später als früher, scheint es – der Mut des Feindes läßt nach, Unentschlossenheit macht sich breit. Bubos Laune wird auch nicht besser.

Not macht erfinderisch. Wir müssen eine neue Taktik ausprobieren. Ich würde nicht wagen, ihn festzuhalten, auch nicht mit Lederhandschuhen. Aber vielleicht gibt es noch eine andere Möglichkeit – indem man eine Decke über ihn wirft. Also gehe ich mit einer Decke hinaus. Er beachtet mich nicht. Einzig die Feinde drinnen interessieren ihn. Das gibt mir die Gelegenheit, ihn zu überrumpeln, und ich rolle einen äußerst überraschten Bubo behutsam in die Decke ein. Seine Schreie sind jetzt gedämpft, aber seine Erregung ist es keineswegs. Das Deckenpaket schlägt nach allen Richtungen aus.

Die Jungen packen ihre Sachen und rennen zur Tür hinaus, den Weg hinunter. Zehn Minuten später – sie müssen mittlerweile das Feld erreicht haben –, lasse ich Bubo frei. Er schaut wild um sich, schreit ununterbrochen und fixiert dann den Pfad. Es überrascht mich, daß er weiß, daß sie sich nicht mehr in der Hütte aufhalten; offenbar weiß er auch, auf welchem Weg ihnen die Flucht geglückt ist. Er weiß überhaupt mehr, als ich ihm zugestehen kann. Ich versuche, ihn zu bestechen, damit er in der Nähe bleibt, und glücklicherweise ist er durch die ganze Aufregung hungrig genug, um ein großes Stück Murmeltierfleisch gierig anzunehmen. Er wird meiner Schätzung nach etwa zwanzig Minuten brauchen, um das Fleisch in Stücke zu reißen und zu fressen. In der Zwischenzeit jogge ich den Pfad hinunter, um nach den Jungen zu sehen.

Sie sind gut angekommen und gerade dabei, das Zelt aufzuschlagen. Aber ihre Freude über den glücklichen Ausgang ihrer Flucht ist verfrüht. Wir hören ein fernes ›Huu-huu‹. Und da ist er auch schon. Bubo fliegt direkt auf uns zu. Er landet auf einem Ahorn und starrt Jeff an, ohne ein einziges Mal zu blinzeln. Es wird dunkel, und um unsere Sache steht es nicht besser, als er sich auf den Boden niederläßt und Jeff – der immer noch sein Hauptfeind ist (der anfänglich aggressiven Geste wegen?) – verfolgt. Jeff faßt sich und wickelt sich in eine Decke. Richtige Idee, falsches Objekt. Bubo mag Decken überhaupt nicht, sie provozieren ihn. Er kommt immer näher, und im letzten Moment löst Jeff die Decke von seinen Schultern und wirft sie über den Angreifer. Ein brillanter Handstreich! Das Geschrei klingt durchdringend, und der tanzende Derwisch unter dem dicken Stoff droht schon wieder zu entkommen. Jeff versucht, ihn niederzuhalten, aber irgendwie schafft es Bubo, die Decke durchzubeißen, und versetzt der ihn haltenden Hand einen bösen Hieb. Genug. Ich halte die Decke fest. Die Jungen rennen mit all ihrem Gepäck in großen Sätzen die Straße entlang, die Flucht gelingt. Sie werden eine Menge zu erzählen haben. Fest steht, daß ich ein Warnschild am Weg anbringen muß: ACHTUNG, UHU!

Bis zu diesem Abend hatte ich gedacht, Bubos Verhalten Margaret gegenüber sei aggressiv. Aber jetzt denke ich, daß er sich ihr gegenüber relativ freundlich verhält.

Nach dieser Episode behelligte er sie nicht mehr, vielleicht weil er erst erkannte, wer seine Freunde sind, als er auf seine Feinde traf. Tolerant verhielt er sich auch meiner Tochter Erica gegenüber, die uns später besuchte.

Rückblickend weiß ich, daß es mehr Möglichkeiten gegeben hätte, die Risiken, die im Zusammenleben mit einem Uhu entstehen, zu mindern. Zum Beispiel wäre Margaret sicherer gewesen, wenn sie es geschafft hätte, im Moment des Angriffs gefaßt zu bleiben und ihm direkt in die Augen zu sehen, statt vor ihm zu fliehen. Rennende Menschen sind für Vögel bekanntermaßen furchterregende Wesen, und es gibt Berichte von Attacken, ausgeführt von kleinen Stärlingen wie auch von Raubvögeln, auf sich schnell bewegende Menschen. Margaret hätte außerdem einen Hut mit einem aufgemalten Augenpaar tragen können. Studien haben nachgewiesen, daß Vögel von solchen falschen Augen abgeschreckt werden; daher findet man das Augenpaar heute auf allen möglichen Dingen vom Flugzeug bis zur Joggermütze. Die Taktik ist von Insekten abgeschaut, die zur Ablenkung von Feinden oftmals Augenmuster auf ihren Flügeln tragen.

Interessant ist, daß man das Augenpaar nicht nur bei Insekten, sondern auch am Hinterkopf von Zwerg- und Strichelkäuzen findet. Diese beiden kleinen Eulenarten sind tagaktiv, und sie ernähren sich von Kleinvögeln. Aber soweit ich weiß, hat bis jetzt noch niemand herausgefunden, ob die Augenmuster diese Eulen vor hassenden Vögeln schützen oder ob sie der Verwirrung von Beutetieren dienen und damit den Eulen einen Vorsprung bei der Jagd sichern.

Heikles Zusammenleben

Heute folgt mir nicht nur Bubo in den Wald, sondern auch die Krähen kommen mit. Eine buntscheckige Gesellschaft, ein Mann, ein Uhu und zwei Krähen. Aber niemand nimmt Anstoß an uns. Wenn die Krähen Bubo morgens sehen, schimpfen sie kurz, aber den Rest des Tages beachten sie ihn kaum. Seinerseits unternimmt Bubo keine Versuche mehr, sie zu fangen. Gewöhnlich folgt er mir unauffällig in einiger Entfernung, und manchmal weiß ich nicht, ob er überhaupt in der Nähe ist, bis er plötzlich aus dem Nichts auftaucht und voranfliegt. Dagegen bleiben die Krähen im Wald immer bei mir; ab und zu folgen sie mir auf den Fersen wie junge Hunde, dann wieder fliegen sie auf meine Schulter, um sich ein Weilchen tragen zu lassen. Ich mag es, wenn sie auf meiner Schulter sitzen. Ich höre gern ihre leisen, gurrenden Töne, und außerdem fangen sie fast jede Bremse, die meinen Kopf umkreist.

Die Krähen sind schnelle, gewandte und kräftige Flieger; wenn sie wollen, können sie, indem sie ihre Schwanzfedern geschickt als Ruder benutzen, durch das Geäst kurven wie sausende schwarze Pfeile. Der Uhu hingegen sucht sich viel vorsichtiger und ungeschickter seinen Weg durchs Geäst. Die Krähen fliegen hierhin und dorthin, ohne sich darum zu kümmern, ob ein Halteplatz in der Nähe ist. Der Uhu scheint sich jede Bewegung von Ast zu Ast genau zu überlegen. Die Krähen wissen, daß sie überall hinkommen können. Der Uhu muß abwägen, ob ein Ast stark genug ist, daß er sich von ihm abstoßen kann, und ob der Zwischenraum groß genug ist, damit er sich die Flügel nicht verletzt.

Wir stöbern junge Weißkehlammern von einem Nest am Boden auf. Bubo bemerkt eines der Jungen, das zu fliehen versucht, fängt es und kröpft es augenblicklich. Der lautstarke Protest der Eltern bleibt vergeblich. Das Haßverhalten kann die Jungen schützen, bevor sie entdeckt sind, aber danach nützt es nichts mehr.

Wir kommen in die Nähe eines Nests von Einsiedlerdrosseln mit Jungen. Die Eltern ignorieren mich, aber auf Bubo hassen sie eine volle halbe Stunde lang, solange wir da sind – sie stürzen sich über fünfzigmal auf ihn, schnappen mit dem Schnabel nach seinem Kopf, woraufhin er den Kopf in ihre Richtung dreht. Wenn er seinen Blick direkt auf einen Vogel richtet, kann er einen Angriff verhindern, aber dadurch kommt der andere Elternteil nur um so besser zum Zug. Seine Aufmerksamkeit wird von beiden Vögeln beständig abgelenkt, so daß er gar keine Zeit hat, den Boden nach den Jungen abzusuchen.

Bubo hat unlängst sein Schwanzgefieder erneuert. Während einer Woche im Juni sind mehrere zentrale Stoßfedern ausgefallen, und in der nächsten Woche folgten die restlichen der insgesamt zwölf Federn. Eine solche synchrone Schwanzmauser fand schon in den vorigen Sommern statt. Im letzten Monat hatte Bubo erst gar keinen und dann nur einen sehr kurzen Schwanz.

Die Eulenmauser ist bemerkenswert; andere Greifvögel, die Beute jagen – zum Beispiel Hühnerhabichte, Rundschwanzsperber und Eckschwanzsperber –, haben langes, auffälliges Schwanzgefieder, das während der Mauser *allmählich* erneuert wird. Die Evolution diktierte diese Art der Mauser, denn für diese Vögel ist der Schwanz zum Fliegen unabdingbar – sie benutzen ihn wie Kampfflugzeuge das Ruder, um während der Verfolgung der Beute schnelle Drehungen und ähnliche Manöver ausführen zu können.

Bei Eulen gibt es viele Arten der Schwanzmauser. Zum Steuern und Manövrieren brauchen sie den Schwanz nicht unbedingt immer, daher hat sich beim Stoßgefieder nicht der physiologisch komplizierte Mechanismus des kontrollierten Abwerfens einzelner Federn (wie bei der Mauser der Flügel) herausgebildet. Bubos Schwanzmauser bestätigte mir, was ich schon beobachtet hatte, vor allem bezüglich der Jagd: Die Spezialität der Uhus ist der Überfall, der Überraschungsangriff auf nichtsahnende Beute. Raffinierte Flugmanöver sind bei dieser Art der Jagd nicht nötig. Die pergamentene Färbung der Flügel und der langsame, geräuschlose Flug erklären sich daraus; aus demselben Grund jagt ein Uhu oft bei Dunkelheit und ist auf außerordentliche Weise dazu befähigt, die Absichten von Beutetieren (und anderen Tieren, zum Beispiel mir?) zu erahnen. Und noch eine Beobachtung: In der Zeit, in der der Uhu keinen Schwanz hat, ist es für Singvögel leicht, ihn durch Haßverhalten zu vertreiben – und zwar ohne daß sie sich dabei in Gefahr begeben. Sie retten auf einfache Weise ihre Jungen und durchkreuzen die gefährlichste Absicht des Uhus, die überraschende Attacke aus dem Hinterhalt.

Ich finde einen Laubfrosch und rufe Bubo, der gehorsam angeflogen kommt und neben mir landet. Ich lasse den Frosch direkt vor ihm frei. Er macht ein paar Schritte auf ihn zu. Der Frosch reagiert, indem er vier schnelle Hüpfer in keine bestimmte Richtung macht. Der erste Hüpfer von Bubo weg – Bubo läuft hinter ihm her; aber da wechselt der Frosch die Richtung und hüpft nach rechts und nach links, und dann bleibt er dicht am Boden liegen und ist zwischen dem braunen Laub nicht mehr zu erkennen. Bubo ist baff. Er hat keine Ahnung, wohin der Frosch verschwunden sein könnte – und dabei ist er nur einen halben Meter von ihm weg. Ich nehme den Frosch und setze ihn wieder direkt vor seine Nase. Diesmal schlägt Bubo sicher zu, zerbeißt den Kopf, reißt den Frosch in kleine Happen und verschlingt sie.

Schmecken Laubfrösche wirklich soviel besser als Ochsenfrösche?

Etwas später hüpft mir Laubfrosch Nr. 2 über den Weg. Wieder rufe ich Bubo. Er fängt ihn sofort und kröpft ihn doppelt so schnell wie den ersten, ohne sich mit dem Zerreißen viel Mühe zu geben.

Bei anderer Gelegenheit, einige Tage später, fand ich einen dritten Laubfrosch. Nachdem ich ihn gefangen hatte, stellte er sich tot. Als ich ihn auf den Rücken legte, drehte er sich sofort wieder um, zog die Beine an und blieb dicht am Boden. Ich hob ihn auf, rief Bubo und warf den Frosch aufs Laub. Er entdeckte ihn, griff ihn, und der Frosch rührte sich nicht. Nach einigen Sekunden ließ Bubo ihn los – er verhielt sich, als ob er aus Versehen ein Blatt erbeutet hätte. Er sah sich um und hatte den Frosch offenbar schon wieder vergessen, der genau das Richtige getan hatte, um sein Leben zu retten. Um in der Evolution (wie in der Wirtschaft) Erfolg zu haben, gibt es zwei Möglichkeiten: Entweder man wiederholt das, was sich lange bewährt hat, oder man läßt sich etwas ganz Neues einfallen. Das kann riskant sein, aber der Erfolg ist durchschlagend – wie bei diesem Frosch.

Es gibt für den Uhu kein optimales Angriffsverhalten, weil es für seine Beute kein optimales Fluchtverhalten gibt. Frösche und andere Tiere wenden verschiedene Strategien an. Wenn sie hundertprozentig voraussehbar wären, wäre es für den Raubvogel leicht, durch entsprechend angepaßtes Verhalten unfehlbare Jagderfolge zu erzielen. Samuel Butler hat einmal bemerkt, daß Logik und Konsequenz ein Luxus der Götter und niederen Tiere sei, aber Konsequenz beim Fluchtverhalten könnte ein verhängnisvoller Luxus für sie sein.

28. Juni

Seit dem Morgengrauen haben die Krähen ihre sonderbaren trällernden Lieder gesungen. Sie krächzen nur, wenn Bubo kommt, und er kommt fast jeden Morgen.

Es könnte sein, daß er mittlerweile auf eigene Faust Beute schlägt, da er nicht immer hungrig ist. Aber wenn er vernünftig ist, wird er versuchen, soviel wie möglich von mir abzustauben. Für die Mahlzeiten, die er von mir bekommt, braucht er sich nicht anzustrengen. Daß er also von mir Futter will, beweist keineswegs seine Unfähigkeit, selbst Beute zu schlagen. Es beweist nur, daß er in der Lage ist, im eigenen Interesse zu handeln. Zweifellos jagt er, und sei es ›zum Spaß‹, auch wenn er nicht hungrig ist.

Es mag scheinen, als würde die Jagd der Raubvögel den Reichtum unserer Fauna vermindern; viel wahrscheinlicher ist jedoch, daß sie die Qualität der Natur verbessert. Ein Hauptreiz der Natur besteht in ihrer Vielfalt, ihrer Fülle an Variationen. Von all den unzähligen Spezies, die ein bestimmtes Gebiet bevölkern, hat jede die ererbte Tendenz zur Überreproduktion. Raubvögel jagen Tiere, die massenhaft vorkommen. Sie lernen, wie, wann und wo diese Tiere zu fangen sind. Gewöhnlich greifen sie seltene und ihnen unvertraute Arten nicht an, wenn von ihren regulären Beutetieren genügend zur Verfügung stehen. Raubvögel tragen also dazu bei, das Gleichgewicht in der Natur aufrechtzuerhalten; die Underdogs, deren Existenz vielleicht bedroht ist, haben von ihnen nichts zu befürchten. Nur exotische Raubvögel, die in einem Gebiet nicht heimisch sind, können dort wirklich großen Schaden anrichten.

15. Juli

Anders als der Uhu, der die meiste Zeit des Tages und der Nacht mit gelockertem Gefieder auf einem Birkenast sitzend verbringt, scheinen die jungen Krähen am Fliegen den meisten Spaß zu haben. Das Fliegen ist ihr Lieblingsspiel. Sie jagen einander oder segeln solo, taumeln über die Lichtung, flitzen durch Baumkronen und führen der Welt ihre gewagten Flugkunststücke vor. Im Gegensatz zu ihnen spielt Bubo gern mit seinen Fängen – streckt die Zehen aus und packt zu –, aber niemals im Flug. So übt sich jede Spezies in den Fertigkeiten, die am wichtigsten für sie sind oder sein werden.

Bubo sollte von den virtuosen Flugkünsten der Krähen und ihrer Reaktionsschnelligkeit beeindruckt sein. Vielleicht ist er es. Aber offenbar hat er jede Absicht aufgegeben, sie zu jagen, folgt ihnen nicht einmal mehr mit den Augen. Und sie können ihm so leicht ausweichen, wie ich einem Auto ausweichen kann, das mir auf der Straße entgegenkommt. Da sie immer zusammenbleiben, sind sie doppelt sicher: Wenn einer den Feind nicht sieht, sieht ihn der andere. Der erste, der ihn entdeckt, stößt Alarmrufe aus, und nach einem kurzen Gezeter kann nichts mehr passieren.

Das Verhalten der Krähen ist manchmal merkwürdig vernünftig. Wenn sie trockenes Brot oder einen alten Cracker bekommen, versuchen sie zuerst, den Happen auseinanderzubrechen; wenn sich herausstellt, daß er sich nicht brechen läßt, fliegen sie zur nächsten Wasserstelle und tunken ihn ein, bevor sie ihn fressen. Sie tunken ihn jedoch nicht ein, wenn sie ihn nicht sofort fressen.

20. Juli

Ich bringe einen überfahrenen Waschbären mit. Es ist viel zuviel Fleisch, Bubo und die Krähen können es nicht auf einmal schaffen. Was tun mit dem überschüssigen Fleisch? Bei dem Versuch, rohe Muscheln durch Kochen und Fritieren für Bubo aufzubereiten, bin ich mir meiner Unzulänglichkeit als Koch für Tiere bewußt geworden, und auch Margaret hat wenig Lust, einen überfahrenen Waschbären zuzubereiten. Also benutze ich das

Fleisch für ein Experiment mit Bubo. Ich will wissen, ob er alles, was er nicht sofort fressen kann, am selben Platz versteckt. Und wird er die Stelle(n) wiederfinden? Und läßt er sich beim Verstecken von Nahrung von der Anwesenheit der Krähen beeinflussen?

Um halb acht Uhr morgens verlasse ich Kaflunk mit einer Plastiktüte voller Waschbärfleisch. Die Krähen sind, wie immer, dicht bei meinen Füßen oder über meinem Kopf oder beides zu gleicher Zeit, und weil sie mich nicht in Ruhe lassen, werfe ich ihnen ein paar Bissen aus der Tüte zu.

Bubo ist einige Tage nicht dagewesen. Ich bin froh, daß er so unabhängig ist. Aber ich bin auch froh, ihn heute wiederzusehen. Er sitzt auf dem Hackklotz vor der Tür, ich höre seine leisen, zufriedenen, ächzenden Laute. Ich zeige ihm eine Auswahl verschiedener Waschbärenstücke, und er nimmt das größte. Müßig reißt er kleine Bissen davon ab und frißt sie genießerisch.

Die Krähen sind nicht mehr hungrig, aber sie verlieren ihr Interesse an meiner Plastiktüte nicht. Thor bekommt ein weiteres Stück, fliegt damit weg und versteckt es an einer Stelle, die etwa dreißig Meter von der Hütte entfernt ist. In weniger als einer Minute ist er zurück. So geht das nicht. Ich kann der Gier der Krähen nicht ewig nachgeben. Sie wissen genau, daß Bubo sie nicht gern sieht, während er frißt, und doch nähern sie sich ihm immer wieder wie arrogante Diebe und versuchen laut krächzend, Stücke seiner Mahlzeit zu stibitzen. Bubo faucht, und endlich lassen sie ihn allein, aber Thor muß seinem Schwanz noch schnell einen Hieb versetzen, bevor er auffliegt.

Jetzt ist es Zeit, ein Experiment mit den Krähen zu machen. Ich häufe Fleischstücke für sie auf – mehr, als sie an einem Tag vertilgen können. Beide Vögel fliegen sofort herbei und stopfen sich in aller Eile den Schnabel voll, und mit dicken Kröpfen fliegen sie wieder fort, um die Schätze zu verstecken. Ohne Unterbrechung stürzen sie heran, stopfen sich voll und fliegen davon, um die Fleischstücke an verschiedenen Stellen zu verstecken.

Sie scheinen jedesmal genau zu wissen, wohin sie fliegen: Kennen sie die besten Stellen zum Verstecken schon, oder können sie zwischen diesen Stellen gar nicht unterscheiden? Sie arbeiten so hastig, als würden sie miteinander wetteifern, und wenn sie an einem ihrer Depots angekommen sind, brauchen sie nur ein paar Sekunden, um die Beute mit Blättern, Moos oder anderen geeigneten Materialien zu bedecken. Und sie trauen einander nicht; wenn eine sich dem Versteck der anderen nähert, fliegt sofort der Eigentümer des Verstecks herbei und versteckt das Fleischstück woanders.

Währenddessen frißt Bubo noch immer. Ich sitze neben ihm, und schon kommen die lästigen Gäste wieder. Jetzt sind sie nicht mehr an Bubos Fleisch interessiert, sondern an meinem Stift. Sie reißen an meinem Notizblock und tunken zu meinem größten Ärger ihre blutigen Schnäbel in meinen Kaffee. Sie tun so, als ob Bubo gar nicht da wäre, und auch er scheint sie zu ignorieren.

Plötzlich starrt Bubo in den Wald, in Richtung Kaflunk. Er plustert das Gefieder, klappert mit dem Schnabel und nimmt Drohhaltung an. Dann fliegt er davon und läßt das Fleisch liegen. Was ihn so beunruhigt, ist mehr als dreißig Meter entfernt, es schleicht auf leisen Sohlen heran und läßt ein verhaltenes Miauen hören. Ungehindert können sich die Krähen nun Bubos Reste schnappen.

Ich ziehe ein weiteres großes Stück Waschbärenfleisch aus der Tüte und rufe ihn. Er kommt und fliegt damit weg. Eine Weile bleibt er mit seinem Fleisch auf dem Stumpf einer abgestorbenen Fichte sitzen. Wo soll er die Beute verstecken? Leise seufzend schaut er in alle Richtungen, sucht die Bäume und sogar den Himmel ab. Schwere Entscheidung! Anders als die Krähen scheint er, konfrontiert mit einer Menge von Alternativen, geradezu paralysiert. Zehn Minuten vergehen. Zwanzig. Dreißig. Immer noch keine Entscheidung. Aber sein Kehlsackflattern an diesem kühlen Morgen mit bedecktem Himmel zeigt mir, daß er aufgeregt ist.

In der Zwischenzeit beobachte ich eine kleine Wespe mit blauschwarzen Flügeln, die eine starre schwarze Spinne über den Abhang zieht. Sie läßt das Opfer fallen, flitzt auf Spindelbeinen voraus zu einem Riß im Fels, kehrt zurück, zieht die Spinne weiter, flitzt zu dem Riß, kehrt zurück und zieht dann die Spinne mit monomanischer Wut und erstaunlicher Kraft ganz in das Versteck hinein.

Vierzig Minuten. Bubo schaut sich immer noch in der Gegend um. Keine Entscheidung. Fliegen setzen sich auf das Fleisch, und er schüttelt ärgerlich den Kopf.

Sechsundvierzig Minuten. Endlich hat er eine Lösung gefunden. Mit dem Fleisch in den Klauen fliegt er fort, und ich renne hinter ihm her und sehe gerade noch, wie er weit weg landet. Auf dem linken Fang hüpfend, zieht er das Fleischstück mit dem rechten über den Boden und versteckt es unter einer jungen Tanne.

Dabei wird er von Thor beobachtet. Bubo kümmert das nicht. Anders als die Krähen bedeckt er das Fleisch nicht mit Laub oder Gras, sondern schiebt es lediglich ins Unterholz, wo es relativ geschützt ist. Aber kaum eine Minute vergeht, da ist Thor schon auf dem Weg dorthin. Bubo verfolgt ihn ein bißchen, kommt dann aber wieder zu mir, um ein zweites Stück Waschbär aus meiner Hand in Empfang zu nehmen. Inzwischen macht Thor sich mit dem ersten Stück aus dem Staub.

Bubo brauchte zum Verstecken des ersten Stückes lange, aber das heißt nicht, daß er keine Lust auf ein zweites hätte. Und er nimmt nicht nur ein zweites, sondern auch ein drittes und viertes... und siebtes Stück. Jedes versteckt er an einer anderen Stelle, keines weiter als fünfzehn Meter vom anderen entfernt. Ich stoppe die Zeit, die er zum Verstecken braucht – drei Minuten, zwei, eine, sieben, zwei, zwei. Soweit ich sehe, finden die Krähen, die die ganze Zeit in der Nähe bleiben, keines seiner neuen Verstecke. Sie haben das Interesse an ihm und seinen Aktivitäten verloren und sind dabei, lockeres Moos und

Flechten von den Felsen zu picken, vielleicht auf der Suche nach Insekten.

Immer wenn er wieder ein Stück Fleisch versteckt hat, fliegt Bubo zu einem staubigen Fleck, der etwa gleich weit von allen Verstecken entfernt ist. Er plustert das Gefieder und nimmt ein Bad im Staub, oder er geht auf den Mooshügel in der Nähe los. Ich lasse mich bei ihm nieder. Er muß wissen, daß ich keinerlei Absichten habe, seine Verstecke auszurauben, denn er ignoriert mich vollkommen. Zwischen seinen Staubbädern bleibt er still stehen und läßt seinen Blick in alle Richtungen schweifen. Sein Kehlsackflattern zeigt, daß er noch immer erregt ist. In der Zwischenzeit ist Theo zur Hütte zurückgeflogen, und Thor sitzt auf einem Ahornzweig nicht weiter als acht Meter entfernt, kehrt Bubo den Rücken und öffnet nur ab und zu die Augen, wenn er Theo von der Hütte her krächzen hört.

Nach einer halben Stunde sitzt Bubo immer noch auf dem staubigen Boden. Erinnert er sich an alle Stellen, wo er Fleisch versteckt hat? Ich stehe auf und mache drei Schritte auf ein Versteck zu. Er richtet sich auf und legt das Gefieder an. Er weiß sofort, was ich vorhabe, ruft ›Huu-huu-huu‹ und fliegt dann direkt auf mich zu. Ich weiß, was er damit sagen will, und laufe davon, und auf dem Weg nach Kaflunk bleibt er im Wald zurück. Ja, er erinnert sich – wenigstens an dieses eine Versteck. Und ich bin nicht scharf darauf, sein Gedächtnis sechs weitere Male auf die Probe zu stellen.

Abends. Bubo sitzt in einer Fichte in der Nähe der Verstecke, und er kommt angeflogen, sobald ich dort auftauche. Ich verschwinde wieder.

Den ganzen Tag lang nicht anderes zu tun, als einen Uhu zu beobachten, scheint eine einsame Angelegenheit. Und es stimmt, ich fände großen Gefallen daran, wenn ich jemanden hätte, der mich begleiten und meine Aufregung und Entdeckerfreude teilen würde. Das Beobachten und Experimentieren würde noch mehr Spaß machen, würde noch befriedigender sein. Ein leidenschaftliches Interesse, das man mit jemandem teilen kann, wird noch stärker und intensiver. Dieses leidenschaftliche Interesse, das von Außenstehenden aus sicherer Distanz oft bewundert wird, wird von Nahestehenden aber ebensooft als egozentrischer Luxus betrachtet. Und schlimmer noch: Da es für andere schwierig ist, eine solche Leidenschaft direkt zu kritisieren, häuft sich stummer Ärger an und wird gerade da, wo man es am wenigsten erwartet, zum unüberwindlichen Hindernis von Verständnis.

21. JULI

Am frühen Morgen kommt Bubo zur Hütte; die Krähen schelten und zetern heftig, aber nur eine halbe Stunde lang, dann ignorieren sie ihn den ganzen Tag. Sonderbar. In letzter Zeit dauerte ihr Gezeter nur ein paar Minuten.

Ich hatte erwartet, daß Bubo in der Nähe seiner Verstecke bleiben würde, um sein Fleisch im Auge zu behalten, und bin etwas überrascht, ihn hier oben in Kaflunk zu sehen. Ich offeriere ihm eine Wühlmaus und ein Backenhörnchen. Er kröpft beide. Das überrascht mich um so mehr, wenn ich an die Riesenmenge Futter vom Vortag denke.

Wird er die gestrigen Verstecke verteidigen? Ich begebe mich dorthin. (Die Krähen begleiten mich.) Sonderbarerweise folgt er uns nicht. Er kommt erst, als ich ihn rufe. Ich gehe direkt auf die Stelle zu, wo er mich gestern angriff. Er zeigt sich gänzlich ungerührt und stößt leise Seufzer aus. Anscheinend weiß er etwas, was ich nicht weiß. Und wirklich – es ist kein Fleisch mehr da. Ich suche jedes Versteck ab, und er beobachtet mich und seufzt und zwitschert. Alle Verstecke sind leer. Unmöglich, daß er das ganze Fleisch vertilgt hat. Vielleicht hat er es woanders versteckt. Oder war der Bär hier, der kürzlich den Himbeerstrauch geplündert hat?

22. Juli

Vor einem mit Früchten reich beladenen Himbeerstrauch setze ich Stuart auf die Erde. Er gluckst fröhlich, während wir Beeren pflücken, und er beobachtet Bubo auf der Birke. Von weiter weg hört man das Krächzen der Krähen. Wieviel bekommt der noch nicht einjährige Junge mit? Seine Fenster zur Welt öffnen sich eben erst, und ich finde den Gedanken aufregend, daß ich ihm so vieles zeigen kann.

Bubo schien Stuart wenig beeindruckend zu finden, aber Stuart war von Bubo begeistert. Anderthalb Jahre später, nachdem er Bubo über ein Jahr nicht mehr gesehen hatte, reagierte er auf jegliche Eule geradezu entzückt. Von allen Büchern mochte er Vogelbücher am liebsten, und während wir sie ansahen, fragte er mich immer wieder nach unserem Uhu. Aber auch andere Vögel interessierten ihn, und bald konnte er Papageien, Bussarde, Enten, Möwen und andere unterscheiden und benennen. Mit etwas über zwei Jahren kannte er Meisen, Rotkehlchen, Finken, Blauhäher und Krähen und zeigte sie mir auf unseren häufigen Spaziergängen im Wald. Schon früh im Leben hat die Erfahrung mit der Natur ihn geprägt.

23. Juli

Bubo fliegt zu mir und setzt sich auf mein Bein. Wir machen Rast am Hang. Direkt vor ihm ist Theo, die laut krächzt. Thor kommt von hinten und zwickt Bubo in den Schwanz. Bubo wirbelt herum und faucht. Nach weniger als einer Minute macht Thor noch einmal dasselbe – ganz ohne List und Tücke watschelt er heran mit gesenktem Kopf und aufgerichteten Federn, tief und kehlig krächzend. Bubo starrt ihn an mit funkelnden, ringelblumengelben Augen, und Thor gibt auf.

26. Juli

Ich jogge eine abgelegene Landstraße entlang – so abgelegen, daß die Leute, die hier leben, mir zuwinken – und komme an einem Feld vorbei, auf dem sich ein Schwarm krächzender Krähen versammelt hat. Thor ist zwei Tage lang nicht in der Nähe der Hütte gewesen. Ohne mein Tempo zu vermindern, schreie ich, halb im Scherz: ›Komm her, Krähe!‹, und zu meiner großen Überraschung löst sich eine Krähe aus der Gruppe, fliegt mir nach und landet auf meiner ausgestreckten Hand. Es ist Thor! Die anderen umkreisen mich zweimal und krächzen laut; vielleicht aus Respekt für diesen dreisten Vogel, den sie adoptiert haben. (Auch die Leute, die uns beobachten, staunen.) Thor begleitet mich nach Hause, fliegt dicht hinter mir. Er ist nicht hungrig. Offensichtlich ist er in der Lage, sich selbst zu versorgen.

Später in diesem Sommer suchten die Krähen immer öfter die Gesellschaft ihrer wilden Genossen, und oft brachten sie sie mit nach Kaflunk. Aber je länger sie mit diesem Schwarm zusammenlebten, desto scheuer verhielten sie sich uns gegenüber. Vielleicht lernten sie von den anderen und glaubten, was ihnen erzählt wurde, statt dem zu vertrauen, was sie selbst erfahren hatten. Ein Vorteil des Zusammenlebens in Gruppen ist für Krähen offensichtlich: Auch diejenigen, die noch nie von einem Feind wie dem Virginia-Uhu verfolgt wurden, können von den anderen lernen, ihn zu fürchten; und diejenigen, die Menschen nicht fürchteten, lernen ebenfalls und verhalten sich so, daß die größtmögliche Sicherheit des Schwarms gewährleistet ist.

Ich war überrascht, daß die wilden Krähen die beiden zahmen akzeptierten; sie trafen auf keine Vorurteile. Vielleicht haben Krähen keinen Begriff davon, wie ›richtige‹ Krähen sein sollten. Sie sind großzügig und tolerant, und sie sind schön. Ich mag Krähen, sehr sogar.

Das Ende des Sommers

28. JULI

Der Hauch von Purpur im Laub der Ahornbäume im Moor ist das erste Anzeichen des nahenden Herbstes. Die Samen des violetten Weidenröschens an der Stelle, wo sich einst der Keller des Bauernhauses befand, fliegen in der Luft, und das Feld überzieht sich mit einem Schleier leuchtendgelber Goldrutenblüten.

Auf dem Feld gibt es jetzt auch unzählige Grashüpfer. Kein einziger von ihnen wird den Winter erleben. Grüne Laubheuschrecken singen ihre Liebeslieder auf den Halmen des immer noch grünen Sumpfgrases, Grillen zirpen jeden Abend unter dem warmen Holz der Hütte. Und vom Wald her hört man an heißen Tagen das sägende Gedröhn der Zikaden. All diese Insekten sind jetzt mit der Eiablage beschäftigt. Die Eier werden überwintern, und im nächsten Jahr werden neue Lebewesen daraus entstehen.

Gestern sah ich eine Lehmwespe, die eine dünne braune Raupe in ihre sorgfältig symmetrisch gestaltete Tonurne zog, die sie unterhalb eines Stücks Birkenrinde auf unserem Holzstoß gebaut hatte. Heute ist die Öffnung der Behausung versiegelt. Überall werden Vorbereitungen für den Winter getroffen; der Sommer scheint sich so schnell zurückzuziehen, daß ich die letzten warmen Tage um so mehr genieße.

Im Gegensatz zu den Insekten sind die Vögel sonderbar schweigsam. Die meisten haben die Aufzucht der Jungen beendet; jetzt sind sie damit beschäftigt, sich Fett anzufressen, damit sie den Flug in wärmere Regionen gut überstehen. Kleine Schwärme sammeln sich schon überall.

8. August

Unser Blockhaus ist fast fertig. Die Fenster sind eingesetzt, und nächstes Jahr können wir mit der Isolierung beginnen. Mein spezielles Marathontraining hat gute Ergebnisse gezeitigt. (In diesem Herbst lief ich auf hundert Kilometer amerikanischen Rekord.)

Es ist ein wunderbarer, warmer und klarer Tag. Wir feiern das Ende unserer Arbeit in diesem Sommer – der soviel von mir forderte und in dem ich so aktiv und produktiv wie selten zuvor gewesen bin –, indem wir unsere Badestelle aufsuchen. Das Sonnenlicht dringt nur gedämpft durch das hellgrüne Blätterdach der Ahornbäume, die, wenn man sie von unten ansieht, von innen heraus zu leuchten scheinen. Am Bach jagen Libellen kleine Insekten über dem ruhigen Wasser unseres Pools. Wasserläufer ritzen die Oberfläche und werfen tränengroße Schatten auf den sandigen Grund. Kleine Elritzen schwimmen im seichten Wasser und versammeln sich um unsere Zehen, als wir in das kühle, frische Naß hineinwaten.

Die Krähen sind uns in einigem Abstand gefolgt. Jetzt suchen sie den Bach ab und schnappen nach Insekten am Ufer. Nur Bubo fehlt. Wir haben ihn tagelang nicht gesehen.

Plötzlich erschallt aus dem Wald das vertraute, volltönende ›Huu-huuu‹! Ist das Bubo oder eine andere Eule?

Einige Minuten später landet ein großer Uhu auf der weißen Birke am Ufer. Es ist wirklich Bubo! Er beäugt uns ausführlich, und die Krähen hören auf, den Bach zu erkunden, und fangen an, kurz, aber konzentriert zu zetern. Dann lassen sie ihn in Ruhe, wie gewöhnlich. Sie hüpfen von Fels zu Fels, und Thor fliegt in ein Loch mit seichtem Wasser, wo er herumspritzt und das Wasser schaumig schlägt. Bubo schaut von oben zu. Er ruft, und dann kommt er ebenfalls und hüpft in das Wasserloch. Er schlägt mit den Flügeln, und sein wildes Spritzen und Plätschern klingt laut aus dem friedlichen Geplätscher des Bachs heraus. Dann sitzt er aufgeplustert auf einem Felsen in der Sonne und putzt sich. Margaret und Stuart sind neben ihm, aber er beachtet sie nicht.

Als er bachaufwärts fliegt, bleiben ihm beide Krähen auf den Fersen. Eine Stunde oder länger, während er mit uns im Bach badete, hatten sie ihn scheinbar überhaupt nicht zur Kenntnis genommen.

Erfrischt und gestärkt machen wir uns auf den Heimweg nach Kaflunk. Bubo folgt uns nicht. Wir hören ein gedämpftes ›Huuhuuu‹ von weiter weg, als wir die Hütte erreichen; ich rufe ihn mehrmals, aber er kommt nicht.

Postskript

Zwei Wochen nach unserer Rückkehr nach Vermont fuhr ich noch einmal nach Maine, um nach Bubo zu sehen. Er begrüßte mich bei der Hütte, nachdem ich ihn gerufen hatte. Frost war vorhergesagt worden, und ich fürchtete, daß er unter solchen Bedingungen nicht in der Lage sei, für sich selbst zu sorgen. Deshalb brachte ich ihn nach Vermont zurück, wo er den Winter in einem neuen, riesengroßen Käfig hinter meinem Haus im Freien verbrachte.

Im Frühjahr, nach der Schneeschmelze, brachte ich ihn wieder nach Kaflunk zurück und ließ ihn frei. Im Sommer dieses Jahres hielt ich mich nur gelegentlich in der Hütte auf, ohne Margaret und Stuart. Bubo kam oft, aber er bettelte nicht, und von dem Futter, das ich ihm anbot, fraß er nur wenig. Die Krähen waren jetzt völlig auf sich gestellt. Eine von ihnen kam ab und zu vorbei. Sie saß auf dem Ahorn direkt über mir, senkte den Kopf und gurrte. Aber sie flog nicht zu mir und ließ sich nicht füttern. Ich war froh, daß mindestens eine der beiden den Winter überlebt hatte.

Während dieses dritten Sommers griff Bubo keinen der Besucher an, die in die Nähe der Hütte kamen. Aber er war so aggressiv wie eh und je, wenn ich mich Stellen näherte, wo er Futter versteckt hatte. Vielleicht war er in der Umgebung der Hütte weniger angriffslustig, weil sich dort nun nicht mehr die einzige Quelle seiner Nahrung befand. Die Hütte war weniger wichtig für ihn, daher brauchte er sie auch nicht mehr mit ganzer Kraft zu verteidigen. Er konnte nicht wissen, was andere Territorien in puncto Futterversorgung taugten; ich fürchtete aber, daß er Kaflunk bald wieder verlassen würde, weil ich mich nun viel weniger um ihn kümmern konnte als die beiden Jahre zuvor. Und tatsächlich tauchte er ab Ende August nicht mehr auf. Andererseits war das genau so, wie es sein sollte.

Dieser Sommer war schmerzlich für mich, nicht nur, weil er das Ende meiner Verbindung mit Bubo brachte, sondern auch, weil es ein Sommer ohne Margaret und Stuart war. Margaret hatte mir schon am Ende des Vorsommers zu verstehen gegeben, daß sie nicht mehr mit mir nach Kaflunk zurückkehren werde. Das Schicksal hatte sie meinen Weg kreuzen lassen, genau wie Bubo. Das Nest, in dem er aus dem Ei geschlüpft war, war mittlerweile zerstört: Der Frost hatte die Zweige der saftigen Weymouthskiefer brüchig gemacht, weil ein tropischer Sturm zur ›falschen‹ Zeit von seinem Kurs abgewichen und nach Norden gezogen war, wo er auf kalte Luftmassen traf. Bubos Eltern hatten für das Nest eine Stelle ausgewählt, der das Schicksal nicht wohlgesonnen war; am Ende der Kette war eine Schneeflocke zu viel gefallen; sanft und arglos fiel sie auf den Zweig, und er brach. Die letzte Schneeflocke war nicht schuld. Und so war es auch mit Margaret und mir. Die Gründe für manche Vorfälle sind so komplex, und wir können sie so wenig beeinflussen, daß es besser sein mag, an ein Schicksal zu glauben, dem jedes Wesen auf der Erde unterworfen ist.

Nachwort zur überarbeiteten Fassung

Noch heute, da ich dies schreibe – über zehn Jahre, nachdem ich Bubo zum erstenmal begegnete –, sehe ich über mir einen weißen Fleck auf der Stelle, wo er auf dem Balken unter dem Dach saß. Das Blockhaus in Maine ist mittlerweile fertig. Obwohl sieben Jahre vergangen sind, seit ich ihn zum letztenmal dort oben erblickte, brauche ich nicht viel, um mir die geradezu unheimliche Sensibilität, mit der dieser Vogel auf mich reagierte, ins Gedächtnis zu rufen – aber es geht nicht nur um *meine* Stimmungen und Absichten, sondern auch um die seiner Beute. Er fehlt mir noch immer sehr, und ich denke oft an unsere Beziehung, die mir heute fast unglaublich erscheint. Jeden Tag, den ich hier verbringe, denke ich, daß er plötzlich aus dem Wald auftauchen und mich mit seiner Gegenwart beehren könnte.

Mehr denn je ist mir heute klar, daß es eine einzigartige Verbindung war. Nur selten wird uns in unserer modernen Welt das Privileg zuteil, eine so intensive Erfahrung mit einem wildlebenden Wesen zu machen – die ungezähmte Natur scheint immer mehr zu einem musealen Gegenstand zu verkommen. Tiere, die einst in Freiheit große Gebiete durchwanderten und zu Menschen Abstand hielten, werden heute jämmerlich in Käfigen gehalten, zu unserem oder ihrem angeblichen ›Nutzen‹. Bestimmungen und Gesetze regeln unseren Kontakt mit der Natur. Ich bin glücklich, daß es mir gelang, geleitet einzig von meinem Forschungsinteresse als Biologe, einen Einblick in Bubos tägliches Leben zu erhalten. Ich betrachte jene Jahre heute als eine besonders wertvolle und fruchtbare Zeit in meinem Leben.

Dennoch möchte ich keinem, der den Drang in sich spürt, eine Eule aufzuziehen, dasselbe empfehlen. Meine Situation war einzigartig und unwiederholbar. Ich wußte, daß ich Bubo in den Wäldern von Maine in völlige Freiheit entlassen konnte, ohne daß er je wieder mit der Zivilisation in Konflikt geraten würde. Auf unserem übervölkerten Planeten gibt es nur wenige Orte, wo ein wildes Tier, das das Vertrauen eines Menschen gewonnen hat, relativ sicher leben kann, und nur wenige Menschen leben unter Bedingungen, die es ihnen ermöglichen, einem Tier all die Aufmerksamkeit und Pflege angedeihen zu lassen, die es braucht, nachdem wir es von seinem normalen Lebenskurs abgebracht haben. Ich bin froh, daß mir solch ein Ort zur Verfügung steht.

Ich weiß nicht, wie es Bubo ergangen ist. Seine Verbindung mit Menschen war begrenzt, und nachdem ich aufgehört hatte, ihn mit Nahrung zu versorgen, kehrte er auf Dauer in den Wald zurück. An ein sofortiges grausames Ende, wie es den meisten verwilderten Haustieren beschieden ist, mag ich nicht glauben. Ich werde oft gefragt, ob ich ihn je wiedersah. Die Antwort ist nein – aber vielleicht ist er anderen begegnet.

Gegen Ende unseres letzten gemeinsamen Sommers gewann Bubo zunehmend mehr Unabhängigkeit. Er kam seltener zu mir, und wenn er kam, wollte er nur Futter, nicht meine Gesellschaft oder Zärtlichkeit. Zu diesem Zeitpunkt verließ ich den Wald und kehrte nach Vermont zurück, wo meine Arbeit auf mich wartete. Etwa zwei Monate später berichtete Ray Weirs, ein Freund aus der Stadt, er habe ihn bei der Hütte gesehen: ›Ich fuhr zur Hütte, um zu sehen, ob Bubo noch da war. Als ich aus dem Wald trat, hörte ich sein »Huu-huu« aus der großen Birke über mir, es war ein Heidenlärm. Er starrte mit großen gelben Augen auf mich herab. Dann landete er auf dem Boden und griff meine Beine an. Ich mußte ihn mit einem Stock vertreiben.‹ Bubo attackierte Fremde nur, wenn sie sich dem Zentrum seines Territoriums näherten. Dort wurde er seitdem nie mehr gesehen.

Es ist möglich, daß mein Neffe Charlie Sewall ihm ein zweites Mal begegnet ist (die erste Begegnung verlief, wie beschrieben, unglücklich). Charlie studiert am Bowdoin College und war in diesem Jahr im späten Oktober ein paar Tage lang auf der Jagd nach Kragenhühnern und anderem Federwild. Es war ein Samstagnachmittag, er befand sich in der Nähe von Jefferson, Maine, in einer Gegend, die rund hundert Kilometer südöstlich von Kaflunk liegt. Hier seine Geschichte:

›Die Jagd begann in Brian Hodgkins altem überwucherten Obstgarten früh am Nachmittag. Ich rannte zwischen der letzten Reihe der Apfelbäume und dem Waldrand entlang und hoffte, dabei ein paar Vögel aufzustöbern. Wenn es kein Laub mehr gibt, das einen schützt, können Kragenhühner Menschen schnell orten, und sie haben genug Zeit, sich im Unterholz in Sicherheit zu bringen; ich hoffte, daß sie in Richtung Obstgarten Sicherheit suchen würden. Während ich durch diesen überwachsenen Teil der Anlage brach, waren die Vögel aber über den Abhang in Richtung eines dichten Erlengebüschs geflogen, das am Rand einer alten, moorigen, mit Sumpfgras bewachsenen Wiese liegt. Ich folgte ihnen. Nach etwa fünfzig Metern wechselte ich die Richtung und wollte durch das Erlengebüsch wieder zum alten Obstgarten zurück. Manchmal kriegt man zwischen den Erlen ein Kragenhuhn vor die Flinte, aber meine Taktik lief darauf hinaus, daß ich sie wieder auf das Gelände zurücktreiben wollte, wo ich sie besser erwischen konnte.

Die Sonne schien mir ins Gesicht, ich sah die Silhouette eines großen Vogels und schulterte instinktiv das Gewehr. Als unsere Blicke sich trafen, wußte ich, daß diese Gestalt auf dem Baum ein Virginia-Uhu war. Wir starrten uns sekundenlang an, dann machte ich ein paar Schritte vorwärts und hielt wieder an. Der Uhu bewegte sich nicht. Als ich bis auf etwa zehn Meter an ihn herangekommen war, wurde mir plötzlich klar, daß wir möglicherweise hinter derselben Beute her waren. Wir hätten Jagdpartner sein können, genauso wie Du und Bubo damals. Wir tauschten respektvolle Blicke aus, und dann bog ich ab und ging weiter hügelaufwärts in Richtung Obstgarten. Während der ganzen Begegnung schien der Uhu kein bißchen ängstlich. Er beobachtete mich, als ob er wüßte, was ich tat. Und obwohl ich ihn an diesem Nachmittag nicht mehr sah, hatte ich das Gefühl, daß er mir folgte. Vielleicht war das eine Überreaktion aufgrund meines damaligen Zusammenstoßes bei Deiner Hütte.‹

War es Bubo? Man kann es nicht wissen, aber ich glaube, daß es möglich ist; dann wäre Bubo noch am Leben, frei und unabhängig. Jedenfalls habe ich noch nie von einem Virginia-Uhu gehört, der sich einem Menschen gegenüber so furchtlos verhält, ihn beobachtet und ihn sogar herankommen läßt. Aber Bubo war es gewohnt, einen Jäger zu begleiten – wir haben zusammen Eichhörnchen gejagt. Charlies Erfahrung hat etwas Wunderbares. Sein Bericht erinnert mich an mein eigenes Zusammensein mit Bubo, als ich deutlich spürte, daß Bubo etwas ganz Besonderes an sich hatte, wodurch er aller Erwartungen und statistischen Voraussagen spottete.

Drei Jahre später gab es in Camden, fünfundzwanzig Kilometer östlich von Charlies Erlengebüsch, eine weitere Begegnung mit einem Virginia-Uhu. Er saß hinter einem Haus auf der Veranda. Das Ereignis war so ungewöhnlich, daß ein Reporter davon berichtete und ein Foto in der lokalen Zeitung abgedruckt wurde.

Vielleicht ist es unrealistisch anzunehmen, daß es sich beide Male um Bubo handelte, aber ich hoffe es dennoch. Ich selbst bin in Maine keinem Virginia-Uhu mehr begegnet, aber des öfteren sah ich einen großen Vogel weit weg in der Dämmerung auffliegen. Wenn es ein *Bubo virginianus* war, so wahrscheinlich nicht der Bubo, den ich kannte. Vielleicht treffen wir uns nicht mehr. Doch wenn wir uns noch einmal treffen, werden wir uns wiedererkennen.

Danksagung

Alice Calaprice und Judith May von der Princeton University Press bin ich sehr dankbar für wertvolle Hinweise und redaktionelle Hilfe. Harry Foster, Mark Konishi, Ake Norberg, Paul Sherman und Ursula Wartowski lasen das Manuskript und machten entscheidende Verbesserungsvorschläge. Ich danke dem Vermont Institute of Natural Science, das Bubo einen Winter lang in Pflege nahm. Eine Reihe von Leuten (sie wurden an entsprechender Stelle genannt) hatten unter den Attacken dieses Uhus zu leiden; ich übernehme die volle Verantwortung dafür und bitte sie um Verzeihung. Schließlich stehe ich in der Schuld von Ruth Goodridge und Erika Geiger, die das Manuskript abtippten.

Camp Kaflunk, Maine
November 1986

Tiergeschichten

Lloyd Abbey
Die letzten Wale
Roman. Band 11439

Philip J. Davis
Pembrokes Katze
Roman. Band 10646
Magnifikatz
Pembrokes Katze
in Kopenhagen
Band 12465

Bernd Heinrich
**Die Seele
der Raben**
Eine zoologische
Detektivgeschichte
Band 11636
**Ein Forscher
und seine Eule**
Band 12576

Nigel Hinton
**Im Herzen
des Tals**
Eine zauberhafte
Tiergeschichte
Band 8321

Hugh Lasgarn
**Der Stier mit den
Hühneraugen**
Aus dem Leben
eines Tierarztes
Band 12355

Delia und
Mark Owens
**Das Auge des
Elefanten**
Abenteuer in der
afrikanischen Wildnis. Band 11936

Petr Pavlík
**Dar – der Hund
aus Sibirien**
Eine abenteuerliche
Reise vom Polarkreis nach Böhmen
Band 11182

Jörg Ritter
Der Katzenstern
Die verrückten
Abenteuer eines
Katertrios
Band 11625

Hope Ryden
Der Biberlilienteich
Roman. Band 11671

Wayne Smith
Thor
Roman
Ein Schäferhund
versucht, seine
Familie vor einer
grauenhaften Gefahr zu beschützen
Band 11847

Joyce Stranger
**Das Glück hat
eine weiche
Schnauze**
Roman
Band 12058
Der Kater Kym
Roman
Band 12057

Tad Williams
**Traumjäger
und Goldpfote**
Roman
Band 8349

Fischer Taschenbuch Verlag